KB189510

맹자

• 일러두기

· 이 책은《맹자주소(孟子注疏)》(십삼경주소정리위원회 정리, 북경대학출판사, 2000)을 저본으로 했으며,《맹자집주(孟子集註)》(성백효 역주, 전통문화연구회, 1997)의 체재를 참고했다.
· 이 책에서 수록한 원전은 한국유경편찬센터(http://ygc.skku.edu)에서 제공하는 자료를 활용했다.

완역에서 — 완독까지 003

맹자

맹자 지음 | **박승원** 옮김

위즈덤하우스

옮긴이 서문

•

이 책은 전국 시대의 사상가인 맹자孟子의 말과 활동이 기록되어 있는《맹자》를 우리말로 옮긴 것이다. 이미 맹자와 관련된 많은 연구와 저작들이 있기에 여기서는 맹자의 생애나 사상에 대한 자세한 소개보다 맹자라는 인물의 사상사적 위상과《맹자》라는 책이 가진 특징 및 의의를 간략히 밝히고, 우리말로 옮기는 과정에서 가졌던 소회를 피력하고자 한다.

맹자는 공자孔子의 학문과 사상을 계승하여 유학儒學의 토대를 구축한 '성인에 버금가는 인물[亞聖]'로 추앙받고 있다. 그래서 '공맹'이라는 말 자체가 유학 사상과 유교 문화를 상징하는 것으로 쓰이기도 한다. 맹자가 태어나 활동하던 '전국戰國시대'에는 이름 그대로 온 세상이 전쟁의 참화에 휩쓸려 인간이 살아가기에 너무나 비참하고 고통스러운 상황이 계속되었다. 그러한 시기에는 일상적인 삶도 제대로 영위할 수 없기 때문에 사람들은 도덕이나 이상 따위는 생각하기 어렵고 당장 살아남기 위한 온갖 수단을 강구

할 수밖에 없다. 그런데 맹자는 이러한 시기를 목도하면서도 인간성에 대해 부정적이거나 회의적인 태도를 보이지 않았으며, 근시안적인 생명의 보존이나 이익의 추구를 위한 수단을 강구하지도 않았다. 맹자는 오히려 인간의 선한 본성에 대해 깊은 신뢰를 드러냈고, 사람들에게 이익의 추구보다는 인의仁義라는 원칙에 따른 삶을 살 것을 요구했다.

맹자가 보여준 인간성에 대한 신뢰와 원칙에 따르는 삶에 대한 요청이 시대착오적이라는 비판은 동시대의 인물인 고자告子와 순자荀子에 의해 진작부터 제기되었다. 고자는 인간의 본성에는 인의와 같은 도덕성이 내재되어 있지 않으며, 후천적인 노력을 통해 인성이 형성될 뿐이라는 '성무선악性無善惡'을 주장했고, 순자는 맹자처럼 인간의 본성을 신뢰하지 않았으며, 인간의 본성은 오히려 악으로 흐를 가능성이 훨씬 강하기 때문에 '예禮'라는 사회적 제도에 의해 인간성을 교화시켜야 한다고 주장했다. 전국시대라는 극도의 혼란하고 피폐한 현실을 놓고 보았을 때, 이들의 비판은 상식적이고 어찌 보면 당연한 것이었을지도 모른다.

고자나 순자의 이러한 비판적 관점과 사유들이 사상사나 유학 내부에서라도 주요한 흐름을 차지했다면, 오늘날에 와서 맹자는 현실을 냉철하게 파악하지 못한 이상주의자로 치부되었을지도 모른다. 그러나 오늘날까지도 맹자는 동아시아의 사상사에서 가장 핵심적인 인물로 자리 잡고 있으며, 특히 유가에서는 공자와 함께 가장 존숭되는 인물이 되었다. 맹자가 이와 같은 위상을 견지하는 데에는 북송오자北宋五子로 대표되는 송宋나라의 새로운 지식인 집단의 역할이 컸다. 이들은 수나라와 당나라를 거치면서 노장 사상과 불교에 의해 주류에서 밀려난 유학 사상을 다시 전면에 내세우며 맹자를 공자 다음으로 유학의 도통을 이어준 인물로 자리 잡게 했고,《맹자》를 사서四書 가운데 하나로 삼아 유학 사상의 기본서로 확립했다. 특히 '정주학程朱學'이라고 불리기도 하는 송대 성리학의 두 주역인 정이程頤와 주희朱熹는 '본성이 곧 이치[性卽理]'라고 천명하면서 맹자의 성선설이 형이상학적으로 정당화될 수 있는 근거를 마련해주었다. 송대 유학자들의 이러한 맹자의 재조명과 존숭의 분위기는 성리학을 도입하여 완성시킨 조선 유학에까지 이어져 맹자는 공자에 버금가는 지위로 유학자들의 절대적인 존경과 추앙을 받게 되었던 것이다.

현행 고등학교《윤리와 사상》교과서를 들여다보면, 맹자와 순자를 유학 사상의 두 측면으로 다루면서 동등한 비중으로 서술하고 있다. 물론 오늘날의 관점에서는 성선과 성악으로 대비하여 두 사상가를 비교하여 설명하는 것이 그리 어색한 일이 아니겠지만, 실제로 사상사나 유학 내부에서 맹자와 순자의 위상 차이는 상당하다. 유학 내부에서 순자는 철저하게 비주류였고 오로지 맹자만이 유학의 정통을 계승한 사람으로 인정받아 왔다. 순자의 사상이 오늘날 객관적인 평가를 받으면서 유학의 또 다른 시선으로 인정

받게 된 것은 다행스러운 일이지만, 맹자라는 인물의 위상이 상대적으로 예전에 비해 낮아진 것도 사실이다.

그럼에도 유교 문화권에서 《맹자》라는 책 안에 있는 여러 논의와 이야기들은 다른 어떤 책보다 사람들의 입에 끊임없이 회자되었고, 수많은 사람들이 맹자의 말을 인용하거나 근거로 삼아 자기 주장을 펴왔다. 가장 비근한 예로 오랫동안 우리나라를 떠들썩하게 하며 누구의 입에나 오르내리던 '국정 농단'의 농단壟斷이라는 용어가 《맹자》 〈공손추 하 10〉에서 유래했다는 것을 들 수 있다. 맹자가 제齊나라의 정치 고문으로 있다가 선왕宣王이 그의 진언進言을 받아들이지 않자, 물러나 고향으로 돌아가려고 하였다. 이에 선왕은 시자時子라는 사람에게 맹자가 거처할 집을 마련해 주고, 만 종萬鐘의 녹봉을 주어 제자들을 양성하여 백성들의 본보기가 될 수 있도록 하겠다고 전하라고 시켰다. 이러한 사실을 다른 사람을 통해 전해들은 맹자는 이렇게 말했다.

> 그랬구나. 시자가 어찌 그것이 안 될 것이라는 것을 알겠는가? 만약 내가 부자가 되려고 하면서 십만 종은 사양하고 만 종을 받는다면, 이것이 부자가 되려고 하는 것이겠는가? 계손이 '이상하구나. 자숙의여! 자기에게 정치를 맡겼어도 더는 쓰이지 않게 되어 그만두게 되면 그것으로 그만인 것인데, 또 그의 자제들을 경卿으로 삼게 했다. 사람이라면 부귀를 바라지 않을 수 있겠는가? 그러나 혼

자서만 부귀의 가운데 있으면서 사사로이 농단하는 이가 있도다.'
라고 했다. 옛날에 시장에서는 가진 것을 가지고 없는 것과 바꾸었으며 관리들은 그것을 다스리기만 했다. 한 천박한 사내가 굳이 높은 곳[龍斷]을 찾아 그곳에 올라가 좌우를 바라보면서 시장의 이익을 그물질했는데, 사람들이 모두 천박하다고 여겼다. 그래서 그에 따라 세금을 징수하게 되었으니, 장사꾼에게 세금을 징수한 것은 이 천박한 사내에서부터 시작되었다.

맹자는 철저한 원칙주의자였는데, 그의 원칙은 사적인 이익을 따르지 않고 공적인 의리를 따르는 것이다. 선왕은 뒤늦게 녹봉이라는 이익으로 맹자의 마음을 움직이려고 할 것이 아니라 진작 맹자의 진언을 들어주는 의리를 실천했어야 한다. 또 여기서 쓰인 '농단'이라는 말도 자숙의나 천박한 사내처럼 자신들의 이익만을 추구하는 특정 세력들이 원칙을 지키지 않고 유리한 위치를 선점하거나 독점하는 행위를 의미한다는 것도 잘 알 수 있다.《맹자》를 읽다 보면 이처럼 우리가 평소에 자주 쓰는 표현이나 용어들이 도처에 등장하며, 그것이 어떻게 적절히 사용되고 있는지 확인할 수 있다.

맹자는 스스로가 자부했듯이, 타고난 말솜씨와 논리로 무장한 지식인이었으며, 한편으로는 호연지기를 기르고 부동심을 유지하려고 한 용기 있는 실천가였다.《맹자》에는 맹자의 번뜩이는 말솜

씨와 신랄한 풍자를 읽을 수 있는 이야기들이 자주 등장한다. 그 대표적인 예가 〈양혜왕 하 6〉에 등장한다.

> 맹자가 제나라 선왕에게 말했다. "왕의 신하 가운데 그의 처자를 친구에게 맡기고 초나라에 가서 놀던 자가 있는데, 그가 돌아와 보니 그의 처자가 동상에 걸리고 굶주리고 있었다면 어떻게 해야겠습니까?"
>
> 선왕이 말했다. "그 친구를 버려야 합니다."
>
> (맹자가) 말했다. "장수가 병사들을 다스리지 못하면 어떻게 해야겠습니까?"
>
> 선왕이 말했다. "그 장수를 그만두게 해야 합니다."
>
> (맹자가) 말했다. "온 나라 안이 다스려지지 않으면 어떻게 해야겠습니까?"
>
> 왕이 좌우를 돌아보며 딴청을 피웠다.

맹자의 얘기를 듣던 왕은 너무나도 무안했을 것이고, 딴청을 피우는 것 외에는 할 수 있는 일이 없었을 것이다. 이러한 맹자의 태도는 왕이라는 권력자 앞에서 조금도 굴하지 않고 할 말을 하는 용기 있는 지식인의 모습을 보여주고 있다. 맹자는 잘 알려진 대로 왕답지 못한 통치를 한 자는 왕으로 인정할 수 없고, 내쫓을 수도 있다는 역성혁명易姓革命을 주장하기까지 했다.

한편으로 《맹자》에는 거침없이 자신의 생각을 피력하고 다른 사람에 대해 냉정히 평가하는 맹자의 모습도 드러난다. 이는 〈진심 하 25〉에서살펴볼 수 있다.

호생불해가 물었다. "악정자는 어떤 사람입니까?"

맹자가 말했다. "선한 사람이고, 믿음직한 사람이다."

(호생불해가 말했다.) "무엇을 선하다고 하고, 무엇을 믿음직하다고 합니까?"

(맹자가) 말했다. "바랄만 한 것을 선하다고 한다. 자기에게 가진 것이 있음을 믿음직스럽다고 한다. 충실한 것을 아름답다고 한다. 충실하고도 빛남이 있음을 위대하다고 한다. 위대하면서도 변화를 이루는 것을 성스럽다고 한다. 성스러우면서도 알 수 없는 것을 신묘하다고 한다. 악정자는 앞의 두 가지는 중간 정도이고, 뒤의 네 가지는 하급이다."

처음에는 선하고 믿음직하다는 무난한 칭찬처럼 들리지만, 뒤에 이어지는 말에서 그 사람에 대해 매우 냉정한 평가를 하고 있음을 알 수 있다. 맹자의 치밀한 논리를 갖춘 지성과 거침없고 당당한 자기주장은 당대의 사람들에게는 부담스러웠을지 모른다. 그러나 후대의 유학자들에게 이러한 모습은 선망의 대상이 되었고, 그가 보여준 언행일치의 태도는 신뢰감을 주기에 충분했다. 주희는 "맹자는 도를 자임하면서 모든 언행이 도리에 조금도 어긋남이 없었다"고 했고, 이이李珥도 "맹자는 '본성이 선하다'고 말했고 반드시 요순을 들어서 그것을 실증하면서 '사람은 모두 요堯임금이나 순舜임금처럼 될 수 있다고 말했으니, 이것이 어찌 나를 속이는 것이겠는가?"라고 하면서 맹자의 말을 전폭적으로 신뢰하고 있다.

인간은 언어를 통해 자신의 생각을 표현한다. 그러한 언어는 일단 표출되면 그에 대한 책임을 수반하게 된다. 아무리 의미 없이 던진 말이라고 하더라도 그 말에 대한 반응과 파장에 대한 책임에서 자유로울 수 없다. 맹자가 했던 말들은 하나하나가 강렬한 구호로 사람들에게 영향을 미칠 수밖에 없는 것이었지만, 맹자는 그러한 말들에 걸맞은 책임 있는 행동을 하고자 했다. 다시 말해 의리에 어긋나는 행동은 스스로 용납하지 않았고, 다른 사람들도 결코 용서하지 않았다.

인간은 학습한 지식을 정리해서 다른 사람에게 전달하거나 설득할 능력을 가지고 있다. 일반적으로 이것만 제대로 수행해도 지식인의 대접을 받기는 한다. 또한 인간은 격정적이고 거침없는 행동을 통해 자신의 존재감과 신념을 표출하기도 하는데, 이러한 사람들에게 우리는 실천가 또는 활동가라는 이름을 붙여준다. 그러나 그러한 지식인이나 활동가들에게 우리는 간혹 어떤 위험성을 발견하곤 한다. 일부 현학적인 이론가들의 현란하지만 공허한 지식 나열에 현혹당하기 쉽고, 격정적인 목소리와 과장된 몸짓을 가진 활동가들에 휩쓸려 부지불식간에 선동당할 수 있다는 것이다. 우리는 이 지점에서 맹자라는 지식인이자 실천가의 태도를 다시 상기할 필요가 있다. 전국시대라는 혼란기에 사람들이 쉽게 받아들일 수 있는 인간성에 대한 회의와 타율적 규제를 말하기보다는 인간성에 대한 신뢰에 바탕을 둔 자율적 반성을 강조했던 것이야말로 진정한 용기 있는 지식인의 태도라고 할 수 있다. 또한 자신의 주장을 펼치고 관철시키기 위해 어느 누구와의 어떠한 논쟁도 마다하지 않았던 그 모습이야말로 진정한 실천가의 모습이 아닐까?

이 책은 맹자의 생각을 담고 있는《맹자》안의 말들을 최대한 가감 없이 전달하기 위해 노력했다는 점을 밝혀두고 싶다. 그러다보니 조금은 고지식하게 직역을 고집했다. 그런 이유로 읽기에 불편할 수도 있고, 친절한 의역을 하고 있는 번역들과 다른 느낌이 들 수도 있다. 마무리 과정에서 그 간극을 좁히려 노력했지만, 애초에 번역에 착수하면서 의역은 아주 부득이한 경우를 제외하고는 피하려고 했기 때문에 일정 부분의 난점은 안고 가려고 한다. 또한 주희의《맹자집주》에만 기대지 않고 다양한 학자들의 견해와 해석을 참고했다. 기존의 번역들이 쓴 좋은 우리말 표현들은 적극적으로 반영했고, 옮긴이 스스로도 좋은 우리말 표현을 찾기 위해 애썼다. 아울러 논란이 될 수 있는 부분들은 동료 연구자들과 논의하면서 독단적 해석의 위험을 최소화했다.

그동안 책을 몇 권 출간하면서 그 과정이 쉽지 않음을 알고 있었지만, 이 책의 경우는 오랜 시간 공을 들이면서도 탈고하지 못해 심적 고통이 유독 심했다. 때로는 능력 부족도 절감하고 치밀하지 못한 성격도 탓하면서 세상에 내놓을 그날을 기약했는데, 드디어 책이 나오고보니 뿌듯한 마음과 두려움이 교차한다. 번역의 잘못에 대한 비판은 언제든지 달게 받을 준비가 되어 있다. 거칠고 투박한 원고였지만, 위즈덤하우스의 노고로 이처럼 아름다운 모습을 갖추게 되었다. 마지막으로 책상 앞에 앉아 자기 좋은 일만 하는데도 항상 격려하고 아껴주는 가족 모두에게 사랑한다는 말을 전하고 싶다.

박승원

《맹자》 어떻게 끝까지 읽을 것인가[1]

'《맹자》를 어떻게 끝까지 읽을 것인가?'에 대해 여러 날 고민한 끝에, 특별한 비법보다는 독자의 적극적인 관심과 굳은 의지가 필요하다는 결론을 내렸다. 그래도 《맹자》를 읽으려 마음먹고 이 책을 집어 든 독자들을 위해 몇 가지 조언을 드릴까 한다.

주희가 유학의 필독서로 지정한 이래로 유교 문화권의 지식인이라면 누구나 《맹자》를 읽어야 했고, 읽는 데서 그치지 않고 외우고 그 내용을 줄줄이 꿰고 있어야 했다. 지금은 완고한 조선 유학자의 전형으로 치부되면서 부정적 이미지를 가지고 있지만, 한때는 '송자宋子'로 불릴 정도로 그 학문적 위상이 절대적이었던 우암尤庵 송시열宋時烈은 과장을 좀 보태 《맹자》를 만 번 읽었다고 한다. 오늘날의 학생들 누구나가 수학과 영어 공부에 매진하고 골머리를 앓는 것처럼 조선의 선비들은 누구나 《맹자》를 읽고 이해해야

1 옮긴이의 글이다.

했으며, 맹자에 대해 모르면 학문적 대화에 끼지 못했다. 그 이후로도《맹자》는 수많은 사람들에게 읽혔고, 지금도 동양 고전이라는 명목으로 많은 사람들이 필독서로 여긴다. 그래서 무작정《맹자》는 한 번 읽어봐야지 결심하는 경우가 많은데, 생각만큼 쉽게 읽히는 책은 아니다.《맹자》를 끝까지 여러 번 읽었다고 하는 사람들조차도 맹자와 관련된 내용을 이야기하다가, "그게《맹자》에 나온다고?" 반문하면서 다시 책을 들추는 경우가 다반사다.《맹자》는 그만큼 모두 기억하기 쉽지 않을 만큼 다양하고도 심도 있는 내용을 담고 있고 그에 따라 분량도 만만치 않다. 더구나 우리 세대의 언어 체계로는 가장 이해하기 어려운 고대의 한문으로 쓰여 있다.

그렇다면 이 문제를 어떻게 해결해면서 읽어야 할까? 먼저 한문의 문제는 각자의 한문 해독 실력의 수준에 맞추면 된다고 생각한다. 어느 정도 한문 해독 능력을 가진 독자라면, 원문과 번역문을 비교하며 읽으면 한층 더 흥미로울 수 있겠지만, 시간이 많이 걸리고 가끔은 글자에 얽매여 전체 맥락을 놓칠 여지도 있다. 한문 해독 능력이 부족하거나 전혀 없는 독자라면 번역문만 읽어볼 것을 추천한다. 다만 중요한 용어나 개념들이 등장할 때는 반드시 한자를 같이 살펴볼 것을 권한다. '지언知言', '사단四端', '양지良知', '진심盡心', '호연지기浩然之氣' 같이 후대에도 널리 쓰이는 용어들의 한자 정도는 파악하고 있어야 한문 고전을 읽는 맛이 날 것이라는 생각에 드리는 권고다.

다음으로 분량이 많다는 부담은《맹자》라는 책이 가진 편의 구분에 따라 한 달에 한 편씩 독파한다든가, 일주일에 한 편씩 독파한다는 목표를 세워서 읽는 것으로 해결해보면 어떨까 한다. 어차피《맹자》라는 책은 오늘날의 체계적인 논문이나 저술 형식의 글이 아니기 때문에 순서에 상관없이 관심이 가는 내용을 그때그때 찾아서 살펴보거나 〈진심〉처럼 짤막한 에피소드나 언설로 구성된 편들을 읽어가면서 일종의 워밍업을 한 후에 〈공손추〉나 〈고자〉 같이 깊이 있고 긴 철학적 논의가 있는 편들로 넘어가는 것도 한 방법이 될 것 같다.

앞에서 잠깐 언급했듯이《맹자》에는 우리가 일상에서 자주 쓰는 용어들이나 표현들이 많이 등장한다. 예를 들면 '오십보백보五十步百步', '불감청고소원不敢請固所願', '여민동락與民同樂', '연목구어緣木求魚', '사이비似而非' 등을 들 수 있는데, 이러한 말들이 등장할 때 따로 메모를 해두어 그 정확한 의미와 어떤 상황에서 그러한 표현을 썼는지를 정확히 숙지하여 다른 사람에게 알려주는 것도 맹자를 읽는 재미를 배가할 수 있을 것이다. 또한《맹자》에는 사람에 대한 평가가 자주 등장한다. 사람에 대한 평가에 관심이 많은 독자라면 맹자의 사람에 대한 평가를 분류하여 주변 사람들에게 비교 또는 적용해보는 것도 흥미로울 것이다.

한문으로 된 고전을 우리말로 옮기는 것은 매우 어려운 작업이지만, 실제 읽는 사람의 입장에서는 불친절하게 느껴질 경우가 많다. 필자도 처음 동양고전을 접하던 시절 번역서들의 지나친 고투와 불친절함에 불만을 가졌던 적이 많았다. 그동안 몇 권의 책을 내고 이렇게 고전을 번역하다보니, 스스로가 그러한 불만의 대상이 될지도 모른다는 생각이 문득문득 든다. 독자들도 이 번역서를 읽으면서 느끼는 불만과 생각을 나름대로 책의 빈 공간이나 다른 노트에 정리해보면 어떨까? 맹자가 가진 본래 생각은 무엇인지, 더 좋은 표현은 없을지에 대해 나름대로 고민하고 대안을 찾아볼 때, 이 책을 읽는 독자들의 사유는 저절로 깊어지고 언어 표현은 자연스럽게 풍부해질 것으로 기대한다.

차례

•

| 옮긴이 서문 | … 004

|《맹자》 어떻게 끝까지 읽을 것인가 | … 014

01 • 양혜왕 상 … 021

02 • 양혜왕 하 … 049

03 • 공손추 상 … 089

04 • 공손추 하 … 119

05 • 등문공 상 … 153

06 • 등문공 하 … 183

07 • 이루 상 … 215

08 • 이루 하 … 257

09 • 만장 상 … 301

10 • 만장 하 … 333

11 • 고자 상 … 363
12 • 고자 하 … 399
13 • 진심 상 … 435
14 • 진심 하 … 487

01

양혜왕 상
梁惠王上

양혜왕 상 1

孟子見梁惠王.

王曰, "叟不遠千里而來, 亦將有以利吾國乎?"

孟子對曰, "王何必曰利, 亦有仁義而已矣. 王曰, '何以利吾國?' 大夫曰, '何以利吾家?' 士庶人曰, '何以利吾身?' 上下交征利而國危矣. 萬乘之國, 弑其君者, 必千乘之家, 千乘之國, 弑其君者, 必百乘之家. 萬取千焉, 千取百焉, 不爲不多矣. 苟爲後義而先利, 不奪不饜. 未有仁而遺其親者也. 未有義而後其君者也. 王亦曰仁義而已矣 何必曰利."

•

맹자가 양혜왕[1]을 만났다.

혜왕이 말했다. "노인께서 천 리를 멀다 않고 오셨는데, 장차 우리나라에 이로움이 있겠지요?"

맹자가 대답했다. "왕께서는 하필이면 이로움을 말하십니까. 어짊과 의로움이 있을 뿐입니다. 왕께서 '어떻게 우리나라를 이롭게

1 전국시대 위(魏)나라 군주. 위혜왕으로도 불린다. 기원전 4세기, 진(秦)나라의 공세를 피해 수도를 안읍(安邑)에서 대량(大梁)으로 옮겼다. 이후 위나라를 양(梁)나라로 칭하기도 했다.

할 것인가'라고 말하면, 대부는 '어떻게 우리 집안을 이롭게 할 것인가'라고 말할 것이고, 사대부나 서민들은 '어떻게 내 자신을 이롭게 할 것인가'라고 말할 것이니, 위아래가 서로 이로움을 차지하려고 하여 나라가 위태로워질 것입니다. 만 대의 수레를 가진 나라에서 그 임금을 시해하는 자는 반드시 천 대의 수레를 가진 집안일 것이고, 천 대의 수레를 가진 나라에서 그 임금을 시해하는 자는 반드시 백 대의 수레를 가진 집안일 것입니다. 만에서 천을 갖고, 천에서 백을 가졌다면 적은 것이 아닙니다. 그러나 진실로 의로움을 뒤로 하고 이로움을 먼저 추구하면, 다 빼앗지 않고서는 만족하지 않을 것입니다. 어질면서 그 어버이를 버리는 자는 있지 않았습니다. 의로우면서 그 임금을 뒤로 하는 자는 있지 않았습니다. 왕께서도 또한 어짊과 의로움을 말씀하셔야 할 뿐이거늘, 하필이면 이로움을 말하십니까?"

양혜왕 상 2

孟子見梁惠王. 王立於沼上, 顧鴻鴈麋鹿, 曰, "賢者亦樂此乎?"
孟子對曰, "賢者而後樂此, 不賢者雖有此, 不樂也. 《詩》云, '經始靈臺 經之營之 庶民攻之 不日成之. 經始勿亟 庶民子來. 王在靈囿 麀鹿攸伏 麀鹿濯濯 白鳥鶴鶴. 王在靈沼, 於牣魚躍.' 文王以民力爲臺爲沼, 而民歡樂之, 謂其臺曰靈臺, 謂其沼曰靈沼, 樂其有麋鹿魚鼈. 古之人與民偕樂, 故能樂也. 湯誓曰, '時日害喪? 予及女偕亡.' 民欲與之偕亡, 雖有臺池鳥獸, 豈能獨樂哉?"

•

맹자가 양혜왕을 만났다. 혜왕이 연못가에 서 있다가 기러기와 사슴들을 돌아보며 말했다. "현명한 사람들도 또한 이것들을 즐기겠지요?"

맹자가 대답했다.

"현명한 사람이고 나서야 이것들을 즐기지, 현명한 사람이 아니라면 비록 이것들이 있어도 즐기지 못합니다. 《시경》에서, '영대[2]를 만들기 시작할 때 계획하고 도모하시자, 백성들이 와서 일을 하

2 주나라 문왕(周文王)의 누대.

여 며칠도 안 돼 완성되었네. 만들기 시작할 때 서두르지 말라고 했는데, 백성들이 자식들처럼 와주었네. 왕이 영대의 동산에 계시니 사슴들이 가만히 엎드려 있는데, 사슴들은 윤기가 흐르고 백조들은 깨끗하네. 왕이 영대의 연못에 계시니 아아 가득찬 물고기들이 뛰노네'라고 했습니다. 문왕이 백성들의 힘으로 누대를 만들고 연못을 만들었는데, 백성들이 그것을 기뻐하고 즐거워해서 그 누대를 '영대'라고 하고, 그 연못을 '영소'라고 하면서 그곳에 고라니와 사슴, 물고기와 자라가 있는 것을 즐거워했습니다. 옛사람들은 백성들과 함께 즐겼기 때문에 즐길 수 있었습니다. 〈탕서〉[3]에서, '이 해가 언제 없어지려나? 나와 너 함께 망하리라'라고 했습니다. 백성들이 함께 망하려고 하면, 비록 누대와 연못, 새와 짐승이 있더라도 어찌 홀로 즐길 수 있겠습니까?"

3 《서경(書經)》〈상서(商書)〉의 편명.

양혜왕 상 3

梁惠王曰, "寡人之於國也, 盡心焉耳矣. 河內凶, 則移其民於河東, 移其粟於河內. 河東凶亦然. 察鄰國之政, 無如寡人之用心者. 鄰國之民不加少, 寡人之民不加多, 何也?"

孟子對曰, "王好戰, 請以戰喩. 塡然鼓之, 兵刃旣接, 棄甲曳兵而走, 或百步而後止, 或五十步而後止, 以五十步笑百步, 則何如?"

曰, "不可, 直不百步耳, 是亦走也."

曰, "王如知此, 則無望民之多於鄰國也. 不違農時, 穀不可勝食也, 數罟不入洿池, 魚鼈不可勝食也, 斧斤以時入山林, 材木不可勝用也. 穀與魚鼈不可勝食, 材木不可勝用, 是使民養生喪死無憾也. 養生喪死無憾, 王道之始也. 五畝之宅, 樹之以桑, 五十者可以衣帛矣. 雞豚狗彘之畜, 無失其時, 七十者可以食肉矣. 百畝之田, 勿奪其時, 數口之家可以無饑矣. 謹庠序之敎, 申之以孝悌之義, 頒白者不負戴於道路矣. 七十者衣帛食肉, 黎民不饑不寒, 然而不王者, 未之有也. 狗彘食人食而不知檢, 塗有餓莩而不知發, 人死則曰, '非我也, 歲也.' 是何異於刺人而殺之, 曰, '非我也, 兵也.' 王無罪歲, 斯天下之民至焉."

•

양혜왕이 말했다. "과인이 나라를 위해 마음을 다하고 있습니다. 하내에 흉년이 들면 그 백성들을 하동으로 이주시키고, 그 곡식을 하내로 이동시킵니다. 하동에 흉년이 들면 또한 그렇게 합니다. 이웃나라 정치를 살펴보면 과인처럼 마음을 쓰는 자들이 없습니다. (그런데도) 이웃나라 백성들이 더 적어지지 않고 과인의 백성들이 더 많아지지 않으니, 어째서입니까?"

맹자가 대답했다. "왕께서 전쟁을 좋아하시니, 청컨대 전쟁으로 비유하겠습니다. 둥둥 북을 울리며 병기와 칼날을 가지고 접전을 벌이다가 갑옷을 버리고 병기를 끌면서 달아나는데, 누구는 백 걸음 지나 멈추고 누구는 오십 걸음 지나 멈춘 상황에서 오십 걸음 달아난 사람이 백 걸음 달아난 사람을 비웃는다면 어떻겠습니까?"

(혜왕이) 말했다. "옳지 않습니다. 그저 백 걸음이 아닐 뿐이지, 이 또한 달아난 것입니다."

(맹자가) 말했다. "왕께서 이것을 아신다면 백성들이 이웃나라보다 많아지기를 바라지 마십시오. 농사철을 어기지 않으면 곡식이 다 먹을 수 없을 정도가 되며, 촘촘한 그물을 웅덩이나 연못에 넣지 않으면 물고기와 자라가 다 먹을 수 없을 정도가 되며, 도끼와 자귀를 때를 가려 산속에 가지고 들어가면 재목이 다 쓸 수 없을 정도가 됩니다. 곡식과 물고기와 자라가 다 먹을 수 없을 정도

가 되고, 재목이 다 쓸 수 없을 정도가 되면, 이는 백성들이 산 사람을 기르고 죽은 사람을 장사 지내는 걱정을 없게 합니다. 산 사람을 기르고 죽은 사람을 장사 지내는 데 걱정을 없게 하는 것이 왕도의 시작입니다. 다섯 이랑 넓이의 집터에 뽕나무를 기르면 쉰이 된 자가 비단을 입을 수 있습니다. 닭과 돼지, 개와 큰 돼지를 기르면서 번식의 시기를 놓치지 않으면 일흔이 된 자가 고기를 먹을 수 있습니다. 백 이랑의 밭을 농사지으면서 그 시기를 빼앗지 않으면 여러 식구가 있는 집안이 굶주리지 않을 수 있으며, 상서[4]의 교육을 엄하게 하여 효도와 공경의 의로움을 거듭 가르친다면, 머리가 반쯤 센 자가 길에서 짐을 지거나 이고 다니지 않을 것입니다. 일흔이 된 자가 비단옷을 입고 고기를 먹으며, 백성들이 굶주리지 않고 춥지 않는데, 이렇게 하고도 왕을 제대로 하지 못하는 사람은 없었습니다. 개와 큰 돼지가 사람의 밥을 먹는데도 단속할 줄 모르고 길에 굶어 죽은 시체가 있는데 창고를 열 줄 모르고, 사람이 죽으면 '내가 아니라 올해 농사 때문'이라고 하니, 이것이 어찌 사람을 찔러 죽이고 '내가 아니라 병기가 죽인 것'이라고 하는 것과 다르겠습니까? 왕이 올해 농사에다 죄를 돌리지 않으신다면, 천하의 백성들이 올 것입니다."

4 고대의 학교를 가리키는데, 주나라에서는 '상(庠)'으로 은나라에서 '서(序)'로 불렀다.

양혜왕 상 4

梁惠王曰, "寡人願安承敎."

孟子對曰, "殺人以梃與刃, 有以異乎?"

曰, "無以異也."

"以刃與政, 有以異乎?"

曰, "無以異也."

曰, "庖有肥肉, 廐有肥馬, 民有饑色, 野有餓莩, 此率獸而食人也. 獸相食, 且人惡之, 爲民父母, 行政, 不免於率獸而食人, 惡在其爲民父母也? 仲尼曰, '始作俑者, 其無後乎.' 爲其象人而用之也. 如之何其使斯民饑而死也?"

•

양혜왕이 말했다. "과인은 가르침을 받고 싶습니다."

맹자가 대답했다. "사람을 몽둥이로 죽이는 것과 칼로 죽이는 것이 다를 것이 있습니까?"

(혜왕이) 말했다. "다를 것이 없습니다."

(맹자가 말했다.) "사람을 칼로 죽이는 것과 정치로 죽이는 것이 다를 것이 있습니까?

(혜왕이) 말했다. "다를 것이 없습니다."

(맹자가) 말했다. "푸줏간에 살진 고기가 있고 마구간에 살진 말이 있는데도, 백성들이 굶주린 기색이 있고 들에 굶어 죽은 시체가 있으면, 이것은 짐승을 몰아다가 사람을 잡아먹게 하는 것입니다. 짐승끼리 서로 잡아먹는 것도 사람들이 싫어하는데, 백성들의 부모가 되어 정치를 행하면서 짐승을 몰아다가 사람을 잡아먹게 하는 것을 면하지 못한다면, 어디에 백성의 부모가 될 만한 것이 있습니까?

공자께서는 '처음으로 용俑[5]을 만든 사람은 그 후손이 없을 것이다'라고 하셨는데, 그것을 사람의 모습처럼 만들어 썼기 때문입니다. 어찌 이 백성들을 굶겨 죽게 한단 말입니까?"

5 장사 지낼 때 시신과 함께 땅 속에 묻는 인형.

양혜왕 상 5

梁惠王曰, "晉國, 天下莫强焉, 叟之所知也. 及寡人之身, 東敗於齊, 長子死焉, 西喪地於秦七百里, 南辱於楚. 寡人恥之, 願比死者壹洒之, 如之何則可?"
孟子對曰, "地方百里而可以王. 王如施仁政於民, 省刑罰, 薄稅斂, 深耕易耨. 壯者以暇日修其孝悌忠信, 入以事其父兄, 出以事其長上, 可使制梃以撻秦楚之堅甲利兵矣. 彼奪其民時, 使不得耕耨以養其父母, 父母凍餓, 兄弟妻子離散. 彼陷溺其民, 王往而征之, 夫誰與王敵? 故曰, '仁者無敵.' 王請勿疑."

•

양혜왕이 말했다. "진晉나라[6]가 천하에서 막강하다는 것은 노인께서도 아실 것입니다. 과인의 시대에 이르러 동쪽으로는 제齊나라에 패하면서 큰아들이 죽었고, 서쪽으로는 진秦나라에게 칠백 리의 땅을 잃었고, 남쪽으로는 초나라에게 굴욕을 당했습니다. 과인은 그것을 치욕으로 여기며, 죽은 사람들을 위해 한번 설욕하기를

6 위나라는 진(晉)나라 대부였던 위사(魏斯)의 자손들이 세운 나라이기에 혜왕이 진나라로 칭했다.

바라는데, 어찌하면 되겠습니까?"

맹자가 대답했다. "땅이 사방으로 백 리만 되어도 왕이 될 수 있습니다. 왕이 백성들에게 어진 정치를 베풀어 형벌을 줄이고, 세를 적게 거두면 밭을 깊게 갈고 김을 쉽게 맬 것입니다. 장성한 자들이 한가한 날에 효제충신을 닦아, 들어가서는 부모와 형제를 섬기고 나와서는 윗사람을 섬기면, 몽둥이를 가지고도 진나라와 초나라의 견고한 갑옷과 예리한 병기를 칠 수 있을 것입니다. 저들이[7] 그들의 백성이 농사짓을 시기를 빼앗아 밭 갈고 김매서 그들의 부모를 봉양할 수 없게 하면, 부모는 춥고 굶주리며 형제와 처자는 흩어질 것입니다. 저들이 그들의 백성을 구덩이에 빠뜨렸을 때 왕께서 가시어 정벌하신다면 누가 왕께 대적하겠습니까? 그래서 옛말에 '어진 사람은 적이 없다'고 했습니다. 왕께서는 의심하지 마시기 바랍니다."

7 진나라와 초나라의 군주들.

양혜왕 상 6

孟子見梁襄王, 出語人曰, "望之不似人君, 就之而不見所畏焉. 卒然問曰, '天下惡乎定?' 吾對曰, '定於一.' '孰能一之?' 對曰, '不嗜殺人者能一之.' '孰能與之?' 對曰, '天下莫不與也. 王知夫苗乎? 七八月之間旱, 則苗槁矣. 天油然作雲, 沛然下雨, 則苗浡然興之矣. 其如是, 孰能禦之? 今夫天下之人牧, 未有不嗜殺人者也. 如有不嗜殺人者, 則天下之民皆引領而望之矣. 誠如是也, 民歸之, 由水之就下, 沛然誰能禦之?'"

•

맹자가 양양왕[8]을 만나고 나와 사람들에게 말했다. "바라볼 때도 임금 같지 않았는데, 다가가 보니 두려워할 것도 없었다. 갑자기 '천하가 어찌 정해지겠습니까?'라고 묻기에 내가 '한 곳으로 정해질 것입니다'라고 대답했다. '누가 한 곳으로 정할 수 있겠습니까?'라고 묻기에, '사람을 죽이는 것을 좋아하지 않는 사람이 한 곳으로 정할 수 있을 것입니다'라고 대답했다. '누가 그와 함께할 수 있겠습니까?'라고 묻기에, '천하가 함께하지 않음이 없을 것입니

8 양혜왕 아들.

다. 왕은 싹에 대해 아십니까? 칠팔 월 사이에 가물면 싹이 마릅니다. 하늘에 뭉게뭉게 구름이 모여 주룩주룩 비를 내리면 싹이 쑥쑥 자라납니다. 이와 같은 것을 누가 막을 수 있겠습니까? 지금 천하에서 사람을 다스리는 자들 가운데 사람 죽이기를 좋아하지 않는 자가 있지 않습니다. 사람을 죽이기를 좋아하지 않는 자가 있다면, 천하의 백성들이 모두 목을 빼고 바라볼 것입니다. 진실로 이와 같이 된다면 백성들이 그에게 귀속되는 것은 물이 아래로 내려가는 것과 같을 것이니, 그 세찬 기세를 누가 막을 수 있겠습니까?'라고 했다."

양혜왕 상 7

齊宣王問曰, "齊桓晉文之事可得聞乎?"

孟子對曰, "仲尼之徒無道桓文之事者, 是以後世無傳焉, 臣未之聞也. 無以則王乎?"

曰, "德何如則可以王矣?"

曰, "保民而王, 莫之能禦也."

曰, "若寡人者, 可以保民乎哉?"

曰, "可."

曰, "何由知吾可也?"

曰, "臣聞之胡齕曰, 王坐於堂上, 有牽牛而過堂下者, 王見之曰, '牛何之?' 對曰, '將以釁鐘.' 王曰, '舍之, 吾不忍其觳觫, 若無罪而就死地.' 對曰, '然則廢釁鐘與?' 曰, '何可廢也, 以羊易之.' 不識, 有諸?"

曰, "有之."

曰, "是心足以王矣. 百姓皆以王爲愛也, 臣固知王之不忍也."

王曰, "然. 誠有百姓者. 齊國雖褊小, 吾何愛一牛? 卽不忍其觳觫若無罪而就死地, 故以羊易之也."

曰, "王無異於百姓之以王爲愛也. 以小易大, 彼惡知之. 王若隱其無罪而就死地, 則牛羊何擇焉?"
王笑曰, "是誠何心哉. 我非愛其財而易之以羊也. 宜乎百姓之謂我愛也."

•

제나라 선왕이 물었다. "제나라 환공과 진나라 문공의 일을 들을 수 있겠습니까?"

맹자가 대답했다. "공자의 제자 가운데 환공과 문공의 일을 말한 자가 없었고, 그래서 후세에 전해진 것도 없으니, 신이 들은 것이 없습니다. 그만두라 하지 않으신다면 왕에 대해 말해도 되겠습니까?"

(선왕이) 말했다. "덕이 어떠해야 왕이 될 수 있습니까?"

(맹자가) 말했다. "백성을 보호하면서 왕을 한다면 아무도 그를 막을 수 없을 것입니다."

(선왕이) 말했다. "과인과 같은 사람도 백성을 보호할 수 있습니까?"

(맹자가) 말했다. "있습니다."

(선왕이) 말했다. "어떤 이유로 내가 할 수 있다는 것을 알았습니까?"

(맹자가) 말했다. "신이 호흘[9]에게 듣기로는, 왕께서 대청 위에 앉

9 제나라 선왕의 신하.

아 계시는데 소를 끌고 대청 아래를 지나가는 자가 있어서, 왕께서 그를 보고 '소를 어디로 끌고 가는가?'라고 하시자, 그가 '장차 흔종[10]을 하려고 한다'고 대답했습니다. 왕께서 '그것을 놓아주어라. 내가 차마 그것이 벌벌 떨면서 죄 없이 사지로 가는 것을 보지 못하겠다'고 하셨고, 그가 '그렇다면 흔종을 그만두어야 합니까?'라고 하자, '어찌 그만둘 수 있겠는가. 양으로 바꾸어라'라고 하셨다 하는데, 잘 모르겠지만 그런 일이 있었습니까?"

(선왕이) 말했다. "그런 일이 있었습니다."

(맹자가) 말했다. "이 마음이면 왕이 되시기에 충분합니다. 백성은 모두 왕께서 소를 아까워했다고 여기겠지만, 신은 진실로 왕이 차마 보지 못하셨다는 것을 알고 있습니다."

선왕이 말했다. "그렇습니다. 진실로 그런 백성이 있습니다. 제나라가 비록 좁고 작지만, 내가 어찌 소 한 마리를 아까워했겠습니까? 곧 벌벌 떨면서 죄 없이 사지로 가는 것을 차마 보지 못해 양으로 바꾸었던 것입니다."

(맹자가) 말했다. "왕께서는 백성이 왕께서 아까워했다고 여긴 것을 이상하다고 하지 마십시오. 작은 것으로 큰 것을 바꾸셨으니 저들이 어찌 그 뜻을 알겠습니까. 왕께서 그 죄 없이 사지로 가는 것을 측은히 여기셨다면, 소와 양은 어찌 가리셨습니까?"

10 종(鐘)을 새로 만들 때, 종에 짐승의 피를 발라 부정한 것을 막는 의식이다.

선왕이 미소 지으면서 말했다. "이것은 진실로 어떤 마음이었겠습니까. 나는 재물이 아까워 그것을 양으로 바꾸라고 한 것이 아니었습니다. 백성이 내가 아까워해서 그랬다고 해도 마땅합니다."

曰, "無傷也. 是乃仁術也, 見牛未見羊也. 君子之於禽獸也, 見其生, 不忍見其死, 聞其聲, 不忍食其肉. 是以君子遠庖廚也."
王說曰, "《詩》云, '他人有心, 予忖度之.' 夫子之謂也. 夫我乃行之, 反而求之, 不得吾心. 夫子言之, 於我心有戚戚焉. 此心之所以合於王者, 何也?"
曰, "有復於王者曰, '吾力足以擧百鈞, 而不足以擧一羽, 明足以察秋毫之末, 而不見輿薪', 則王許之乎?"
曰, "否."
"今恩足以及禽獸, 而功不至於百姓者, 獨何與? 然則一羽之不擧, 爲不用力焉, 輿薪之不見, 爲不用明焉, 百姓之不見保, 爲不用恩焉. 故王之不王, 不爲也, 非不能也."

•

(맹자가) 말했다. "나쁠 것이 없습니다. 이것이 곧 어진 행위인데, 소는 보았고 양은 보지 못한 것입니다. 군자가 새나 짐승을 대하면서 그것이 살아 있는 것을 보고 그것이 죽는 것은 차마 보지 못하며, 그 소리를 듣고 차마 그 고기를 먹지 못합니다. 이래서 군자는 푸

줏간을 멀리합니다."

선왕이 기뻐하며 말했다. "《시경》에서 '다른 사람이 가진 마음을 내가 헤아려본다'라고 했는데, 선생을 말하는 것입니다. 내가 그렇게 행하고 돌이켜 그것에 대해 궁리해보았지만, 내 마음을 알지 못했습니다. 선생께서 그렇게 말씀하시니 내 마음에 뭉클함이 있습니다. 이 마음이 왕을 하는 데 합당한 것은 어째서입니까?"

(맹자가) 말했다. "어떤 자가 왕께 아뢰면서 '제 힘은 백 균[11]을 들기에 충분하지만 깃털 하나를 들기에는 부족하고, 눈의 밝기가 가을 철 짐승의 털끝을 살피기에 충분하지만 수레에 실은 장작은 보지 못한다'고 한다면, 왕께서는 그것을 인정하시겠습니까?"

(선왕이) 말했다. "아닙니다."

(맹자가 말했다.) "지금 은혜가 새나 짐승에게 미칠 정도로 충분한데, 그러한 공덕이 백성들에게 이르지 않는 것은 유독 어째서겠습니까? 그렇기에 깃털 하나도 들지 못하는 것은 힘을 쓰지 않는 것이며, 수레에 실은 장작을 보지 못하는 것은 눈으로 분명하게 보지 않는 것이며, 백성들이 보호받지 못하는 것은 은혜를 베풀지 않아서입니다. 그러므로 왕께서 왕답지 않은 것은 하지 않는 것이지 하지 못하는 것이 아닙니다."

11 균(鈞)은 무게 단위로 서른 근이다. 백 균은 약 삼천 근.

曰, "不爲者與不能者之形何以異?"

曰, "挾太山以超北海, 語人曰, '我不能.' 是誠不能也. 爲長者折枝, 語人曰, '我不能.' 是不爲也, 非不能也. 故王之不王, 非挾太山以超北海之類也. 王之不王, 是折枝之類也. 老吾老, 以及人之老, 幼吾幼, 以及人之幼. 天下可運於掌. 《詩》云, '刑于寡妻, 至于兄弟, 以御于家邦.' 言擧斯心加諸彼而已. 故推恩足以保四海, 不推恩無以保妻子. 古之人所以大過人者, 無他焉, 善推其所爲而已矣. 今恩足以及禽獸, 而功不至於百姓者, 獨何與? 權, 然後知輕重, 度, 然後知長短. 物皆然, 心爲甚. 王請度之. 抑王興甲兵, 危士臣, 構怨於諸侯, 然後快於心與?"

王曰, "否, 吾何快於是? 將以求吾所大欲也."

•

(선왕이) 말했다. "하지 않는 자와 하지 못하는 자의 모습은 어떻게 다릅니까?"

(맹자가) 말했다. "태산을 옆에 끼고 북해를 뛰어넘는 것을 가지고 남에게 '나는 할 수 없다'고 말한다면, 이것은 진실로 하지 못하는 것입니다. 어른을 위해 나뭇가지를 꺾는 것을 가지고 남에게 '나는 할 수 없다'라고 말한다면, 이것은 하지 않는 것이지 하지 못하는 것이 아닙니다. 그러므로 왕이면서 왕답지 않은 것은 태산을 옆에 끼고 북해를 뛰어넘는 것과 같은 일이 아닙니다. 왕이면서 왕답지 않은 것은 나뭇가지를 꺾는 것과 같은 일입니다. 내 노인을 노

인으로 공경하면서 그 마음을 남의 노인에게 미치게 하고, 내 아이를 아이로 사랑하면서 그 마음을 남의 아이에게 미치게 하면, 천하가 손바닥에 있는 것처럼 운영될 것입니다.《시경》에서, '내 부인에게 본보기가 되어 형제에게까지 이르고, 그것으로 집안과 나라를 다스린다'고 했는데, 이 마음을 들어다가 저들에게 더하는 것을 말했을 뿐입니다. 그러므로 은혜를 밀고나가면 사해를 보호하기에 충분하고, 은혜를 밀고나가지 못하면 처자를 보호할 수 없습니다. 옛사람들이 남보다 크게 뛰어났던 것은 다른 것이 없고 그 하는 것을 잘 밀고나갔을 뿐이었습니다. 지금 은혜는 새나 짐승에게 미치기에도 충분한데 공적이 백성들에 이르지 않는 것은 유독 무엇 때문이겠습니까? 달아보고 나서야 가벼운지 무거운지를 알고, 재보고 나서야 긴지 짧은지를 알게 됩니다. 사물이 모두 그러하며 마음은 더욱 그러합니다. 왕께서는 그것을 헤아리시기 바랍니다. 아니면 왕께서는 병력을 일으켜 선비와 신하를 위태롭게 하고 제후들과 원한을 맺고 나서야 마음이 통쾌하시겠습니까?"

(선왕이) 말했다. "아닙니다. 내가 어찌 이런 것에 통쾌하겠습니까? 장차 내가 크게 바라는 것을 구하고자 하는 것입니다."

曰, "王之所大欲可得聞與?"

王笑而不言.

曰, "爲肥甘不足於口與? 輕煖不足於體與? 抑爲采色不足視於目與? 聲音不足聽於耳與? 便嬖不足使令於前與? 王之諸臣皆足以供之, 而王豈爲是哉?"

曰, "否. 吾不爲是也."

曰, "然則王之所大欲可知已, 欲辟土地, 朝秦楚, 莅中國而撫四夷也. 以若所爲求若所欲, 猶緣木而求魚也."

•

(맹자가) 말했다. "왕께서 크게 바라는 것을 들을 수 있겠습니까?"

왕이 미소 지으면서 말하지 않았다.

(맹자가) 말했다. "살지고 단 것이 입에 충분하지 않아서입니까? 가볍고 따뜻한 것이 몸에 충분하지 않아서입니까? 아니면 아름다운 색들이 눈으로 보기에 충분하지 않아서입니까? 소리와 음악이 귀로 듣기에 충분하지 않아서입니까? 편안하고 총애하는 자들이 앞에서 명령을 받드는 것이 충분하지 않아서입니까? 왕의 여러 신하가 모두 그것을 충분히 공급할 것인데, 왕께서 어찌 이런 것을 바라십니까?"

(선왕이) 말했다. "아닙니다. 나는 이런 것을 바라는 것이 아닙니다."

(맹자가) 말했다. "그렇다면 왕께서 크게 바라는 것을 알 수 있겠습니다. 토지를 넓히고, 진나라와 초나라에게 조공을 받고, 나라 가운데 자리하면서 사방의 오랑캐를 누르려 하는 것입니다. (지금)

하는 것들을 가지고 바라는 것들을 추구한다면, 나무에 올라가 물고기를 구하는 것과 같습니다."

王曰, "若是其甚與?"

曰, "殆有甚焉. 緣木求魚, 雖不得魚, 無後災. 以若所爲求若所欲, 盡心力而爲之, 後必有災."

曰, "可得聞與?"

曰, "鄒人與楚人戰, 則王以爲孰勝?"

曰, "楚人勝."

曰, "然則小固不可以敵大, 寡固不可以敵衆, 弱固不可以敵强. 海內之地方千里者九, 齊集有其一. 以一服八, 何以異於鄒敵楚哉? 蓋亦反其本矣. 今王發政施仁, 使天下仕者皆欲立於王之朝, 耕者皆欲耕於王之野, 商賈皆欲藏於王之市, 行旅皆欲出於王之途, 天下之欲疾其君者皆欲赴愬於王. 其如是, 孰能禦之?"

•

선왕이 말했다. "이것이 그렇게 심합니까?"

(맹자가) 말했다. "아마도 더 심할 것입니다. 나무에 올라가 물고기를 구하면 비록 얻지 못해도 나중에 재앙은 없습니다. (지금) 하는 것들을 가지고 바라는 것들을 추구하면서 마음과 힘을 다해 그것을 한다면 나중에 반드시 재앙이 있을 것입니다."

(선왕이) 말했다. "더 들어볼 수 있겠습니까?"

(맹자가) 말했다. "추나라 사람들이 초나라 사람들과 싸우면 왕께서는 누가 이긴다고 생각하십니까?"

(선왕이) 말했다. "초나라 사람들이 이깁니다."

(맹자가) 말했다. "그렇기에 작은 것은 본디 큰 것에 대적할 수 없고, 적은 것은 본디 많은 것에 대적할 수 없으며, 약한 것은 본디 강한 것에 대적할 수 없습니다. 사해 내에서 사방 천 리가 되는 것[12]이 아홉인데, 제나라를 합쳐봐야 그 하나를 가진 것입니다. 하나가 여덟을 복속시키려는 것이 어찌 추나라가 초나라를 대적하는 것과 다르겠습니까? 생각건대 또한 그 근본을 돌이켜야 합니다. 지금 왕께서 정치를 하면서 어짊을 베풀어 천하의 벼슬하는 자들이 모두 왕의 조정에 서고 싶게 하고, 밭가는 자들이 모두 왕의 들판에서 밭을 갈고 싶게 하고, 장사꾼들이 모두 왕의 시장에 물건을 두고 싶게 하고, 여행자들이 모두 왕의 길로 나오고 싶게 한다면, 천하에서 그의 임금을 싫어하는 자들이 모두 달려와 왕께 호소하려고 할 것입니다. 이와 같다면 누가 그것을 막을 수 있겠습니까?"

王曰, "吾惛, 不能進於是矣. 願夫子輔吾志, 明以教我. 我雖不

12 사방 천 리가 되는 나라.

敏, 請嘗試之."

曰, "無恒產而有恒心者, 惟士爲能. 若民, 則無恒產, 因無恒心. 苟無恒心, 放辟邪侈, 無不爲已. 及陷於罪, 然後從而刑之, 是罔民也. 焉有仁人在位罔民而可爲也? 是故明君制民之産, 必使仰足以事父母, 俯足以畜妻子, 樂歲終身飽, 凶年免於死亡, 然後驅而之善, 故民之從之也輕. 今也制民之産, 仰不足以事父母, 俯不足以畜妻子, 樂歲終身苦, 凶年不免於死亡. 此惟救死而恐不贍, 奚暇治禮義哉? 王欲行之, 則盍反其本矣. 五畝之宅, 樹之以桑, 五十者可以衣帛矣. 雞豚狗彘之畜, 無失其時, 七十者可以食肉矣. 百畝之田, 勿奪其時, 八口之家可以無饑矣. 謹庠序之敎, 申之以孝悌之義, 頒白者不負戴於道路矣. 老者衣帛食肉, 黎民不饑不寒, 然而不王者, 未之有也."

•

선왕이 말했다. "나는 어리석어 이런 경지로 나아갈 수 없습니다. 선생께서 나의 뜻을 도와 나를 분명하게 가르쳐주시기 바랍니다. 내가 비록 불민하지만 그것을 시험해보기를 청합니다."

(맹자가) 말했다. "일정한 생산이 없으면서 일정한 마음을 갖는 것은 오직 선비만이 할 수 있습니다. 백성들 같으면 일정한 생산이 없어짐에 따라 일정한 마음도 없어집니다. 진실로 일정한 마음이 없으면 방탕하고 편벽하고 사악하고 사치스러운 일을 하지 않음이 없을 것입니다. 백성들이 죄에 빠지고 나서야 그에 따라 형벌

을 가한다면 백성을 그물질해 잡는 것입니다. 어찌 어진 사람이 자리에 있으면서 백성을 그물질해 잡을 수 있겠습니까? 이런 까닭에 현명한 임금은 백성의 산업을 마련해주어 반드시 위로는 부모를 섬기기에 충분하게 하고 아래로는 처자를 먹이기에 충분하게 하여, 풍년에는 죽을 때까지 배부르고 흉년이라도 죽음은 면할 수 있게 합니다. 그러고 나서야 그들을 이끌어 착한 일을 하게 하니 백성이 그것을 따르기 쉽습니다. 지금은 백성의 산업을 마련해주는 것이, 위로는 부모를 섬기기에 충분하지 않고 아래로는 처자를 먹이기에 충분하지 않아, 풍년이라도 죽을 때까지 괴롭고 흉년에는 죽음을 면하지 못합니다. 이것은 오로지 죽음을 구제하기에도 넉넉하지 않아 두려우니, 어찌 예의를 다스릴 겨를이 있겠습니까?

왕이 그것을 행하고자 하신다면 어찌 그 근본을 돌이키지 않으십니까? 다섯 이랑 정도의 집터에 뽕나무를 기르면 쉰이 된 자가 비단을 입을 수 있습니다. 닭과 돼지, 개와 큰 돼지를 기르면서 그 번식의 시기를 놓치지 않으면 일흔이 된 자가 고기를 먹을 수 있습니다. 백 이랑의 밭에 그 농사철을 빼앗지 않으면 여덟 식구가 있는 집안[13]이 굶주리지 않을 수 있으며, 상서의 교육을 엄하게 하여 효제의 의로움을 거듭 가르친다면, 머리가 반쯤 센 자가 길에서 짐을 지거나 이지 않을 것입니다. 일흔이 된 자가 비단 옷을 입고

13 비슷한 내용이 있는 〈양혜왕 상 3〉에서는 '수구지가(數口之家)'로 되어 있다.

고기를 먹게 하고, 어린 백성들이 굶주리거나 춥지 않게 하면서 왕을 제대로 못 하는 사람은 있지 않았습니다."

02

양혜왕 하

梁惠王下

양혜왕 하 1

莊暴見孟子, 曰, "暴見於王, 王語暴以好樂, 暴未有以對也."

曰, "好樂何如?"

孟子曰, "王之好樂甚, 則齊國其庶幾乎."

他日, 見於王曰, "王嘗語莊子以好樂, 有諸?"

王變乎色, 曰, "寡人非能好先王之樂也, 直好世俗之樂耳."

曰, "王之好樂甚, 則齊其庶幾乎. 今之樂由古之樂也."

曰, "可得聞與?"

曰, "獨樂樂, 與人樂樂, 孰樂?"

曰, "不若與人."

曰, "與少樂樂, 與衆樂樂, 孰樂?"

曰, "不若與衆."

•

장포가 맹자를 만나서 말했다. "제가 왕[1]을 뵈었을 때 왕께서 제게 음악을 좋아한다고 말씀하셨는데, 저는 뭐라 대답하지 못했습니다."

---

1 제나라 선왕.

(장포가) 말했다. "음악을 좋아함은 어떻습니까?"

맹자가 말했다. "왕께서 음악을 아주 좋아하신다면, 제나라는 잘 다스려질 것입니다."

다른 날에 (맹자가) 선왕을 만나서 말했다. "왕께서 일찍이 장포에게 음악을 좋아한다고 말씀하신 적이 있으신지요?"

왕이 낯빛을 바꾸며 말했다. "과인은 옛 임금들의 음악을 좋아하지는 못하고, 그저 세속의 음악을 좋아할 뿐입니다."

(맹자가) 말했다. "왕이 음악을 아주 좋아하신다면 제나라는 잘 다스려질 것입니다. 지금의 음악은 옛날의 음악에서 말미암은 것입니다."

(선왕이) 말했다. "무슨 말인지 들어볼 수 있겠습니까?"

(맹자가) 말했다. "홀로 음악을 즐기는 것과 다른 사람과 음악을 즐기는 것 중에 무엇이 더 즐겁겠습니까?"

(선왕이) 말했다. "다른 사람과 즐기는 것만 못할 것입니다."

(맹자가) 말했다. "적은 사람들과 음악을 즐기는 것과 여러 사람들과 음악을 즐기는 것 중에 무엇이 더 즐겁겠습니까?"

(선왕이) 말했다. "여러 사람들과 음악을 즐기는 것만 못할 것입니다."

"臣請爲王言樂. 今王鼓樂於此, 百姓聞王鐘鼓之聲, 管籥之音,擧疾首蹙頞而相告曰, '吾王之好鼓樂, 夫何使我至於此極也? 父子不相見, 兄弟妻子離散.' 今王田獵於此, 百姓聞王車馬之音, 見羽旄之美, 擧疾首蹙頞而相告曰, '吾王之好田獵, 夫何使我至於此極也? 父子不相見, 兄弟妻子離散.' 此無他, 不與民同樂也. 今王鼓樂於此, 百姓聞王鐘鼓之聲, 管籥之音, 擧欣欣然有喜色而相告曰, '吾王庶幾無疾病與, 何以能鼓樂也?' 今王田獵於此, 百姓聞王車馬之音, 見羽旄之美, 擧欣欣然有喜色而相告曰, '吾王庶幾無疾病與, 何以能田獵也?' 此無他, 與民同樂也. 今王與百姓同樂, 則王矣."

•

(맹자가 말했다.) "신이 왕께 음악에 대해 말씀드리기를 청합니다. 지금 왕께서 여기에서 음악을 연주하시면, 백성들이 왕의 종소리와 북소리, 피리소리를 듣고 머리를 아파하고 이마를 찌푸리며 서로 '우리 왕께서 음악을 좋아하시는데, 어찌 우리를 이러한 지경에 이르게 하시는가? 부모와 자식이 서로 만나지 못하고, 형제와 처자가 이별하여 흩어졌다'라고 말할 수 있습니다. 지금 왕께서 여기에서 사냥을 하시면 백성들이 왕의 수레와 말의 소리를 듣고 깃발을 장식한 털의 아름다움을 보고 머리를 아파하고 이마를 찌푸리며 서로 '우리 왕께서 사냥을 좋아하시는데, 어찌 우리를 이러한 지경에 이르게 하시는가? 부모와 자식이 서로 만나지 못하고, 형제와 처자가 이별하여 흩어졌다'라고 할 수 있습니다. 이것은

다른 것이 없고 백성들과 즐거움을 함께 하지 않아서입니다. 지금 왕께서 여기에서 음악을 연주하시면 백성들이 왕의 종소리와 북소리, 피리소리를 듣고 모두 흔쾌히 기뻐하는 기색으로 서로 '우리 왕께서 행여 질병은 없으신가? 어떻게 음악을 연주하시는가?'라고 할 수 있습니다. 지금 왕께서 여기에서 사냥을 하시면 백성들이 왕의 수레와 말의 소리를 듣고 깃발을 장식한 털의 아름다움을 보며 모두 흔쾌히 기뻐하는 기색으로 서로 '우리 왕께서 행여 질병은 없으신가? 어떻게 사냥을 하시는가?'라고 할 수도 있습니다. 이것은 다른 것이 없고 백성들과 즐거움을 함께해서입니다. 지금 왕께서 백성들과 즐거움을 함께하신다면, 왕으로 대우받으실 것입니다."

양혜왕 하 2

齊宣王問曰, "文王之囿, 方七十里, 有諸?"

孟子對曰, "於傳有之."

曰, "若是其大乎?"

曰, "民猶以爲小也."

曰, "寡人之囿方四十里, 民猶以爲大, 何也?"

曰, "文王之囿方七十里, 芻蕘者往焉, 雉兎者往焉, 與民同之. 民以爲小, 不亦宜乎? 臣始至於境, 問國之大禁, 然後敢入. 臣聞郊關之內有囿方四十里, 殺其麋鹿者如殺人之罪, 則是方四十里爲阱於國中. 民以爲大, 不亦宜乎?"

•

제나라 선왕이 물었다. "문왕의 동산은 사방 칠십 리였다고 하는데, 그랬습니까?"

맹자가 대답했다. "전해지는 것이 있기는 합니다."

(선왕이) 말했다. "그와 같이 컸습니까?"

(맹자가) 말했다. "백성들은 오히려 작다고 여겼습니다."

(선왕이) 말했다. "과인의 동산은 사방 사십 리인데 백성들이 오히려 크다고 여기니 어째서입니까?"

(맹자가) 말했다. "문왕의 동산은 사방 칠십 리였지만, 꼴 베고 나무하는 자들도 가고, 꿩과 토끼 잡는 자들도 갔으니, 백성들과 그것을 함께했습니다. 백성들이 작다고 여겼던 것 또한 마땅하지 않습니까? 신이 처음으로 국경[2]에 이르러 나라에서 크게 금하는 것을 묻고 나서야 감히 들어왔습니다. 신이 듣건대 교외 관문 안에 사방 사십 리 동산이 있는데, 그곳의 사슴을 죽인 자는 사람을 죽인 자의 죄와 같다고 하니, 이 사방 사십 리는 나라 안에 있는 함정이 되는 것입니다. 백성들이 크다고 여기는 것 또한 마땅하지 않겠습니까?"

2 제나라 국경.

양혜왕 하 3

齊宣王問曰, "交鄰國有道乎?"

孟子對曰, "有. 惟仁者爲能以大事小, 是故湯事葛, 文王事昆夷. 惟智者爲能以小事大, 故太王事獯鬻, 句踐事吳. 以大事小者, 樂天者也, 以小事大者, 畏天者也. 樂天者保天下, 畏天者保其國. 《詩》云, '畏天之威, 于時保之.'"

王曰, "大哉言矣. 寡人有疾, 寡人好勇."

對曰, "王請無好小勇. 夫撫劍疾視曰, '彼惡敢當我哉.' 此匹夫之勇, 敵一人者也. 王請大之. 《詩》云, '王赫斯怒, 爰整其旅, 以遏徂莒, 以篤周祜, 以對于天下.' 此文王之勇也. 文王一怒而安天下之民. 《書》曰, '天降下民, 作之君, 作之師, 惟曰其助上帝, 寵之四方, 有罪無罪, 惟我在, 天下曷敢有越厥志?' 一人衡行於天下, 武王恥之. 此武王之勇也. 而武王亦一怒而安天下之民. 今王亦一怒而安天下之民, 民惟恐王之好不勇也."

•

제나라 선왕이 물었다. "이웃 나라와 사귀는 데도 도가 있습니까?"

맹자가 대답했다. "있습니다. 오직 어진 사람만이 크면서도 작은 것을 섬길 수 있습니다. 이런 까닭에 탕왕이 갈나라를 섬겼고, 문왕이 곤이[3]를 섬겼습니다. 오직 지혜로운 사람만이 작으면서도 큰 것을 섬길 수 있습니다. 그래서 태왕[4]이 훈육[5]을 섬겼고, 구천이 오나라를 섬겼습니다. 크면서 작은 것을 섬기는 사람은 하늘을 즐기는 사람이고, 작으면서 큰 것을 섬기는 사람은 하늘을 두려워하는 사람입니다. 하늘을 즐기는 사람은 천하를 보호하고 하늘을 두려워하는 사람은 그 나라를 보호합니다.《시경》에서 '하늘의 위엄이 두려워 때에 맞춰 그 나라를 보호한다'라고 했습니다."

선왕이 말했다. "그 말씀이 훌륭합니다. 과인에게 나쁜 버릇이 있으니, 과인은 용기를 좋아합니다."

(맹자가) 대답했다. "왕께서는 청컨대 작은 용기를 좋아하지 마십시오. 칼을 어루만지며 노려보면서 '저들이 어찌 감히 나를 당해내겠는가'라고 말한다면, 이것은 필부의 용기로 한 사람을 대적하는 것입니다. 왕은 청컨대 용기를 크게 가지십시오.《시경》에서 '왕께서 불끈 노하시어 곧 군대를 정비해 거莒로 가는 무리를 막고, 주나라의 복을 두터이 해 천하에 응대하셨다'라고 했으니, 이것은 문왕의 용기입니다. 문왕은 한 번 노해 천하의 백성들을 편안하게 했습니다.《서경》에서 '하늘이 백성을 내리시어 임금을 만들

3 서쪽의 이민족.

4 주나라 문왕의 조부.

5 흉노족의 조상.

고 스승을 만들었으니, 오직 상제를 돕기에 사방에서 총애한다. 죄가 있고 없음은 오직 나에게 달렸으니, 천하에 어찌 감히 그 뜻을 어기는 자가 있겠는가?'라고 했습니다. 한 사람이라도 천하에서 함부로 행동하면 무왕은 그것을 부끄럽게 여겼습니다. 이것이 무왕의 용기입니다. 그러나 무왕은 한 번 노해 천하의 백성들을 편안하게 했습니다. 지금 왕께서 또한 한 번 노하시어 천하의 백성들을 편안하게 하신다면, 백성들은 오직 왕께서 용기를 좋아하지 않을까 두려워할 것입니다."

양혜왕 하 4

齊宣王見孟子於雪宮.

王曰, "賢者亦有此樂乎?"

孟子對曰, "有. 人不得, 則非其上矣. 不得而非其上者, 非也, 爲民上而不與民同樂者, 亦非也. 樂民之樂者, 民亦樂其樂, 憂民之憂者, 民亦憂其憂. 樂以天下, 憂以天下, 然而不王者, 未之有也. 昔者齊景公問於晏子曰, '吾欲觀於轉附朝儛, 遵海而南, 放於琅邪, 吾何修而可以比於先王觀也?' 晏子對曰, '善哉問也, 天子適諸侯曰巡狩. 巡狩者, 巡所守也. 諸侯朝於天子曰述職. 述職者, 述所職也. 無非事者. 春省耕而補不足, 秋省斂而助不給. 夏諺曰, '吾王不遊, 吾何以休? 吾王不豫, 吾何以助?' 一遊一豫, 爲諸侯度. 今也不然, 師行而糧食, 饑者弗食, 勞者弗息. 睊睊胥讒, 民乃作慝. 方命虐民, 飮食若流, 流連荒亡, 爲諸侯憂. 從流下而忘反謂之流, 從流上而忘反謂之連, 從獸無厭謂之荒, 樂酒無厭謂之亡. 先王無流連之樂, 荒亡之行, 惟君所行也.' 景公說, 大戒於國, 出舍於郊. 於是始興發補不足. 召大師曰, '爲我作君臣相說之樂.' 蓋徵招角招是也. 其《詩》曰, '畜君何尤?' 畜君者, 好君也."

•

제나라 선왕이 설궁[6]에서 맹자를 만났다.

선왕이 말했다. "현자께서도 또한 이러한 즐거움이 있습니까?"

맹자가 대답했다. "있습니다. 그런데 사람들은 자기가 얻지 못하면 그 윗사람을 비난합니다. 얻지 못했다고 그 윗사람을 비난하는 것도 그릇되고, 백성의 윗사람이 되어 백성과 즐거움을 함께하지 않는 것도 또한 그릇됩니다. 백성의 즐거움을 즐거워하는 자는 백성도 또한 그의 즐거움을 즐거워하고, 백성의 걱정을 걱정하는 자는 백성도 또한 그의 걱정을 걱정합니다. 즐거움을 천하와 함께하고 걱정도 천하와 함께하는데도 왕을 제대로 하지 못하는 자는 있지 않습니다.

옛날에 제나라 경공이 안자[7]에게, '내가 전부산과 조무산[8]을 구경하고 바닷가를 따라 남쪽으로 가 낭야[9]에 이르고자 하는데, 내가 무엇을 수양해야 옛 임금들의 구경에 비견될 수 있겠습니까?' 라고 했습니다.

안자가 '참 좋은 물음입니다. 천자가 제후국에 가는 것을 순수巡狩라고 하는데, 순수는 지키는 곳을 순찰하는 것이고, 제후가 천자

6 제나라 임금의 궁.

7 제나라 명재상 안영(晏嬰).

8 전부산과 조무산 모두 제나라에 있던 산 이름.

9 제나라 지역 이름.

에게 조회 가는 것을 술직述職이라고 하는데, 술직은 직무에 대해 아뢰는 것입니다. 그들에게는 일이 아님이 없었습니다. 봄에는 경작을 살펴 충분하지 못한 것을 보충하고 가을에는 수확을 살펴 넉넉하지 못한 것을 보조합니다. 하나라 속담에 '우리 임금께서 유람하지 않으시면 우리가 어떻게 쉬며, 우리 임금께서 즐기지 않으시면 우리가 어떻게 도움을 받으리오?'라고 했으니, 한 번 유람하고 한 번 즐기는 것이 제후의 법도가 됩니다. 지금은 그렇지 않아서 여러 사람이 따라가면서 양식을 얻어먹으니, 굶주린 자가 먹지 못하고 수고하는 자가 쉬지 못하게 되어 눈을 흘기면서 서로 헐뜯으니 백성이 이에 사악해집니다. 왕명을 거역하고 백성을 학대하면서 마시고 먹는 것을 물 흘리듯 써버리니, 유련황망이 제후의 근심입니다. 물길을 따라 아래로 내려가면서 돌아오기를 잊는 것을 '유'라고 하고, 물길을 따라 올라가면서 돌아오기를 잊는 것을 '련'이라고 하고, 짐승을 뒤쫓으면서 질리지 않는 것을 '황'이라 하고, 술을 즐기면서 질리지 않는 것을 '망'이라고 합니다. 옛 임금들은 유련의 즐거움이나 황망의 행실이 없었으니, (이것이) 오직 임금께서 행하실 것입니다'라고 했습니다.

경공이 기뻐하며 나라에 크게 분부를 내리고, 교외에 나가 머물면서 창고를 열어 백성에게 충분하지 않은 것을 보충해주었습니다. 대사[10]를 불러 '나를 위해 임금과 신하가 서로 기뻐할 음악을 지으라'라고 했으니, 치소와 각소[11]가 이것입니다. 그 시에서 '임금을 말리는 것이 무슨 잘못인가?'라고 했으니, 임금을 말리는 것은 임금을 좋아하는 것입니다."

10 음악을 관장하는 벼슬.

11 치소와 각소는 제나라 음악.

양혜왕 하 5

齊宣王問曰, "人皆謂我毁明堂, 毁諸? 已乎?"

孟子對曰, "夫明堂者, 王者之堂也. 王欲行王政, 則勿毁之矣."

王曰, "王政可得聞與?"

對曰, "昔者文王之治岐也, 耕者九一, 仕者世祿, 關市譏而不征, 澤梁無禁, 罪人不孥. 老而無妻曰鰥, 老而無夫曰寡, 老而無子曰獨, 幼而無父曰孤. 此四者, 天下之窮民而無告者. 文王發政施仁, 必先斯四者. 《詩》云, '哿矣富人, 哀此煢獨.'"

•

제나라 선왕이 물었다. "사람들이 모두 나보고 명당[12]을 헐라고 하는데, 헐어야 합니까? 두어야 합니까?"

맹자가 대답했다. "명당은 왕의 집입니다. 왕께서 왕다운 정치를 행하려고 하신다면 헐지 마십시오."

선왕이 말했다. "왕다운 정치에 대해 들어볼 수 있겠습니까?"

(맹자가) 대답했다. "옛날에 문왕이 기岐를 다스릴 때, 경작하는 자

12 주나라 천자가 제후들을 모아놓고 지시를 내리던 집무 시설.

에게 세금으로 구분의 일을 거뒀고,[13] 벼슬하는 자에게 대대로 녹봉을 받게 했으며, 관문이나 시장에 관여는 했지만 장악하지는 않았고, 통발로 물고기 잡는 것을 금하지 않았고, 죄인의 처자까지 처벌하지 않았습니다. 늙어서 아내가 없는 것을 '환'이라 하고, 늙어서 남편이 없는 것을 '과'라고 하고, 늙어서 자식이 없는 것을 '독'이라 하고, 어린데 부모가 없는 것을 '고'라고 합니다. 이 네 부류는 천하의 곤궁한 백성으로 의지할 것이 없는 자들입니다. 문왕은 정치를 펼치고 인을 베풀면서 반드시 이 네 부류를 우선으로 삼았습니다. 《시경》에서, '부유한 사람들은 괜찮은데, 이 외로운 사람들이 애처롭구나'라고 했습니다."

王曰, "善哉言乎!"

曰, "王如善之, 則何爲不行?"

王曰, "寡人有疾, 寡人好貨."

對曰, "昔者公劉好貨, 《詩》云, '乃積乃倉, 乃裹餱糧, 于橐于囊. 思戢用光, 弓矢斯張, 干戈戚揚, 爰方啓行.' 故居者有積倉, 行者有裹糧也, 然後可以爰方啓行. 王如好貨, 與百姓同之, 於王何

13 정전제를 기반으로 한 세금 납부를 의미한다. 정전제는 토지를 우물 정 자 모양의 아홉 구역으로 나누어, 여덟 가구가 각 구역을 경작하고 나머지 한 구역을 공동으로 경작해 생긴 수확을 세금으로 바치게 했다.

有?"

王曰, "寡人有疾, 寡人好色."

對曰, "昔者太王好色, 愛厥妃.《詩》云, '古公亶父, 來朝走馬, 率西水滸, 至於岐下, 爰及姜女, 聿來胥宇.' 當是時也, 內無怨女, 外無曠夫. 王如好色, 與百姓同之, 於王何有?"

•

선왕이 말했다. "참 좋은 말이군요."

(맹자가) 말했다. "왕께서 그것을 좋게 여기신다면, 어째서 행하지 않으십니까?"

선왕이 말했다. "과인은 나쁜 버릇이 있으니, 과인은 재물을 좋아합니다."

(맹자가) 대답했다. "옛날에 공유[14]도 재물을 좋아했는데,《시경》에서, '길에 쌓고 창고에 두며, 마른 양식은 싸서 전대와 자루에 넣었다. 나라를 빛내려고 활과 화살을 메고 방패와 창을 휘두르며 바야흐로 길을 나섰다'라고 했습니다. 그래서 집에 있는 자는 길에 쌓은 것과 창고에 둔 것이 있고, 길을 떠나는 자는 전대와 자루에 넣은 것이 있고 나서야 바야흐로 떠날 수 있었습니다. 왕께서 재물을 좋아하신다고 해도 백성들과 함께하신다면 왕다운 정치를 하는 데 무슨 일이 있겠습니까?"

14 주나라 시조인 후직(后稷)의 증손.

선왕이 말했다. "과인은 나쁜 버릇이 있는데, 과인은 여색을 좋아합니다."

(맹자가) 대답했다. "옛날에 태왕[15]도 여색을 좋아하여 왕후와 왕비를 사랑했는데,《시경》에서, '고공단보[16]가 아침에 말을 달려 서쪽 물가를 따라 기하에 이르렀고, 강씨의 따님을 모셔다가 함께 살게 되었다'라고 했으니, 이때에는 안으로는 시집 못 간 원통한 여자가 없었고, 밖으로는 장가 못 간 홀아비가 없었습니다. 왕께서 여색을 좋아하신다고 해도 백성들과 함께하신다면 왕다운 정치를 하는 데 무슨 일이 있겠습니까?"

15 주나라 중흥 시조이며, 문왕의 조부.

16 태왕의 옛 이름.

양혜왕 하 6

孟子謂齊宣王曰, "王之臣有託其妻子於其友而之楚遊者, 比其反也, 則凍餒其妻子, 則如之何?"
王曰, "棄之."
曰, "士師不能治士, 則如之何?"
王曰, "已之."
曰, "四境之內不治, 則如之何?"
王顧左右而言他.

•

맹자가 제나라 선왕에게 말했다. "왕의 신하 가운데 그의 처자를 친구에게 맡기고 초나라에 가서 놀던 자가 있는데, 그가 돌아와 보니 그의 처자가 동상에 걸리고 굶주리고 있었다면 어떻게 해야겠습니까?"

선왕이 말했다. "그 친구를 버려야 합니다."

(맹자가) 말했다. "장수가 병사를 다스리지 못하면 어떻게 해야겠습니까?"

선왕이 말했다. "그 장수를 그만두게 할 것입니다."

(맹자가) 말했다. "온 나라 안이 다스려지지 않으면 어떻게 해야겠

습니까?"

왕이 좌우를 돌아보며 딴청을 피웠다.

양혜왕 하 7

孟子見齊宣王曰, "所謂故國者, 非謂有喬木之謂也, 有世臣之謂也. 王無親臣矣, 昔者所進, 今日不知其亡也."

王曰, "吾何以識其不才而舍之?"

曰, "國君進賢, 如不得已, 將使卑踰尊, 疏踰戚, 可不愼與? 左右皆曰賢, 未可也, 諸大夫皆曰賢, 未可也, 國人皆曰賢, 然後察之, 見賢焉, 然後用之. 左右皆曰不可, 勿聽, 諸大夫皆曰不可, 勿聽, 國人皆曰不可, 然後察之, 見不可焉, 然後去之. 左右皆曰可殺, 勿聽, 諸大夫皆曰可殺, 勿聽, 國人皆曰可殺, 然後察之, 見可殺焉, 然後殺之. 故曰, 國人殺之也. 如此, 然後可以爲民父母."

•

맹자가 제나라 선왕을 만나서 말했다. "오래된 나라라고 하는 것은 큰 나무[喬木]가 있는 것을 말하는 것이 아니라 대대로 섬기는 신하[世臣]가 있는 것을 말합니다. 왕은 친한 신하[親臣]가 없으니, 예전에 등용했던 자가 오늘날 나라를 망하게 해도 알지 못하십니다."

선왕이 말했다. "내가 어떻게 그가 재목이 아님을 알고 버릴 수 있겠습니까?"

(맹자가) 말했다. "나라의 임금은 현명한 사람을 등용하면서 부득이 어쩔 수 없이 하는 것처럼 해야 하니, 장차 지위가 낮은 자가 높은 자를 넘어서고, 소원한 자가 친근한 자를 넘어서게 해야 하는데, 신중하지 않을 수 있겠습니까? 좌우에서 모두 현명하다고 해도 아직 안 된다고 하고, 여러 대부가 모두 어질다고 해도 아직 안 된다고 하며, 나라 사람들이 모두 현명하다고 하면 그를 살펴 현명함이 드러나고 나서야 그를 등용하십시오. 좌우에서 모두 안 된다고 해도 듣지 말고, 여러 대부가 모두 안 된다고 해도 듣지 말며, 나라 사람들이 모두 안 된다고 하면 그를 살펴 안 되는 것이 드러나고 나서야 그를 버리십시오. 좌우에서 모두 죽여야 한다고 해도 듣지 말고, 여러 대부가 모두 죽여야 한다고 해도 듣지 말며, 나라 사람들이 모두 죽여야 한다고 하면 그를 살펴 죽여야 하는 것이 드러나고 나서야 그를 죽이십시오. 그래야만 '나라의 사람들이 그를 죽인 것'이라고 할 것입니다. 이와 같이 하고 나서야 백성의 부모가 될 수 있습니다."

양혜왕 하 8

齊宣王問曰, "湯放桀, 武王伐紂, 有諸?"

孟子對曰, "於傳有之."

曰, "臣弑其君, 可乎?"

曰, "賊仁者謂之賊, 賊義者謂之殘. 殘賊之人謂之一夫. 聞誅一夫紂矣, 未聞弑君也."

•

제나라 선왕이 물었다. "탕왕이 걸桀을 내치고, 무왕이 주紂를 친 일이 있습니까?"

맹자가 대답했다. "전해지는 말이 있습니다."

(선왕이) 말했다. "신하가 임금을 시해해도 됩니까?"

(맹자가) 말했다. "어짊[仁]을 해치는 자를 '적賊'이라고 부르고, 의로움[義]을 해치는 자를 '잔殘'이라고 부릅니다. 잔이나 적에 속하는 사람을 '일부一夫'라고 합니다. 일부인 주紂를 쳤다는 것은 들었어도 임금을 시해했다는 것은 듣지 못했습니다."

양혜왕 하 9

孟子見齊宣王曰, "爲巨室, 則必使工師求大木. 工師得大木, 則王喜, 以爲能勝其任也. 匠人斲而小之, 則王怒, 以爲不勝其任矣. 夫人幼而學之, 壯而欲行之, 王曰, '姑舍女所學而從我', 則何如? 今有璞玉於此, 雖萬鎰, 必使玉人彫琢之. 至於治國家則曰, '姑舍女所學而從我', 則何以異於教玉人彫琢玉哉?"

•

맹자가 제나라 선왕을 만나서 말했다. "큰 집을 지으려면 반드시 목공의 우두머리[工師]에게 큰 나무를 구하게 할 것입니다. 목공의 우두머리가 큰 나무를 얻으면 왕은 기뻐하면서 그가 임무를 해낼 수 있다고 여길 것입니다.

(그런데) 목수가 깎아서 작게 만들면 왕은 화를 내면서 그가 임무를 해낼 수 없다고 여길 것입니다. 무릇 사람은 어려서 배워 장성해서 그것을 행하려 하는데, 왕께서 '우선 네가 배웠던 것은 버리고 나를 따르라'라고 하신다면 어떻겠습니까? 지금 여기에 다듬지 않은 옥이 있다면, 비록 수십만 냥이라고 해도 반드시 옥을 다듬는 사람에게 그것을 깎고 쪼게 할 것입니다. 국가를 다스리는 데에 '우선 네가 배웠던 것을 버리고 나를 따르라'라고 하신다면, 옥

을 다듬는 사람에게 옥을 깎고 쪼는 것을 가르치려는 것과 무엇이 다르겠습니까?"

양혜왕 하 10

齊人伐燕, 勝之.

宣王問曰, "或謂寡人勿取, 或謂寡人取之. 以萬乘之國伐萬乘之國, 五旬而擧之, 人力不至於此. 不取, 必有天殃. 取之, 何如?"

孟子對曰, "取之而燕民悅, 則取之. 古之人有行之者, 武王是也. 取之而燕民不悅, 則勿取. 古之人有行之者, 文王是也. 以萬乘之國伐萬乘之國, 簞食壺漿以迎王師, 豈有他哉? 避水火也. 如水益深, 如火益熱, 亦運而已矣."

•

제나라가 연나라를 쳐서 이겼다.

선왕이 물었다. "누군가는 과인에게 (연나라를) 갖지 말라고 하고, 누군가는 과인에게 가지라고 합니다. 만 대의 수레를 가진 나라가 만 대의 수레를 가진 나라를 치면서 오십 일 만에 이루었으니, 사람의 힘으로는 여기에 이르지 못할 것입니다. 갖지 않는다면 반드시 하늘의 재앙이 있을 것입니다. 연나라를 갖는 것이 어떻겠습니까?"

맹자가 대답했다. "가져서 연나라 백성들이 기뻐한다면 가지십시오. 옛날 사람 가운데 그렇게 한 사람이 있는데, 무왕이 그랬습니다. 가져서 연나라 백성들이 기뻐하지 않으면 가지지 마십시오. 옛날 사람 가운데 그렇게 한 사람이 있는데, 문왕이 그랬습니다. 만 대의 수레를 가진 나라가 만 대의 수레를 가진 나라를 치는데 대그릇에 밥을 담고 병에 물을 담아와 왕의 군대를 맞이한 것에 어찌 다른 것이 있었겠습니까? 물이나 불을 피하려는 것이었습니다. 물이 더 깊어지고 불이 더 뜨거워지면 또한 옮겨갈 뿐입니다."

양혜왕 하 11

齊人伐燕, 取之. 諸侯將謀救燕.

宣王曰, "諸侯多謀伐寡人者, 何以待之?"

孟子對曰, "臣聞七十里爲政於天下者, 湯是也. 未聞以千里畏人者也. 《書》曰, '湯一征, 自葛始.' 天下信之, 東面而征, 西夷怨, 南面而征, 北狄怨, 曰, '奚爲後我?' 民望之, 若大旱之望雲霓也. 歸市者不止, 耕者不變. 誅其君而弔其民, 若時雨降, 民大悅. 《書》曰, '徯我后, 后來其蘇.' 今燕虐其民, 王往而征之, 民以爲將拯己於水火之中也, 簞食壺漿以迎王師. 若殺其父兄, 係累其子弟, 毁其宗廟, 遷其重器, 如之何其可也? 天下固畏齊之强也, 今又倍地而不行仁政, 是動天下之兵也. 王速出令, 反其旄倪, 止其重器, 謀於燕衆, 置君而後去之, 則猶可及止也."

•

제나라가 연나라를 쳐서 취했다. 제후들이 연나라를 구하고자 모의했다.

(제나라) 선왕이 말했다. "많은 제후가 과인을 치려고 모의하는데, 어떻게 대비해야 합니까?"

맹자가 대답했다. "신이 듣건대 칠십 리를 갖고 천하에서 정치를 한 사람은 탕왕입니다. 천 리를 갖고도 남을 두려워한다는 것은 듣지 못했습니다.

《서경》에서 '탕왕이 처음 정벌하면서 갈나라부터 시작했다'고 했습니다. 천하가 그 정벌을 신뢰해 동쪽을 정벌하면 서쪽 오랑캐[西夷]가 원망하고, 남쪽을 정벌하면 북쪽 오랑캐[北狄]가 원망하며 '어찌 우리를 나중에 정벌하는가?'라고 했으니, 백성이 정벌해주기를 바라는 것이 큰 가뭄에 구름과 무지개를 바라는 것과 같았습니다. 시장을 가던 자가 멈추지 않고, 밭 가는 자가 마음이 바뀌지 않았습니다. 포악한 임금을 베고 그 백성을 위로하니 마치 때에 맞는 비가 내린 것처럼 백성이 기뻐했습니다.

《서경》에서 '우리 임금을 기다리니, 우리 임금이 오시면 살아날 것이다'라고 했습니다. 지금 연나라가 그 백성을 학대하여 왕께서 가셔서 정벌하시니, 백성은 장차 자기를 물과 불에서 구해줄 것이라고 여겨 대그릇에 밥을 담고 병에 마실 것을 담아 왕의 군대를 맞이했습니다. 만약 그들의 부형을 죽이고, 그들의 자제를 잡아가고, 그들의 종묘를 헐고, 그들의 중요한 기물을 옮긴다면 어찌 그것이 옳겠습니까?

천하가 진실로 제나라의 강함을 두려워하는데, 이제 또 땅을 배로 늘리고 어진 정치를 행하지 않으면 이는 천하의 군대를 움직이게 할 것입니다. 왕께서는 속히 명령을 내리시어 늙은이와 어린이를 돌려보내고 중요한 기물을 그대로 두게 하고, 연나라 사람들과 의논하여 임금을 세운 후 떠난다면, 오히려 그들의 군대를 멈추게 할 수 있습니다."

양혜왕 하 12

鄒與魯鬨.

穆公問曰, "吾有司死者三十三人, 而民莫之死也. 誅之, 則不可勝誅, 不誅, 則疾視其長上之死而不救, 如之何則可也?"

孟子對曰, "凶年饑歲, 君之民老弱轉乎溝壑, 壯者散而之四方者, 幾千人矣, 而君之倉廩實, 府庫充, 有司莫以告, 是上慢而殘下也. 曾子曰, '戒之戒之! 出乎爾者, 反乎爾者也.' 夫民今而後得反之也. 君無尤焉. 君行仁政, 斯民親其上, 死其長矣."

•

추나라가 노나라와 싸웠다.

(추나라) 목공이 물었다. "나의 관리[有司] 서른세 명이 죽었는데 백성들은 죽지 않았습니다. 그들을 베려고 하면 다 벨 수 없을 것인데, 베지 않는다면 그들의 우두머리가 죽는 것을 보면서도 구원하지 않은 죄를 어떻게 해야 합니까?"

맹자가 대답했다. "흉년이라 굶주리는 해에는 임금의 백성 가운데 늙고 약한 자들이 도랑과 골짜기에서 뒹굴고, 장성한 자 가운데도 흩어져 사방으로 간 자가 몇 천 명이나 되지만 임금의 창고는 곡식이 가득하고 부고[17]도 채워져 있는데, 관리 가운데 보고하는 자가 없었으니, 이는 윗사람이 태만하여 아랫사람에게 잔학하게 군 것입니다. 증자가 '경계하고 경계하라. 너에게서 나온 것은 너에게로 돌아간다'라고 했습니다. 백성이 이제야 그것을 되돌려준 것입니다. 임금께서는 탓할 것이 없습니다. 임금께서 어진 정치를 하면, 백성은 윗사람과 가까워져 그 우두머리를 위해 죽을 것입니다."

17 공물을 보관하는 창고.

양혜왕 하 13

滕文公問曰, "滕, 小國也, 間於齊楚. 事齊乎? 事楚乎?"
孟子對曰, "是謀非吾所能及也. 無已, 則有一焉. 鑿斯池也, 築斯城也, 與民守之, 效死而民弗去, 則是可爲也."

•

등나라 문공이 물었다. "등나라는 작은 나라인데, 제나라와 초나라 사이에 있습니다. 제나라를 섬겨야 합니까? 초나라를 섬겨야 합니까?"

맹자가 대답했다. "이러한 논의는 제가 언급할 수 있는 것이 아닙니다. 그만두라 하지 않으신다면, 한 가지가 있기는 합니다. 못을 깊이 파고 성을 쌓아 백성들과 함께 지키는데, 죽음을 무릅쓰고도 백성들이 떠나가지 않는다면, 이는 해볼 만할 것입니다.

양혜왕 하 14

滕文公問曰, "齊人將築薛, 吾甚恐, 如之何則可?"

孟子對曰, "昔者大王居邠, 狄人侵之, 去之岐山之下居焉. 非擇而取之, 不得已也. 苟爲善, 後世子孫必有王者矣. 君子創業垂統, 爲可繼也. 若夫成功, 則天也. 君如彼何哉? 強爲善而已矣."

•

등나라 문공이 물었다. "제나라 사람들이 장차 설薛에 성을 쌓으려고 하여 나는 너무 두려운데 어떻게 하면 되겠습니까?"

맹자가 대답했다. "옛날에 태왕이 빈邠에 거처하면서 북쪽 오랑캐들이 침략하자 그곳을 떠나 기산 아래에서 거주했습니다. 그곳을 골라서 차지했던 것이 아니라 어쩔 수 없었던 것입니다. 만약 선한 일을 하면 후세의 자손 가운데 반드시 왕이 되는 자가 있을 것입니다. 군자가 창업해 전통을 후대에 전하는 것은 그것을 계속 이어갈 수 있도록 하기 위함입니다. 무릇 공을 이루는 것 같으면, 이는 하늘의 뜻입니다. 임금께서 제나라가 저렇게 하는 것을 어찌 하시겠습니까? 선한 일을 하는 데 힘쓰셔야 할 뿐입니다."

양혜왕 하 15

滕文公問曰, "滕, 小國也, 竭力以事大國, 則不得免焉, 如之何則可?"

孟子對曰, "昔者大王居邠, 狄人侵之. 事之以皮幣, 不得免焉, 事之以犬馬, 不得免焉, 事之以珠玉, 不得免焉. 乃屬其耆老而告之曰, '狄人之所欲者, 吾土地也. 吾聞之也, 君子不以其所以養人者害人. 二三子何患乎無君? 我將去之.' 去邠, 踰梁山, 邑于岐山之下居焉. 邠人曰, '仁人也, 不可失也.' 從之者如歸市. 或曰, '世守也, 非身之所能爲也. 效死勿去.' 君請擇於斯二者."

•

등나라 문공이 물었다. "등나라는 작은 나라입니다. 힘을 다해 큰 나라를 섬겨도 침략을 면할 수 없으니 어떻게 해야 되겠습니까?"

맹자가 대답했다. "옛날에 태왕이 빈에 거처했는데, 북쪽 오랑캐가 침략했습니다. 가죽과 비단을 바치며 섬겨도 침략을 면하지 못했고, 개와 말을 바치며 섬겨도 침략을 면하지 못했으며, 구슬과 옥을 바치며 섬겨도 침략을 면하지 못했습니다. 이에 원로들을 불러 '오랑캐가 바라는 것은 우리 토지다. 내가 듣건대 군자는 사람을 기르는 땅 때문에 사람을 해치지 않는다고 했다. 그대들이 어찌 임금 없음을 걱정하겠는가? 나는 장차 떠나겠다'라고 말하고 빈을 떠나 양산을 넘어 기산 아래에 도읍을 정하고 머물렀습니다. 빈 사람들이 '어진 사람이다. 잃어서는 안 된다'라고 하며, 시장에 가는 것처럼 그를 따랐습니다. 누군가는 '대대로 지켜오는 것이니, 자신이 마음대로 할 수 있는 것이 아니다. 죽음을 무릅쓰고 떠나지 말라'라고 했습니다. 임금께서는 이 두 가지에서 선택하시기 바랍니다."

양혜왕 하 16

魯平公將出, 嬖人臧倉者請曰, "他日君出, 則必命有司所之. 今乘輿已駕矣, 有司未知所之, 敢請."

公曰, "將見孟子."

曰, "何哉? 君所謂輕身以先於匹夫者, 以爲賢乎? 禮義由賢者出, 而孟子之後喪踰前喪. 君無見焉."

公曰, "諾."

樂正子入見曰, "君奚爲不見孟軻也?"

曰, "或告寡人曰, '孟子之後喪踰前喪', 是以不往見也."

曰, "何哉, 君所謂踰者? 前以士, 後以大夫, 前以三鼎, 而後以五鼎與?"

曰, "否. 謂棺槨衣衾之美也."

曰, "非所謂踰也, 貧富不同也."

樂正子見孟子, 曰, "克告於君, 君爲來見也. 嬖人有臧倉者沮君, 君是以不果來也."

曰, "行, 或使之, 止, 或尼之, 行止, 非人所能也. 吾之不遇魯侯, 天也. 臧氏之子焉能使予不遇哉?"

•

노나라 평공이 밖에 나가려는데, 총애하는 관원인 장창이라는 자가 물었다. "다른 날에는 임금께서 나가시면 반드시 관원에게 갈 곳을 명하셨습니다. 지금 수레에 이미 멍에를 걸었는데도 관원이 갈 곳을 알지 못하기에 감히 묻습니다."

평공이 말했다. "맹자를 만나려고 한다."

(장창이) 말했다. "어째서입니까? 임금이 몸을 가벼이 하여 먼저 필부에게 가는 것인데, 그것이 현명하다고 여기십니까? 예의는 현명한 사람에게서 나오는데, 맹자는 나중에 지낸 상례[後喪]를 먼저 지낸 상례[前喪]보다 넘치게 치렀습니다.[18] 임금께서는 만나지 마십시오."

평공이 말했다. "알았다."

악정자[19]가 들어와 뵙고 말했다. "임금께서는 어찌 맹가[20]를 만나지 않으셨습니까?"

(평공이) 말했다. "누군가가 과인에게 '맹자는 나중에 지낸 상례를 먼저 지낸 상례보다 넘치게 치렀다'고 했는데, 그래서 가서 만나지 않았다."

(악정자가) 말했다. "임금께서 넘치게 치렀다라고 말씀하시는 것

18 먼저 지낸 상례[前喪]는 부친상, 나중에 지낸 상례[後喪]는 모친상을 의미한다.

19 맹자의 제자로 평공의 신하가 되었다.

20 맹자 이름.

은 무엇입니까? 먼저 지낸 상례는 선비의 예로 하고, 나중에 지낸 상례는 대부의 예로 하며, 먼저 지낸 상례는 삼정의 제물로 하고, 나중에 지낸 상례는 오정의 제물로 한 것을 말씀하십니까?"[21]

(평공이) 말했다. "아니다. 관곽이나 수의가 지나치게 좋았다는 것이다."

(악정자가) 말했다. "그것은 더 넘치게 치렀다고 말할 것이 아니라, 가난함과 부유함이 같지 않았던 것입니다."

악정자가 맹자를 만나 말했다. "극[22]이 임금께 아뢰어 임금께서 오셔서 만나려고 하셨는데, 총애하는 관원인 장창이 임금을 막았고, 그래서 임금께서는 끝내 오지 않으셨습니다."

(맹자가) 말했다. "가게 한 것도 누군가가 시킨 것이고, 멈추게 한 것은 누군가가 말린 것이겠지만, 가고 멈추는 것은 사람이 할 수 있는 것이 아니다. 내가 노나라 제후를 만나지 못한 것은 하늘의 뜻이다. 장씨 집안의 아들 따위가 어찌 나를 만나지 못하게 할 수 있겠는가?"

---

21 정(鼎)은 제사 때 제물을 담는 그릇이다. 삼정은 선비의 예(禮)로 세 가지 제물을 사용하고, 오정은 대부의 예로 다섯 가지 제물을 사용한다. 천자는 아홉 가지 제물을, 제후는 일곱 가지 제물을 사용한다.

22 악정자의 이름.

03

공손추 상
公孫丑上

공손추 상 1

公孫丑問曰, "夫子當路於齊, 管仲晏子之功, 可復許乎?"

孟子曰, "子誠齊人也. 知管仲晏子而已矣. 或問乎曾西曰, '吾子與子路孰賢?' 曾西蹴然曰, '吾先子之所畏也.' 曰, '然則吾子與管仲孰賢?' 曾西艴然不悅, 曰, '爾何曾比予於管仲? 管仲得君如彼其專也, 行乎國政如彼其久也, 功烈如彼其卑也, 爾何曾比予於是.'"

•

공손추[1]가 물었다. "선생께서 제나라에서 요직을 담당하신다면 관중과 안자의 공적을 다시 기대할 수 있겠습니까?"

맹자가 말했다. "그대는 진실로 제나라 사람이다. 관중과 안자만 알 뿐이구나. 어떤 사람이 증서에게 '그대와 자로 중 누가 더 현명한가?'라고 묻자, 증서가 불안해하면서 '우리 조부[先子][2]께서 두려워하셨던 바다'라고 말했다. (누군가가) '그렇다면 그대와 관중 가운데 누가 더 현명한가?'라고 묻자, 증서는 발끈해서 불쾌해하면서

1 맹자의 제자로 제나라 사람이다.

2 공자의 제자인 증자(曾子), 즉 증삼(曾參)이다.

'그대는 어찌 나를 관중에게 견주는가?' 관중은 저렇게 임금의 신임을 오로지 얻고, 국정을 저렇게 오래토록 행하고도 공적[功烈]은 저렇게 낮았는데, 그대는 어찌 나를 여기에 견주는가?'라고 했다."

曰, "管仲, 曾西之所不爲也, 而子爲我願之乎?"
曰, "管仲以其君霸, 晏子以其君顯. 管仲晏子猶不足爲與?"
曰, "以齊王, 由反手也."
曰, "若是, 則弟子之惑滋甚. 且以文王之德, 百年而後崩, 猶未洽於天下, 武王周公繼之, 然後大行. 今言王若易然, 則文王不足法與?"

•

(맹자가) 물었다. "관중은 증서도 비교되려 하지 않는 자인데, 그대는 내가 그렇게 되기를 바라는가?"

(공손추가) 물었다. "관중은 그 임금을 패자가 되게 했고, 안자는 그 임금을 돋보이게 했습니다. 관중과 안자가 한 것이 그래도 부족합니까?"

(맹자가) 말했다. "제나라를 가지고 왕이 되는 것은 손바닥을 뒤집는 것과 같다."

(공손추가) 말했다. "이와 같다면 저희들의 의혹은 더욱 심해집니다. 문왕은 덕을 가지고 백 년이 지나서야 붕어하셨는데, 천하는

흡족하지 않았고 무왕과 주공이 계승하고 나서야 크게 행해졌습니다. 지금 왕이 되는 것이 쉬운 듯 말씀하시니, 문왕은 본받기에는 부족합니까?"

曰, "文王何可當也? 由湯至於武丁, 賢聖之君六七作, 天下歸殷久矣, 久則難變也. 武丁朝諸侯, 有天下, 猶運之掌也. 紂之去武丁未久也, 其故家遺俗, 流風善政, 猶有存者, 又有微子微仲王子比干箕子膠鬲, 皆賢人也, 相與輔相之, 故久而後失之也. 尺地, 莫非其有也, 一民, 莫非其臣也. 然而文王猶方百里起, 是以難也. 齊人有言曰, '雖有智慧, 不如乘勢, 雖有鎡基, 不如待時.' 今時則易然也. 夏后殷周之盛, 地未有過千里者也, 而齊有其地矣, 雞鳴狗吠相聞, 而達乎四境, 而齊有其民矣. 地不改辟矣, 民不改聚矣, 行仁政而王, 莫之能禦也. 且王者之不作, 未有疏於此時者也, 民之憔悴於虐政, 未有甚於此時者也. 饑者易爲食, 渴者易爲飮. 孔子曰, '德之流行, 速於置郵而傳命.' 當今之時, 萬乘之國行仁政, 民之悅之, 猶解倒懸也. 故事半古之人, 功必倍之, 惟此時爲然."

•

(맹자가) 말했다. "문왕을 어찌 감당할 수 있겠는가? 탕왕으로부터 무정[3]에 이르기까지 현명하고 거룩한 임금 예닐곱이 나왔다. 천하

가 은나라에 돌아간 지 오래되었는데, 오래되면 바꾸기 어렵다. 무정이 제후들의 조회를 받고 천하를 소유하기를 손바닥에 놓고 움직이듯 했다. 주紂[4]는 무정과 시간적 거리가 오래되지 않아 오래된 집안과 남겨진 습속, 전해진 풍습과 좋은 정치가 아직 남아 있었고, 또한 미자, 미중, 왕자 비간, 기자, 교격 등이 있었는데 모두 현명한 사람이었다.[5] 서로 함께 주를 보좌했기 때문에 오래 지나고 나서야 나라를 잃었다.[6] 한 자의 땅도 그의 소유가 아님이 없었으며, 한 사람의 백성도 그의 신하가 아님이 없었다. 그런데도 문왕은 백 리의 땅만을 가지고 일어났으니, 이래서 어려웠다.

제나라 사람의 말에 '비록 지혜가 있어도 기세를 타는 것만 못하고, 비록 농기구가 있어도 시기를 기다리는 것만 못하다'라고 했으니, 지금이 바로 그렇게 하기 쉬운 때다. 하나라, 은나라, 주나라의 전성기에도 땅이 천 리를 넘은 적이 없었는데 제나라는 그만한 땅이 있었으며, 닭 우는 소리와 개 짖는 소리가 서로 들리고 사방의 국경까지 도달하도록 제나라는 백성이 있었다. 땅을 다시 개척하지 않고 백성을 다시 모으지 않아도 어진 정치를 행하면서 왕

3 은나라 고종.

4 은나라 마지막 왕으로 폭군의 대명사로 불린다.

5 미자(微子)는 주紂의 이복형, 미중(微仲)은 미자의 아우, 비간(比干)은 주의 숙부, 기자(箕子)는 주의 친척, 교격(膠鬲)은 주의 신하.

6 주왕이 포악한 정치를 했음에도 은나라가 이내 망하지 않음을 의미한다.

을 한다면 막을 수 없을 것이다. 또 왕다운 사람이 나오지 않음이 이때보다 드물었던 적이 없었고, 백성이 포학한 정치에 초췌해진 것이 이때보다 심했던 적이 없었다. 굶주린 자는 먹게 하기 쉽고, 목마른 자는 마시게 하기 쉽다. 공자께서는 '덕이 유행하는 것이 역참을 두고 명령을 전달하는 것보다 빠르다'고 하셨다. 지금의 시기에 만 대의 수레를 가진 나라가 어진 정치를 행한다면, 백성들이 기뻐하는 것이 거꾸로 매달렸다가 풀려난 것과 같을 것이다. 그래서 일은 옛사람의 반만 하고도 공은 반드시 그것의 배가 될 수 있는 것은 바로 지금이 그렇다."

공손추 상 2

公孫丑問曰, "夫子加齊之卿相, 得行道焉, 雖由此霸王, 不異矣. 如此, 則動心否乎?"

孟子曰, "否. 我四十不動心."

曰, "若是, 則夫子過孟賁遠矣."

曰, "是不難, 告子先我不動心."

曰, "不動心有道乎?"

曰, "有. 北宮黝之養勇也, 不膚橈, 不目逃, 思以一毫挫於人, 若撻之於市朝. 不受於褐寬博, 亦不受於萬乘之君. 視刺萬乘之君, 若刺褐夫. 無嚴諸侯, 惡聲至, 必反之. 孟施舍之所養勇也, 曰, '視不勝猶勝. 量敵而後進, 慮勝而後會, 是畏三軍者也. 舍豈能爲必勝哉? 能無懼而已矣.' 孟施舍似曾子, 北宮黝似子夏. 夫二子之勇, 未知其孰賢, 然而孟施舍守約也. 昔者曾子謂子襄曰, '子好勇乎? 吾嘗聞大勇於夫子矣, 自反而不縮, 雖褐寬博, 吾不惴焉, 自反而縮, 雖千萬人, 吾往矣.' 孟施舍之守氣, 又不如曾子之守約也."

•

공손추가 물었다. "선생께서 제나라의 재상이 되어 도를 행할 수 있다면, 비록 이로 말미암아 패왕이 되더라도 이상하지 않을 것입니다. 이와 같다면 마음이 동요되지 않겠습니까?"

맹자가 말했다. "아니다. 나는 마흔이 되면서 마음이 동요하지 않았다."

(공손추가) 말했다. "그렇다면 선생께서는 맹분[7]을 멀리 넘어섰습니다."

(맹자가) 말했다. "이것은 어렵지 않으니, 고자가 나보다 먼저 마음이 동요하지 않았다."

(공손추가) 말했다. "마음이 동요하지 않을 방도가 있습니까?"

(맹자가) 말했다. "있다. 북궁유는 용기를 길러, 살갗도 떨지 않고 눈도 피하지 않으면서 털끝 하나라도 남에게 꺾이면 마치 저잣거리에서 회초리를 맞는 것 같이 여겼다. 허름한 옷을 입은 천한 사람에게도 수모를 받지 않고 또한 만 대의 수레를 가진 임금에게도 수모를 받지 않았다. 만 대의 수레를 가진 임금을 찌르는 것을 천한 사람을 찌르는 것처럼 여겼다. 제후에게도 무엄했으며 욕하는 소리가 들리면 반드시 되돌려주었다. 맹시사는 용기를 길러, '나는 이기지 못할 상대를 이길 수 있는 상대처럼 간주했다. 적을 헤아리고 나서야 나아가고, 승리할 것이라고 생각되고 나서야 맞부딪히면, 이것은 큰 군대를 두려워하는 것이다. 나라고 어찌 반드시

7 전국시대 제나라 사람.

이기기만 하겠는가? 두려움을 없앨 수 있을 뿐이다'라고 했다. 맹시사는 증자와 비슷하고, 북궁유는 자하와 비슷하다. 두 사람의 용기는 누가 더 현명한지 알지 못하겠지만, 맹시사가 요점을 잘 지켰다. 옛날에 증자가 자양[8]에게, '그대는 용기를 좋아하는가? 나는 일찍이 선생님께 위대한 용기에 대해 들었는데, 스스로 돌이켜보아 정직하지 않다면, 비록 허름한 옷을 입은 천한 사람이라도 어찌 두렵지 않겠는가? 스스로 돌이켜보아 정직하다면, 비록 천 명 만 명의 사람이 있더라도 나는 나아갈 것이다'라고 했다. 맹시사가 기상을 지켰던 것은 또한 증자가 요점을 지켰던 것만 못하다."

曰, "敢問夫子之不動心, 與告子之不動心, 可得聞與?"
"告子曰, '不得於言, 勿求於心, 不得於心, 勿求於氣.' 不得於心, 勿求於氣, 可, 不得於言, 勿求於心, 不可. 夫志, 氣之帥也, 氣, 體之充也. 夫志至焉, 氣次焉, 故曰, '持其志, 無暴其氣.'"
"旣曰, '志至焉, 氣次焉.' 又曰, '持其志, 無暴其氣.' 何也."
曰, "志壹, 則動氣, 氣壹, 則動志也. 今夫蹶者趨者, 是氣也, 而反動其心."

•

8 증자의 제자.

(공손추가) 물었다. "감히 묻건대 선생님의 마음이 동요되지 않음과 고자의 마음이 동요되지 않음에 대해서 들을 수 있겠습니까?"

(맹자가 말했다.) "고자는 '말에서 얻지 못했다면 마음에서 구하지 말고, 마음에서 얻지 못했다면 기상[氣]에서 구하지 말라'라고 했다. 마음에서 얻지 못했다면 기상에서 구하지 말라는 것은 옳지만, 말에서 얻지 못했다면 마음에서 구하지 말라는 것은 옳지 않다. 무릇 의지[志]는 기상의 장수이고, 기상은 몸에 가득 차 있다. 의지가 이르게 되면 기상은 그 다음에 온다. 그래서 '그 의지를 유지하여 그 기상을 손상시키지 말라'라고 하는 것이다."

(공손추가 말했다.) "이미 '의지가 이르게 되면 기상은 그 다음에 온다'라고 했는데, 또 '그 의지를 유지하여 그 기상을 손상시키지 말라'라고 한 것은 어째서입니까?"

(맹자가) 말했다. "의지가 한결같으면 기상을 움직이고, 기상이 한결같으면 의지를 움직인다. 지금 넘어지는 것과 달리는 것은 기상 때문이지만, 도리어 그 마음도 동요시킨다."

"敢問夫子惡乎長?"

曰, "我知言, 我善養吾浩然之氣."

"敢問何謂浩然之氣?"

曰, "難言也. 其爲氣也, 至大至剛以直, 養而無害, 則塞於天地之間. 其爲氣也, 配義與道, 無是, 餒也. 是集義所生者, 非義襲而取之也. 行有不慊於心, 則餒矣. 我故曰, 告子未嘗知義, 以其外之也. 必有事焉, 而勿正, 心勿忘, 勿助長也. 無若宋人然. 宋人有閔其苗之不長而揠之者, 芒芒然歸, 謂其人曰, '今日病矣! 予助苗長矣!' 其子趨而往視之, 苗則槁矣. 天下之不助苗長者寡矣. 以爲無益而舍之者, 不耘苗者也, 助之長者, 揠苗者也, 非徒無益, 而又害之."

"何謂知言?"

曰, "詖辭知其所蔽, 淫辭知其所陷, 邪辭知其所離, 遁辭知其所窮. 生於其心, 害於其政, 發於其政, 害於其事. 聖人復起, 必從吾言矣."

•

(공손추가 물었다.) "감히 묻건대 선생님께서는 어디에 장점이 있습니까?"

(맹자가) 말했다. "나는 말을 잘 알고, 나는 나의 호연지기를 잘 기른다."

(공손추가 물었다.) "감히 묻건대 무엇을 호연지기라고 합니까?"

(맹자가) 말했다. "말로 하기 어렵다. 그 기상[氣]은 지극히 크고 지극히 굳세서 곧으니, 길러서 해치지 않으면 천지 사이에 가득 차게 된다. 그 기상은 의로움[義]과 도리[道]와 짝이 되니 이것[9]이 없으면 굶주리는 것과 같다. 이것[10]은 의로움이 모여서 생겨나는 것

이지, 의로움이 갑자기 와서 갖게 되는 것이 아니다. 행동이 마음에서 흡족하지 않게 되면 곧 굶주리게 된다. 그러므로 나는 '고자는 일찍이 의로움을 알지 못했다'고 했는데, 그가 의로움을 외적인 것으로 여겼기 때문이었다. 반드시 노력해야 하는 것이 있어야 하지만 미리 기대하지도 말고, 마음에서 잊지도 말고, 조장하지도 말아야 한다. 송나라 사람처럼 해서는 안 된다. 송나라 사람 가운데 싹이 자라지 않는 것을 걱정해 그것을 뽑은 자가 있었는데, 그가 멍청하게 돌아와서는 사람들에게 '오늘은 병이 날 것 같다. 내가 싹이 자라는 것을 도왔다'라고 했다. 그 아들이 달려가서 보니, 싹이 말라죽었다. 천하에 싹이 자라도록 돕지 않는 자가 드물다. 이익이 없다고 버려두는 자는 싹을 김매지 않는 자이고, 자라도록 돕는 자는 싹을 뽑는 자이니, 이익이 없을 뿐 아니라 또한 해가 된다."

(공손추가 물었다.) "말을 잘 안다는 것은 무엇을 말합니까?"

(맹자가) 말했다. "한쪽으로 치우친 말에서는 그것이 가리고 있는 것[蔽]을 알고, 음란한 말에서는 그것이 빠져 있는 것[陷]을 알고, 사악한 말에서는 그것이 벗어나 있는 것[離]을 알고, 회피하는 말에서는 그것이 궁색해져 있는 것[窮]을 안다. 그 마음에서 생겨난

---

9 의로움과 도리.

10 호연지기.

것이 그 정치에 해를 입히고, 그 정치에서 피어난 것이 그 일에 해를 입힌다. 성인이 다시 태어나더라도 반드시 나의 말에 따를 것이다."

"宰我子貢, 善爲說辭, 冉牛閔子顔淵善言德行. 孔子兼之, 曰, '我於辭命, 則不能也.' 然則夫子旣聖矣乎?"

曰, "惡! 是何言也? 昔者子貢問於孔子曰, '夫子聖矣乎?' 孔子曰, '聖則吾不能, 我學不厭而教不倦也.' 子貢曰, '學不厭, 智也, 教不倦, 仁也. 仁且智, 夫子旣聖矣.' 夫聖, 孔子不居, 是何言也?"

"昔者竊聞之, 子夏子游子張皆有聖人之一體, 冉牛閔子顔淵則具體而微, 敢問所安."

曰, "姑舍是."

•

(공손추가 말했다.) "재아와 자공은 말을 잘했고, 염우와 민자, 안연은 덕행에 대해 잘 말했습니다. 공자께서는 그것을 겸비하셨으면서도 '나는 말하는 것에는 능하지 못하다'라고 했습니다. 그렇다면 선생님께서는 이미 성인이십니까?"

(맹자가) 말했다. "아, 이 무슨 말인가? 옛날에 자공이 공자에게 '선생님께서는 성인이십니까?'라고 물었는데, 공자께서는 '성인은 내

가 할 수 있는 것이 아니나, 나는 배우기를 지겨워하지 않고 가르치기를 따분해하지 않는다'라고 하셨다. 자공이 '배우기를 지겨워하지 않음은 지혜[智]이고, 가르치기를 따분해하지 않음은 어짊[仁]입니다. 어질고 지혜로우니 선생님께서는 이미 성인이십니다'라고 말했다. 무릇 성인은 공자께서도 마다하는데 이 무슨 말인가?"

(공손추가 말했다.) "옛날에 들었는데, 자하와 자유, 자장은 모두 성인의 한 모습만 지녔고, 염우와 민자, 안연은 모습은 갖추었으나 미약했다고 했으니, 감히 묻건대 어느 쪽이 낫다고 생각하십니까?"

(맹자가) 말했다. "이것에 대해서는 잠깐 내버려두라."

曰, "伯夷伊尹何如?"

曰, "不同道. 非其君不事, 非其民不使, 治則進, 亂則退, 伯夷也. 何事非君, 何使非民, 治亦進, 亂亦進, 伊尹也. 可以仕則仕, 可以止則止, 可以久則久, 可以速則速, 孔子也. 皆古聖人也, 吾未能有行焉, 乃所願, 則學孔子也."

"伯夷伊尹於孔子, 若是班乎?"

曰, "否. 自有生民而來, 未有孔子也."

曰, "然則有同與?"

曰, "有. 得百里之地而君之, 皆能以朝諸侯, 有天下, 行一不義,殺一不辜, 而得天下, 皆不爲也. 是則同."

•

(공손추가) 말했다. "백이와 이윤은 어떠했습니까?"

(맹자가) 말했다. "살아가는 방식이 같지 않았다[不同道]. 그 임금이 아니면 섬기지 않고, 그 백성이 아니면 부리지 않으며, 다스려지면 나아가고, 어지러우면 물러난 자가 백이다. 누구를 섬기든 임금이 아니겠으며, 누구를 부리든 백성이 아니겠냐고 생각하면서, 다스려져도 나아가고 어지러워도 나아간 것이 이윤이다. 벼슬할 만하면 벼슬하고 그만둘 만하면 그만두고, 오래할 만하면 오래하고 빨리 물러날 만하면 물러난 것이 공자다. 모두 옛 성인인데, 나는 그렇게 행하고 있지 못하지만, 바라는 것은 공자를 배우는 것이다."

(공손추가 말했다.) "백이와 이윤이 공자와 같은 반열입니까?"

(맹자가) 말했다. "아니다. 백성이 생긴 이래 공자 같은 분은 있지 않았다."

(공손추가) 말했다. "그렇다면 (백이와 이윤, 공자가) 같았던 것도 있습니까?"

(맹자가) 말했다. "있었다. 백 리 되는 땅을 얻어서 임금이 되면 모두 제후들에게 조회를 받고 천하를 가질 수 있는데, 하나라도 의롭지 않을 일을 행하고 하나라도 죄 없는 사람을 죽이면서 천하를 얻는 일은 모두 하지 않았다. 이것은 같다."

曰, "敢問其所以異."

曰, "宰我子貢有若, 智足以知聖人, 汙不至阿其所好. 宰我曰, '以予觀於夫子, 賢於堯舜遠矣.' 子貢曰, '見其禮而知其政, 聞其樂而知其德, 由百世之後, 等百世之王, 莫之能違也. 自生民以來, 未有夫子也.' 有若曰, '豈惟民哉? 麒麟之於走獸, 鳳凰之於飛鳥, 泰山之於邱垤, 河海之於行潦, 類也. 聖人之於民, 亦類也. 出於其類, 拔乎其萃, 自生民以來, 未有盛於孔子也.'"

•

(공손추가) 말했다. "그들이 달랐던 것에 대해 감히 묻겠습니다."

(맹자가) 말했다. "재아와 자공, 유약은 지혜가 성인을 알아보기에 충분하니, 처지가 어려워도 그들이 좋아하는 것에 빌붙는 데까지 이르지는 않을 것이다. 재아는 '내가 선생님을 살펴보니, 요임금과 순임금보다 훨씬 현명하시다'라고 했고, 자공은 '그 예의를 보면 그 정치를 알 수 있고, 그 음악을 들으면 그 덕망을 알 수 있으니, 백 세대 후에 백 세대의 왕을 비교해도 이를 어기지 않을 것이다. 백성이 생긴 이래 선생님 같은 분은 있지 않았다'라고 했으며, 유약은 '어찌 오직 백성뿐이겠는가? 달리는 짐승에서는 기린, 나는 새에서는 봉황, 산과 언덕에서는 태산, 흐르는 물에서는 하해와 같은 부류다. 백성에서는 성인이 또한 같은 부류다. 그러한 부류에서도 뛰어나고 그러한 무리에서도 빼어나니, 백성이 생긴 이래 공자보다 성대하신 분은 있지 않았다'라고 했다."

공손추 상 3

孟子曰, "以力假仁者霸, 霸必有大國. 以德行仁者王, 王不待大, 湯以七十里, 文王以百里. 以力服人者, 非心服也, 力不贍也. 以德服人者, 中心悅而誠服也, 如七十子之服孔子也. 《詩》云, '自西自東, 自南自北, 無思不服.' 此之謂也."

•

맹자가 말했다. "힘을 쓰면서 거짓으로 어진 척하는 자는 패자인데, 패자에게는 반드시 큰 나라가 있어야 한다. 덕을 베풀면서 어짊을 행하는 자는 왕인데, 왕은 큰 나라를 기대하지 않으니, 탕왕은 칠십 리, 문왕은 백 리의 땅으로 왕을 했다. 힘으로 다른 사람을 복종하게 하는 것은 (그 사람이) 마음으로 복종하는 것이 아니라 단지 힘이 모자라서 복종하는 것이다. 덕으로 다른 사람을 복종하게 하는 것은 (그 사람이) 마음으로 기뻐서 진실로 복종하는 것이니, 일흔 명의 제자가 공자에게 복종한 것과 같다. 《시경》에서 '서쪽에서 동쪽에서, 남쪽에서 북쪽에서 마음으로 복종하지 않는 사람이 없다'라고 했는데, 이것을 말한 것이다."

공손추 상 4

孟子曰, "仁則榮, 不仁則辱, 今惡辱而居不仁, 是猶惡濕而居下也. 如惡之, 莫如貴德而尊士, 賢者在位, 能者在職, 國家閒暇, 及是時, 明其政刑, 雖大國, 必畏之矣. 《詩》云, '迨天之未陰雨, 徹彼桑土, 綢繆牖戶, 今此下民, 或敢侮予?' 孔子曰, '爲此《詩》者, 其知道乎! 能治其國家, 誰敢侮之?' 今國家閒暇, 及是時, 般樂怠敖, 是自求禍也. 禍福無不自己求之者. 《詩》云, '永言配命, 自求多福.' 〈太甲〉曰, '天作孽, 猶可違, 自作孽, 不可活.' 此之謂也."

•

맹자가 말했다. "어질면 영광스럽고 어질지 못하면 치욕스러우니, 지금 치욕을 싫어하면서도 어질지 못하다면, 습한 것을 싫어하면서 낮은 바닥에서 거처하는 것과 같다. 치욕을 싫어한다면 덕을 귀히 여기고 선비를 높이는 것 만한 것이 없으니, 현명한 사람이 벼슬자리에 있고 능력 있는 사람이 직책에 있으면 국가가 한가로워질 것이고, 이때에 맞추어 정치와 형벌을 분명하게 한다면, 비록 큰 나라라고 하더라도 반드시 그 나라를 두려워할 것이다. 《시경》에서, '하늘이 흐리고 비가 내리지 않을 때, 저 뽕나무 뿌리를 거두어 창문을 얽어매어 둔다면, 지금 이 백성들이 혹시라도 감히 나를 업신여기겠는가?'라고 했다. 공자께서는 '이 시를 지은 사람은 도를 알고 있구나! 그 국가를 다스릴 수 있는데, 누가 감히 그를 업신여기겠는가?'라고 하셨다. 지금 국가가 한가로워졌다고 해서 이때에 맞추어 즐기고 게으르고 태만하게 되면, 이는 스스로 화를 불러오는 것이다. 화와 복은 모두 자신이 불러오지 않는 것이 없다. 《시경》에서, '영원토록 천명을 따르겠다고 말하여 저절로 많은 복을 구했네'라고 했고, 〈태갑〉[11]에서는, '하늘이 내린 재앙은 오히려 피할 수 있지만, 스스로 만든 재앙은 살 길이 없다'라고 했는데, 이것을 말한 것이다."

11 《서경(書經)》〈상서(商書)〉의 편명.

공손추 상 5

孟子曰, "尊賢使能, 俊傑在位, 則天下之士皆悅, 而願立於其朝矣. 市, 廛而不征, 法而不廛, 則天下之商皆悅, 而願藏於其市矣. 關, 譏而不征, 則天下之旅皆悅, 而願出於其路矣. 耕者, 助而不稅, 則天下之農皆悅, 而願耕於其野矣. 廛, 無夫里之布, 則天下之民皆悅, 而願爲之氓矣. 信能行此五者, 則鄰國之民, 仰之若父母矣. 率其子弟, 攻其父母, 自生民以來, 未有能濟者也. 如此, 則無敵於天下. 無敵於天下者, 天吏也. 然而不王者, 未之有也."

•

맹자가 말했다. "현명한 사람을 존중하고 능력 있는 사람을 써서 뛰어난 사람이 벼슬자리에 있게 되면, 천하의 선비들이 모두 기뻐하면서 그 조정에 서기를 바랄 것이다. 시장에서 자릿세만 받고 통제하지 않거나, 법을 따라 다스리면서 자릿세는 받지 않으면, 천하의 상인이 모두 기뻐하고 그 시장에 물건을 두기를 바랄 것이다. 관문에서 간단한 검문만 하고 통제하지 않으면, 천하의 여행자들이 모두 기뻐하고 그 길에 나서기를 바랄 것이다. 농사짓는 사람들에게 공전의 세만 걷고 사전의 세를 걷지 않으면, 천하의 농부들이 모두 기뻐하며 그 들판에서 경작하기를 바랄 것이다. 집터에 붙는 부포[12]와 이포[13]가 없어진다면, 천하의 백성들이 모두 기뻐하며 그 백성이 되기를 바랄 것이다. 믿음직스럽게 이 다섯 가지를 행하면, 이웃나라 백성이 그를 부모와 같이 우러러볼 것이다. 그 자제를 거느리고 그 부모를 공격하는 짓은 백성이 생긴 이래로 그렇게 한 자가 있지 않았다. 이와 같기에 곧 천하에 적이 없는 것이다. 천하에 적이 없는 자는 하늘이 내린 관리다. 그러면서도 왕을 못 하는 사람은 있지 않았다."

12 지금의 주민세와 같은 세금.

13 지금의 주택세나 토지세와 같은 세금.

공손추 상 6

孟子曰, "人皆有不忍人之心. 先王有不忍人之心, 斯有不忍人之政矣. 以不忍人之心, 行不忍人之政, 治天下可運於掌上. 所以謂人皆有不忍人之心者, 今人乍見孺子將入於井, 皆有怵惕惻隱之心, 非所以內交於孺子之父母也, 非所以要譽於鄉黨朋友也, 非惡其聲而然也. 由是觀之, 無惻隱之心, 非人也, 無羞惡之心, 非人也, 無辭讓之心, 非人也, 無是非之心, 非仁也. 惻隱之心, 仁之端也, 羞惡之心, 義之端也, 辭讓之心, 禮之端也, 是非之心, 知之端也. 人之有是四端也, 猶其有四體也. 有是四端而自謂不能者, 自賊者也, 謂其君不能者, 賊其君者也. 凡有四端於我者, 知皆擴而充之矣, 若火之始然, 泉之始達. 苟能充之, 足以保四海, 苟不充之, 不足以事父母."

•

맹자가 말했다. "사람은 모두 '사람에게 차마 하지 못하는 마음[不忍人之心]'을 가지고 있다. 옛날의 왕들은 사람에게 차마 하지 못하는 마음을 가졌기에 이렇게 '사람에게 차마 하지 못하는 정치[不忍人之政]'가 있었던 것이다. 사람에게 차마 하지 못하는 마음으로 사람에게 차마 하지 못하는 정치를 행한다면, 천하를 다스리는 것을 손바닥 위에 놓고 운용하는 것처럼 할 수 있다. 사람들이 모두 사람에게 차마 하지 못하는 마음을 가지고 있다고 말하는 까닭이 있으니, 지금 사람들이 갑자기 어린 아이가 장차 우물에 들어가려는 것을 보면 모두 깜짝 놀라며 측은하게 여기는 마음을 갖게 되는데, 어린 아이의 부모와 교분을 맺으려는 것도 아니고, 마을 사람들과 친구들에게 명예를 얻으려는 것도 아니고, 그 비난하는 소리가 듣기 싫어서 그러는 것도 아니다. 이것으로 본다면, 측은하게 여기는 마음이 없으면 사람이 아니고, 부끄러워하고 미워하는 마음이 없으면 사람이 아니고, 사양하는 마음이 없으면 사람이 아니고, 옳고 그름을 가리는 마음이 없으면 사람이 아니다. 측은하게 여기는 마음은 어짊[仁]의 단서고, 부끄러워하고 미워하는 마음은 의로움[義]의 단서고, 사양하는 마음은 예의[禮]의 단서고, 옳고 그름을 가리는 마음은 지혜[智]의 단서다. 사람은 이 네 가지 단서[四端]가 있으니, 네 가지 신체 부위[四體]를 가진 것과 같다. 이 네 가지 단서를 가지고도 스스로 할 수 없다고 하는 자는 스스로를 해치는 자이고, 그 임금이 할 수 없다고 하는 자는 그 임금을 해치는 자다. 무릇 나에게 있는 네 가지 단서를 모두 넓혀서 채울 줄 안다면, 불이 처음 일어나고, 샘이 처음 나오는 것과 같을 것이다. 만약 채울 수 있다면 세상을 보호하기에 충분하고, 만약 채울 수 없다면 부모를 섬기기에도 충분하지 않다."

공손추 상 7

孟子曰, "矢人豈不仁於函人哉? 矢人惟恐不傷人, 函人惟恐傷人. 巫匠亦然. 故術不可不愼也. 孔子曰, '里仁爲美. 擇不處仁, 焉得智?' 夫仁, 天之尊爵也, 人之安宅也. 莫之禦而不仁, 是不智也. 不仁, 不智, 無禮, 無義, 人役也. 人役而恥爲役, 由弓人而恥爲弓, 矢人而恥爲矢也. 如恥之, 莫如爲仁. 仁者如射, 射者正己而後發, 發而不中, 不怨勝己者, 反求諸己而已矣."

•

맹자가 말했다. "화살을 만드는 사람이라고 해서 어찌 갑옷을 만드는 사람보다 어질지 않겠는가? (다만) 화살을 만드는 사람은 오직 사람을 다치게 하지 못할까 걱정하고, 갑옷을 만드는 사람은 오직 사람이 다칠까 걱정한다. 무당과 목수도 또한 그러하다. 그래서 기술은 신중하게 하지 않으면 안 된다. 공자께서, '마을이 어질면 아름답다[里仁爲美]. 어진 곳에 살지 않는 선택을 한다면, 어찌 지혜롭다고 수 있겠는가?'라고 하셨으니, 무릇 어짊은 하늘의 존귀한 벼슬이고, 사람의 편안한 집이다. 막는 것이 없는데도 어질지 않다면 이는 지혜롭지 못한 것이다. 어질지 못해서 지혜롭지 못하고, 예의가 없어서 의롭지 못하면 사람에게 부림을 당한다[人役也]. 사람에게 부림을 당하면서 부림을 당하는 것을 부끄러워함은 활 만드는 사람이 활 만드는 것을 부끄러워하고 화살 만드는 사람이 화살 만드는 것을 부끄러워하는 것과 같다. 그것을 부끄러워하는 것은 어짊을 행하는 것만 못하다. 어짊이라는 것은 활쏘기와 같으니, 활을 쏘는 사람은 자기를 바로잡은 뒤에 쏘는데, 쏜 것이 적중하지 않아도 자기를 이긴 사람을 원망하지 않고 돌이켜 자기에게서 잘못을 찾을 뿐이다."

공손추 상 8

孟子曰, "子路, 人告之以有過, 則喜. 禹聞善言, 則拜. 大舜有大焉, 善與人同, 舍己從人, 樂取於人以爲善. 自耕稼陶漁以至爲帝, 無非取於人者. 取諸人以爲善, 是與人爲善者也. 故君子莫大乎與人爲善."

•

맹자가 말했다. "자로는 사람들이 잘못이 있다고 알려주면 기뻐했다. 우임금은 좋은 말을 들으면 절했다. 위대한 순임금은 위대함이 있었으니, 좋은 일을 남과 함께했는데, 자기를 버리고 남을 따랐으며, 남에게서 배울 것을 취해 좋은 일을 하는 것을 즐겼다. 밭 갈고, 씨 뿌리고, 그릇 굽고, 고기를 잡을 때부터 황제가 될 때까지 남에게서 취하지 않은 것이 없었다.[14] 남에게서 (배울 것을) 취해 좋은 일을 하는 것은 남과 함께 좋은 일을 하는 것이다. 그러므로 군자에게는 남과 함께 좋은 일을 하는 것보다 더 큰 일이 없다."

14 남에게서 좋은 것을 받아들였다는 의미다.

공손추 상 9

孟子曰, "伯夷, 非其君, 不事, 非其友, 不友. 不立於惡人之朝, 不與惡人言. 立於惡人之朝, 與惡人言, 如以朝衣朝冠坐於塗炭. 推惡惡之心, 思與鄉人立, 其冠不正, 望望然去之, 若將浼焉. 是故諸侯雖有善其辭命而至者, 不受也. 不受也者, 是亦不屑就已. 柳下惠不羞汙君, 不卑小官, 進不隱賢, 必以其道, 遺佚而不怨, 阨窮而不憫. 故曰, '爾爲爾, 我爲我, 雖袒裼裸裎於我側, 爾焉能浼我哉?' 故由由然與之偕, 而不自失焉, 援而止之而止. 援而止之而止者, 是亦不屑去已."

孟子曰, "伯夷隘, 柳下惠不恭, 隘與不恭, 君子不由也."

•

맹자가 말했다. "백이는 그 임금이 아니면 섬기지 않았고, 그 벗이 아니면 사귀지 않았다. 악한 사람의 조정에는 서지 않았고, 악한 사람과는 말하지 않았다. 악한 사람의 조정에 서는 것과 악한 사람과 말하는 것을 조의[15]를 입고 조관[16]을 쓰고 진흙이나 숯덩이에 앉

15 조정에서 입는 예복.

16 조정에서 쓰는 예관.

는 것과 같이 여겼다. 악을 미워하는 마음을 미루어서 마을 사람들과 함께 서 있을 때 그들의 관이 바르지 않으면 훌쩍 떠나며 장차 (자신이) 더렵혀질 듯 여겼다. 이런 까닭에 제후들 가운데 비록 임명장을 잘 만들어 보내는 사람도 있었지만 받지 않았다. 받지 않은 것은 또한 벼슬자리에 나아가는 것을 달갑게 여기지 않아서다. 유하혜[17]는 더러운 임금을 부끄러워하지 않았고 작은 벼슬을 천하게 여기지 않았으며, (관직에) 나아가서도 현명함을 숨기지 않았고 반드시 그 도리를 따랐으며, 버려졌어도 원망하지 않았고 곤궁해도 근심하지 않았다. 그러므로 '너는 너이고, 나는 나이니, 비록 (네가) 내 곁에서 웃통을 벗거나 발가벗더라도 네가 어찌 나를 더럽히겠는가?'라고 했다. 그래서 설렁설렁 사람들과 함께 있으면서 스스로를 잃지 않았는데, 잡아끌면서 머물게 하면 머물렀다. 잡아끌면서 머물게 하면 머물렀던 것은 또한 떠나가는 것을 달갑게 여기지 않아서다."

맹자가 말했다. "백이는 도량이 좁고, 유하혜는 공손하지 않으니, 도량이 좁음과 공손하지 않음은 군자가 따르지 않는다."

17 춘추시대 노나라 대부.

04

공손추 하

公孫丑下

공손추 하 1

孟子曰, "天時不如地利, 地利不如人和. 三里之城, 七里之郭, 環而攻之而不勝. 夫環而攻之, 必有得天時者矣, 然而不勝者, 是天時不如地利也. 城非不高也, 池非不深也, 兵革非不堅利也, 米粟非不多也, 委而去之, 是地利不如人和也. 故曰, 域民不以封疆之界, 固國不以山谿之險, 威天下不以兵革之利. 得道者多助, 失道者寡助. 寡助之至, 親戚畔之, 多助之至, 天下順之. 以天下之所順, 攻親戚之所畔, 故君子有不戰, 戰必勝矣."

•

맹자가 말했다. "하늘이 준 때는 지형의 유리함만 못하고, 지형의 유리함은 사람들의 화합만 못하다. 삼 리의 성과 칠 리의 곽은 둘러서 공격해도 이길 수 없다. 둘러싸고 공격하는 것은 반드시 하늘이 준 때를 얻은 것이겠지만, 이기지 못하는 것은 하늘이 준 때가 지형의 유리함만 못해서다. 성이 높지 않은 것도 아니고 못이 깊지 않은 것도 아니며, 병기와 갑옷이 견고하고 예리하지 않은 것도 아니며, 군량미가 적은 것도 아닌데도 버리고 달아나게 되기도 하니, 지형의 유리함이 사람들의 화합만 못해서다. 그러므로 '백성들을 영역 안에 있게 하는 것은 국경을 경계로 하지 않으며, 나라를 굳건히 하는 것은 산이나 계곡의 험준함으로 하지 않으며, 천하를 위협하는 것은 병기와 갑옷의 예리함으로 하지 않는다'라고 했다. 도를 얻은 자는 돕는 이가 많고, 도를 잃은 자는 돕는 이가 적다. '돕는 이가 지극히 적어지면 친척까지 그에게 반란을 일으키고, 돕는 이가 지극히 많아지면 천하가 그를 따른다. 천하가 따르는 상황에서 친척이 일으킨 반란을 공격하니 군자는 싸우지 않는 경우는 있지만, 싸우게 되면 반드시 이긴다'라고 했다."

공손추 하 2

孟子將朝王, 王使人來曰, "寡人如就見者也, 有寒疾, 不可以風. 朝將視朝, 不識可使寡人得見乎?"

對曰, "不幸而有疾, 不能造朝."

明日, 出弔於東郭氏. 公孫丑曰, "昔者辭以病, 今日弔, 或者不可乎?"

曰, "昔者疾, 今日愈, 如之何不弔?"

王使人問疾, 醫來. 孟仲子對曰, "昔者有王命, 有采薪之憂, 不能造朝. 今病小愈, 趨造於朝, 我不識能至否乎?"

使數人要於路, 曰, "請必無歸, 而造於朝!"

•

맹자가 장차 왕을 만나보려 했는데, 왕이 사람을 보내 말했다. "과인이 나아가 만나려고 했는데, 감기가 들어서 바람을 맞을 수가 없다. 아침에 조회를 하려고 하니, 그때 과인을 만나도 되겠는가?"

(맹자가) 대답했다. "불행히도 질병이 있어 조회에 나갈 수 없습니다."

(맹자가) 다음날 동곽씨[1]를 조문하러 갔다. 공손추가 말했다. "어제는 병으로 사양하시고 오늘은 조문을 하시니, 옳지 않은 것 아닙

니까?"

(맹자가) 말했다. "어제는 질병이 있었고 오늘은 나았으니, 어찌 조문하지 않겠는가?"

왕이 사람을 시켜 문병하고 의원을 보냈다. (이에) 맹중자[2]가 대답했다. "어제는 왕명이 있었으나 몸이 아파[采薪之憂][3] 조회에 나갈 수 없었습니다. 지금은 병이 조금 나아져 조회에 나갔는데, 도착했는지 알지 못하겠습니다."

그러면서 몇 사람을 길목에 지키게 하면서 말했다.[4] "반드시 돌아오시지 말고 조회에 나가시기를 바랍니다."

不得已而之景丑氏宿焉. 景子曰, "內則父子, 外則君臣, 人之大倫也. 父子主恩, 君臣主敬. 丑見王之敬子也. 未見所以敬王也." 曰, "惡! 是何言也! 齊人無以仁義與王言者, 豈以仁義爲不美也? 其心曰, '是何足與言仁義也' 云爾, 則不敬莫大乎是. 我非堯舜之道, 不敢以陳於王前, 故齊人莫如我敬王也."

1 춘추시대 제나라 대부.

2 맹자의 가까운 인척이자 제자.

3 글자 뜻은 '나무를 할 수 없는 걱정'이라는 의미로 이는 자신의 병을 완곡히 이르는 말이다.

4 골목을 지키는 사람에게 맹자를 보면 다음 말을 전하라는 의미다.

景子曰, "否, 非此之謂也. 禮曰, '父召, 無諾, 君命召, 不俟駕.' 固將朝也, 聞王命而遂不果, 宜與夫禮若不相似然."

•

(맹자가) 어쩔 수 없이 경추씨[5]에게 가서 묵었다. 경자가 말했다. "안으로는 부모와 자식이, 밖으로는 임금과 신하가 사람의 큰 윤리 관계입니다. 부모와 자식은 은혜를 주로 실천하고, 임금과 신하는 공경을 주로 실천합니다. 저는 왕이 선생을 공경하는 것은 보았지만, 선생이 왕을 공경하는 것은 보지 못했습니다."

(맹자가) 말했다. "아, 이 무슨 말입니까? 제나라 사람 가운데 어짊과 의로움으로 왕과 말하는 사람이 없는 것이 어찌 어짊과 의로움을 아름답지 않게 여겨서이겠습니까? 그들의 마음속에서 '왕이 어찌 함께 어짊과 의로움을 말할 만하겠는가?'라고 말하고 있을 뿐이니, 공경하지 않음이 이보다 큰 것이 없습니다. 나는 요임금과 순임금의 도가 아니라면 감히 왕 앞에 진언하지 않으니 제나라 사람은 내가 왕을 공경하는 것만 못합니다."

경자가 말했다. "아닙니다. 이것을 말한 것이 아닙니다. 예에 관한 글에서 '아버지가 부르면 대답할 것도 없이 가야 하고[父召無諾],[6]

5 제나라 대부. '경자'로 불리기도 한다.

6 《예기(禮記)》〈곡례(曲禮)〉편에 "父召無諾, 先生召無諾, 唯而起"라는 구절이 있다.

임금이 부르면 가마를 기다리지 않고 간다'[7]라고 했습니다. 본래 임금을 뵈려고 하다가 임금의 명을 듣고는 마침내 하지 않았으니, (이는) 마땅히 예와 서로 맞지 않는 듯합니다."

曰, "豈謂是與? 曾子曰, '晉楚之富, 不可及也, 彼以其富, 我以吾仁, 彼以其爵, 我以吾義, 吾何慊乎哉?' 夫豈不義而曾子言之? 是或一道也. 天下有達尊三, 爵一, 齒一, 德一. 朝廷莫如爵, 鄕黨莫如齒, 輔世長民莫如德. 惡得有其一以慢其二哉? 故將大有爲之君, 必有所不召之臣, 欲有謀焉, 則就之. 其尊德樂道, 不如是, 不足與有爲也. 故湯之於伊尹, 學焉而後臣之, 故不勞而王, 桓公之於管仲, 學焉而後臣之, 故不勞而霸. 今天下地醜德齊, 莫能相尙, 無他, 好臣其所敎, 而不好臣其所受敎. 湯之於伊尹, 桓公之於管仲, 則不敢召. 管仲且猶不可召, 而況不爲管仲者乎?"

•

(맹자가) 말했다. "어찌 이것을 말하는 것이겠습니까? 증자가 '진나라와 초나라의 부유함에는 미치지 못하지만, 저들이 부유함을 가지고 하면 나는 나의 어짊을 가지고 하고, 저들이 관작을 가지고

7 《논어(論語)》〈향당(鄕黨)〉편에 "君命召, 不俟駕行矣"라는 구절이 있다.

하면 나는 나의 의로움을 가지고 하는데, 내가 무슨 거리낌이 있겠는가?'라고 했습니다. 어찌 의롭지 않은 것을 증자가 말했겠습니까? 이것도 어쩌면 하나의 방도입니다. 천하에서 모두가 존귀하게 여기는 세 가지가 있으니, 관작이 하나요, 나이가 하나요, 덕망이 하나입니다. 조정에는 관작 만한 것이 없고, 향당에는 나이 만한 것이 없고, 세상을 돕고 백성들을 자라게 하는 데 덕망 만한 것이 없습니다. 어찌 그 하나를 가졌다고 해서 다른 두 가지를 태만히 할 수 있겠습니까? 그래서 장차 크게 할 일이 있는 임금은 반드시 부르지 않는 신하가 있었으며,[8] 도모할 일이 있으면 (몸소) 그에게 나아갔습니다. 그 덕을 높이고 도를 즐기는 것이 이와 같지 않으면 함께 일하기에 부족합니다. 그래서 탕왕은 이윤에게 배우고 나서 그를 신하로 삼았기 때문에 힘들이지 않고도 왕을 했고, 환공은 관중에게서 배우고 나서 그를 신하로 삼았기 때문에 수고롭지 않게 패자가 되었습니다. 지금 천하가 땅도 비슷하고 덕도 비슷해서 서로 숭상을 하지 못하는 것은 다름이 아니라 그가 가르친 사람을 신하로 삼기를 좋아하고 그가 가르침을 받은 사람을 신하로 삼기를 좋아하지 않아서입니다. 탕왕은 이윤을, 환공은 관중을 감히 (오라고) 부르지 않았습니다. 관중은 또한 오히려 부를 수가 없었는데, 하물며 관중 같은 일을 하지도 못한 사람은 어떻겠습니까?"

8 문맥상 '함부로 부를 수 없는 신하가 있었으며'라는 의미다.

공손추 하 3

陳臻問曰, "前日於齊, 王餽兼金一百而不受, 於宋, 餽七十鎰而受, 於薛, 餽五十鎰而受. 前日之不受是, 則今日之受非也, 今日之受是, 則前日之不受非也. 夫子必居一於此矣."
孟子曰, "皆是也. 當在宋也, 予將有遠行, 行者必以贐. 辭曰, '餽贐.' 予何爲不受? 當在薛也, 予有戒心, 辭曰, '聞戒, 故爲兵餽之.' 予何爲不受? 若於齊, 則未有處也. 無處而餽之, 是貨之也. 焉有君子而可以貨取乎?"

•

진진[9]이 물었다. "전날에 제나라에서 왕이 겸금[10] 백 일鎰[11]을 주어도 받지 않다가 송나라에서 칠십 일을 주니 받고, 설나라에서 오십 일을 주니 받으셨습니다. 전날에 받지 않은 것이 옳다면 오늘 받은 것이 그릇되고, 오늘 받은 것이 옳다면 전날에 받지 않은 것이 그릇됩니다. 선생님께서는 반드시 여기에서 하나는 해당하실 것입

9 맹자의 제자.
10 가치가 두 배가 되는 좋은 금.
11 1일은 20량 정도로 추정.

니다."

맹자가 말했다. "모두가 옳다. 송나라에 있을 때는 내가 장차 멀리 갈 일이 있었는데, 갈 사람에게는 반드시 노자를 주게 되어 있다. 그들이 '노자를 드린다'고 말하는데, 내가 어찌 받지 않겠는가? 설나라에 있을 때는 내가 경계하려는 마음이 있었다. 그들이 '경계하신다고 들었기에 병사를 쓰시라고 드린다'라고 하니, 내가 어찌 받지 않겠는가? 제나라에 있었을 때 같으면 처리할 것이 있지 않았다. 처리할 것도 없는데 그것을 준다면 이는 뇌물을 주는 것이다. 어찌 군자로서 뇌물을 취할 수 있는 자가 있겠는가?"

공손추 하 4

孟子之平陸, 謂其大夫曰, “子之持戟之士, 一日而三失伍, 則去之否乎?”

曰, “不待三.”

“然則子之失伍也亦多矣. 凶年饑歲, 子之民, 老羸轉於溝壑, 壯者散而之四方者, 幾千人矣.”

曰, “此非距心之所得爲也.”

曰, “今有受人之牛羊而爲之牧之者, 則必爲之求牧與芻矣. 求牧與芻而不得, 則反諸其人乎? 抑亦立而視其死與?”

曰, “此則距心之罪也.”

他日, 見於王曰, “王之爲都者, 臣知五人焉, 知其罪者, 惟孔距心.”

爲王誦之, 王曰, “此則寡人之罪也.”

•

맹자가 평륙[12]에 가서 그곳의 대부[13]에게 말했다. “그대의 창을 잡

12 제나라 지역.

13 공거심.

은 병사가 하루에 세 번 대오를 잃어버린다면 그를 버리겠습니까?"

(대부가) 말했다. "세 번까지 기다리지도 않을 것입니다."

(맹자가 말했다.) "그렇다면 그대가 대오를 잃은 것 또한 많습니다. 흉년으로 굶주리는 해에 그대의 백성들 가운데 늙고 약한 자들은 구덩이에서 구르고, 장성한 자들 중에도 흩어져 사방으로 흩어진 자가 몇 천이나 됩니다."

(대부가) 말했다. "이것은 제가 할 수 있는 것이 아닙니다."

(맹자가) 말했다. "지금 남의 소와 양을 맡아 길러주기로 한 사람이 있다고 하면, 반드시 그것들을 기르기 위해 목장과 꼴을 구할 것입니다. 목장과 꼴을 구하려고 해도 얻지 못하면 그 사람에게 되돌려주어야 하겠습니까? 아니면 또한 그냥 서서 그것들이 죽어가는 것을 보고 있어야 하겠습니까?"

(대부가) 말했다. "이 모든 것은 저의 죄였습니다."

(맹자가) 다른 날 왕을 만나서 말했다. "왕의 도읍을 다스리는 자를 제가 다섯 사람 알고 있는데, 자신의 죄를 아는 자는 오직 공거심입니다."

왕을 위해 그 일을 말해주니, 왕이 말했다. "이것은 과인의 죄입니다."

공손추 하 5

孟子謂蚳鼃曰, "子之辭靈丘而請士師, 似也, 爲其可以言也. 今既數月矣, 未可以言與?"

蚳鼃諫於王而不用, 致爲臣而去.

齊人曰, "所以爲蚳鼃則善矣, 所以自爲, 則吾不知也."

公都子以告.

曰, "吾聞之也, 有官守者, 不得其職則去, 有言責者, 不得其言則去. 我無官守, 我無言責也, 則吾進退, 豈不綽綽然有餘裕哉?"

•

맹자가 지와[14]에게 말했다. "그대가 영구[15] 지역을 사양하고 사사[16]의 직책을 청한 것은 그럴 만했으니, 임금을 위해 말[17]을 할 수 있었기 때문이었습니다. 지금 이미 몇 달이 지났는데 아직도 말을 하지 못하겠습니까?"

14 제나라의 대부.

15 제나라의 지역.

16 법을 관장하고 옥사를 처리하던 관직으로 임금에게 간언할 책무도 가지고 있었다.

17 문맥상 '직언' 혹은 '간언'을 의미한다.

지와가 왕에게 간언했지만 수용되지 않자, 신하의 자리를 그만두고 떠났다.

제나라 사람이 말했다. "지와를 위해서 알려준 것은 좋지만, 스스로도 그렇게 하는지는 내가 알지 못하겠다."

공도자[18]가 이것을 아뢰었다.

(맹자가) 말했다. "내가 듣건대 관직에 있는 자가 그 직분을 다하지 못하면 떠나고, 간언의 책임이 있는 자가 그 말을 다하지 못하면 떠난다고 했다. 나는 관직에 있지도 않고, 나는 간언의 책임도 없으니, 내가 나아가고 물러나는 데 어찌 느긋한 여유가 있지 않겠는가?"

18 맹자의 제자.

공손추 하 6

孟子爲卿於齊, 出弔於滕, 王使蓋大夫王驩爲輔行. 王驩朝暮見, 反齊滕之路, 未嘗與之言行事也.

公孫丑曰, "齊卿之位, 不爲小矣, 齊滕之路, 不爲近矣, 反之而未嘗與言行事, 何也?"

曰, "夫旣或治之, 予何言哉?"

•

맹자가 제나라에서 경卿이 되어 등나라에 조문을 가게 되자, 왕이 개蓋의 대부 왕환에게 보좌해서 가게 했다. 왕환이 아침저녁으로 (맹자를) 뵈었는데, 제나라에서 등나라에 갔다 돌아오도록 그와 일을 처리하는 것에 대해 말하지 않았다.

공손추가 말했다. "제나라의 경이라는 자리가 작지 않고, 제나라에서 등나라에 갔다 오는 길이 가깝지 않은데, 돌아오시도록 일을 처리하는 것에 대해 말씀하시지 않으셨으니 어째서입니까?"

맹자가 말했다. "누군가[19]가 이미 그것을 처리했는데, 내가 무슨 말을 하겠는가?"

19 왕환.

공손추 하 7

孟子自齊葬於魯, 反於齊, 止於嬴.

充虞請曰, "前日不知虞之不肖, 使虞敦匠. 事嚴, 虞不敢請, 今願竊有請也, 木若以美然."

曰, "古者棺槨無度, 中古棺七寸, 槨稱之. 自天子達於庶人, 非直爲觀美也, 然後盡於人心. 不得, 不可以爲悅, 無財, 不可以爲悅. 得之爲有財, 古之人皆用之, 吾何爲獨不然? 且比化者無使土親膚, 於人心獨無恔乎? 吾聞之也, 君子不以天下儉其親."

•

맹자가 제나라에서 노나라로 장례를 치르러 갔는데, 제나라로 돌아오다가 영嬴에 머물렀다.

충우가 여쭈었다. "지난날 저의 못남을 알지 못하시고 제게 관곽을 짜는 일을 맡기셨습니다. 일이 엄중하여 제가 감히 여쭙지 못하다가 이제야 여쭙기를 청하니, (그때) 나무가 너무 좋았던 것 같습니다."

(맹자가) 말했다. "옛날에는 관곽에 법도가 없었으니, 중간에 와서 관을 칠 촌으로 하고 곽도 그에 걸맞게 했다. 천자에서 서인에 이르기까지 그렇게 한 것은 다만 아름답게 보이기 위해서가 아니라

그러고 나서야 사람의 마음이 만족할 수 있어서였다. 그렇게 하지 못해도 기쁠 수가 없었고, 재력이 없어도 기쁠 수가 없었다. 그럴 수 있는 재물이 있으면 옛날의 사람들은 모두 그러한 것을 썼으니, 나만 어찌 홀로 그렇게 하지 않겠는가? 게다가 죽은 사람을 위해 흙이 피부에 닿지 않게 하는 것이 남은 사람들의 마음에도 유쾌하지 않겠는가? 내가 듣기로, 군자는 천하 때문에 그 어버이 장사를 아껴서 지내지는 않는다고 했다."

공손추 하 8

沈同以其私問曰, "燕可伐與?"

孟子曰, "可. 子噲不得與人燕, 子之不得受燕於子噲. 有仕於此, 而子悅之, 不告於王而私與之吾子之祿爵, 夫士也, 亦無王命而私受之於子, 則可乎? 何以異於是?"

齊人伐燕. 或問曰, "勸齊伐燕, 有諸?"

曰, "未也, 沈同問'燕可伐與?', 吾應之曰, '可', 彼然而伐之也. 彼如曰, '孰可以伐之?' 則將應之曰, '爲天吏, 則可以伐之.' 今有殺人者, 或問之曰, '人可殺與?' 則將應之曰, '可.' 彼如曰, '孰可以殺之?' 則將應之曰, '爲士師, 則可以殺之.' 今以燕伐燕, 何爲勸之哉?"

•

심동[20]이 사적으로 물었다. "연나라를 정벌해도 되겠습니까?"

맹자가 말했다. "됩니다. 자쾌[21]는 다른 사람에게 연나라를 줄 수

20 제나라의 신하.

21 연나라의 임금.

없고, 자지[22]는 자쾌에게 연나라를 받을 수 없습니다. 여기에 벼슬하려는 자가 있는데, 그대가 그를 좋아한다고 왕에게 고하지도 않고 사사로이 작위와 봉록을 그에게 주고, 그 선비도 또한 왕의 명령 없이 사사로이 그대에게서 그것을 받는다면 되겠습니까? 무엇이 이것과 다르겠습니까?"

제나라 사람이 연나라를 정벌하자 누군가가 물었다. "제나라에게 연나라를 정벌하라고 권한 일이 있습니까?"

(맹자가) 말했다. "아닙니다. 심동이 '연나라를 정벌해도 됩니까?'라고 묻기에 내가 그에 대해 '됩니다'라고 응답했더니 그가 그렇게 그 나라를 정벌했습니다. 그가 '누가 그 나라를 정벌해야 됩니까?'라고 말했더라면, 그것에 대해 '하늘이 명령한 사람이 되면 그 나라를 정벌할 수 있다'라고 응답했을 것입니다. 지금 사람을 죽인 자가 있는데, 누군가가 '저 사람을 죽여도 됩니까?'라고 물으면, 그것에 대해 '됩니다'라고 응답할 것입니다. 그가 '누가 그를 죽여야 됩니까?'라고 물으면, 그것에 대해 '사사[23]의 직책을 맡았다면, 그를 죽일 수 있다'라고 응답할 것입니다. 지금은 연나라로 연나라를 정벌한 것이니, 어찌 그것을 권했겠습니까?"

22 자쾌가 임명한 연나라의 재상.

23 중국 고대의 재판관.

공손추 하 9

燕人畔.

王曰, "吾甚慙於孟子."

陳賈曰, "王無患焉. 王自以爲與周公孰仁且智?"

王曰, "惡, 是何言也!"

曰, "周公使管叔監殷, 管叔以殷畔. 知而使之, 是不仁也, 不知而使之, 是不智也. 仁智, 周公未之盡也, 而況於王乎? 賈請見而解之."

見孟子, 問曰, "周公何人也?"

曰, "古聖人也."

曰, "使管叔監殷, 管叔以殷畔也, 有諸?"

曰, "然."

曰, "周公知其將畔而使之與?"

曰, "不知也." "然則聖人且有過與?"

曰, "周公, 弟也, 管叔, 兄也. 周公之過, 不亦宜乎? 且古之君子, 過則改之, 今之君子, 過則順之. 古之君子, 其過也, 如日月之食, 民皆見之, 及其更也, 民皆仰之. 今之君子, 豈徒順之, 又從而爲之辭?"

•

연나라 사람들이 반란을 일으켰다.

왕이 말했다. "나는 맹자에게 매우 부끄럽다."

진가[24]가 말했다. "왕께서는 근심하지 마십시오. 왕께서는 자신과 주공周公 가운데 누가 더 어질고 지혜롭다고 생각하십니까?"

왕이 말했다. "아, 이 무슨 말인가!"

(진가가) 말했다. "주공은 관숙에게 은나라를 감독하게 했는데, 관숙이 은나라를 가지고 반란을 일으켰습니다. 알고서도 그것을 시켰다면 이것은 어질지 못한 것이고, 알지 못해서 그것을 시켰다면 이는 지혜롭지 못한 것입니다. 어짊과 지혜로움은 주공도 완전하지 못했는데, 하물며 왕께서는 어떻겠습니까? 제가 맹자를 만나서 풀어보도록 하겠습니다."

(진가가) 맹자를 만나 물었다. "주공은 어떤 사람이었습니까?"

(맹자가) 말했다. "옛날의 성인입니다."

(진가가) 말했다. "관숙을 시켜 은나라를 감독하게 했는데, 관숙이 은나라를 가지고 반란을 일으켰던 일이 있지요?"

(맹자가) 말했다. "그렇습니다."

(진가가) 말했다. "주공은 (관숙이) 장차 반란을 일으킬 것을 알고서도 그에게 시켰습니다까?"

---

24 제나라의 대부.

(맹자가) 말했다. "알지 못했습니다."

(진가가 말했다.) "그렇다면 성인도 잘못이 있을 수 있습니까?"

(맹자가) 말했다. "주공은 아우이고, 관숙은 형입니다. 주공의 잘못은 또한 마땅한 것 아닙니까? 또한 옛날의 군자는 잘못이 있으면 고쳤는데, 오늘날의 군자는 잘못이 있어도 그것을 따릅니다. 옛날의 군자는 그 잘못이 일식이나 월식과 같아서 백성들이 모두 그것을 보았고, 그것을 고치게 되면 백성들이 모두 그것을 우러러보았습니다. 지금의 군자는 어찌 그저 따르기만 하고, 또 따르면서 그것을 위해 변명까지 하는 것입니까?"

공손추 하 10

孟子致爲臣而歸.

王就見孟子曰, "前日願見而不可得, 得侍同朝, 甚喜, 今又棄寡人而歸, 不識可以繼此而得見乎."

對曰, "不敢請耳, 固所願也."

他日, 王謂時子曰, "我欲中國而授孟子室, 養弟子以萬鍾, 使諸大夫國人皆有所矜式. 子盍爲我言之!"

時子因陳子而以告孟子, 陳子以時子之言告孟子.

孟子曰, "然, 夫時子惡知其不可也? 如使予欲富, 辭十萬而受萬, 是爲欲富乎? 季孫曰, '異哉子叔疑! 使己爲政, 不用, 則亦已矣, 又使其子弟爲卿. 人亦孰不欲富貴? 而獨於富貴之中有私龍斷焉.' 古之爲市也, 以其所有易其所無者, 有司者治之耳. 有賤丈夫焉, 必求龍斷而登之, 以左右望, 而罔市利, 人皆以爲賤. 故從而征之, 征商自此賤丈夫始矣."

•

맹자가 (제나라의) 신하를 그만두고 돌아가려 했다.

왕[25]이 맹자를 좇아가 만나서 말했다. "지난날에는 만나기를 원해도 그렇지 못하다가, 모시고 조정에 함께 있게 되어 매우 기뻤는데, 지금은 또 과인을 버리고 돌아가시니, 이 다음에도 계속 볼 수 있을지 모르겠습니다."

(맹자가) 대답했다. "감히 청하지는 못하고 있지만, 진실로 바라는 것입니다."

다른 날에 왕이 시자[26]에게 말했다. "나는 나라 안에다 맹자에게 집을 주고 만 종으로[27] 제자들을 양성하게 하여 여러 대부와 나라 사람 모두에게 모범으로 삼을 것이 있게 하려고 했다. 그대는 어찌 나를 위해 (맹자에게) 그것을 말해주지 않는가?"

시자가 진자를 통해 맹자에게 알리고자 했고, 진자가 시자의 말을 맹자에게 알렸다.

맹자가 말했다. "그랬구나. 시자가 어찌 그것이 안 될 것이라는 걸 알겠는가? 만약 내가 부자가 되려고 하면서 십만 종은 사양하고 만 종을 받는다면, 이것이 부자가 되려고 하는 것이겠는가? 계손이 '이상하구나. 자숙의여! 자기에게 정치를 맡겼어도 더는 쓰이지 않게 되어 그만두게 되면 그것으로 그만인데, 또 그의 자제들을 경卿으로 삼게 했다. 사람이라면 부귀를 바라지 않을 수 있겠는가? 그러나 혼자서만 부귀의 가운데 있으면서 사사로이 농단하는

25 제나라 선왕.

26 제나라의 신하.

27 "만 종으로"는 '만 종의 녹봉을 주어'라는 의미다.

이가 있도다'라고 했다. 옛날에 시장에서는 가진 것을 가지고 없는 것과 바꾸었으며 관리들은 그것을 다스리기만 했다. 한 천박한 사내가 굳이 높은 곳[龍斷]을 찾아 그곳에 올라가 좌우를 바라보면서 시장의 이익을 그물질했는데,[28] 사람들이 모두 천박하다고 여겼다. 그래서 그에 따라 세금을 징수하게 되었으니, 장사꾼에게 세금을 징수한 것은 이 천박한 사내부터 시작되었다."

28 문맥상 '시장의 이익을 그물질하듯 모두 거두었다'는 의미다.

공손추 하 11

孟子去齊, 宿於晝.

有欲爲王留行者, 坐而言. 不應, 隱几而臥.

客不悅曰, "弟子齊宿而後敢言, 夫子臥而不聽, 請勿復敢見矣."

曰, "坐! 我明語子. 昔者魯繆公無人乎子思之側, 則不能安子思, 泄柳申詳無人乎繆公之側, 則不能安其身. 子爲長者慮, 而不及子思, 子絶長者乎? 長者絶子乎?"

•

맹자가 제나라를 떠나가다 주晝 땅에 묵었다.

왕을 위해 떠나는 것을 만류하는 자가 있기에 앉아 이야기했다. 응답하지 않고 안석[几]에 기대어 누웠다.

그 사람이 언짢아하며 말했다. "제가 재계하고 나서 감히 말씀드리는데, 선생께서는 누워서 (제 말을) 듣지 않으시니 감히 다시는 뵙지 않기를 바랍니다."

맹자가 말했다. "앉으시오. 내가 그대에게 분명히 말하겠습니다. 옛날에 노나라 목공은 자사[29]의 곁에 사람이 없으면 자사가 편안

29 공자의 손자.

할 수 없다고 여겼고, 설류[30]와 신상[31]은 목공의 곁에 사람이 없으면 그 자신이 편안할 수 없었습니다. 그대가 나를 생각한다고 하지만 자사에는 미치지 못하니,[32] 그대가 나와 관계를 끊는 것입니까? 내가 그대와 관계를 끊는 것입니까?"

30 노나라의 현인.

31 공자의 제자 자장의 아들.

32 목공이 자사를 생각한 것에 미치지 못한다는 의미다.

공손추 하 12

孟子去齊, 尹士語人曰, "不識王之不可以爲湯武, 則是不明也, 識其不可, 然且至, 則是干澤也. 千里而見王, 不遇故去, 三宿而後出晝, 是何濡滯也? 士則玆不悅."

高子以告.

曰, "夫尹士惡知予哉? 千里而見王, 是予所欲也, 不遇故去, 豈予所欲哉? 予不得已也. 予三宿而出晝, 於予心猶以爲速, 王庶幾改之! 王如改諸, 則必反予. 夫出晝, 而王不予追也, 予然後浩然有歸志. 予雖然, 豈舍王哉! 王由足用爲善, 王如用予, 則豈徒齊民安, 天下之民擧安. 王庶幾改之! 予日望之! 予豈若是小丈夫然哉? 諫於其君而不受, 則怒, 悻悻然見於其面, 去則窮日之力而後宿哉?"

尹士聞之, 曰, "士誠小人也."

•

맹자가 제나라를 떠나자, 윤사[33]가 사람들에게 말했다. "왕이 탕왕이나 무왕이 될 수 없음을 알지 못했다면, 이는 현명하지 못함이

33 제나라 사람.

요, 될 수 없음을 알고도 왔다면 이는 은택을 바란 것이다. 천 리를 와서 왕을 만나 뜻이 맞지 않아 떠나면서도 사흘을 묵고 나서야 주晝 땅으로 떠났으니, 어찌하여 머뭇거린 것인가? 나는 이것이 마음에 들지 않는다."

고자[34]가 (맹자에게) 이것을 알렸다.

맹자가 말했다. "윤사가 어찌 나를 알겠는가? 천 리를 와서 왕을 만난 것은 내가 바란 것이지만, 뜻이 맞지 않아서 떠난 것은 어찌 내가 바란 것이겠는가? 나는 어쩔 수가 없었다. 사흘을 묵은 뒤 주 땅으로 떠난 것도 내 마음에서는 오히려 빠르게 여겼으니, 왕이 그 태도를 고치기 바라서였다. 왕이 만약 고쳤다면 반드시 나를 되돌렸을 것이다. 주 땅을 나가는데도 왕이 나를 쫓아오지 않았으니, 나는 그러고 나서야 홀가분하게 돌아갈 뜻을 갖게 되었다. 내가 비록 그러했지만, 어찌 왕을 버리겠는가? 왕은 여전히 선을 행하기에 충분하니, 왕이 만약 나를 등용한다면, 어찌 다만 제나라 백성들만 편안하겠는가? 천하의 백성들이 모두 편안할 것이다. 왕이 그 태도를 고치기를 바랐다. 나는 그것을 날마다 바랐다. 내가 어찌 이렇게 쩨쩨한 사내[小丈夫]같이 그러겠는가? 그 임금에게 간언하여 (이를) 받아주지 않았다고 하여 얼굴에 노기를 붉으락푸르락 드러내고, 떠날 때 하루 종일 힘을 다해 가고 나서야 유숙하겠는

34 맹자의 제자.

가?"

윤사가 그것을 듣고 말했다. "내가 진실로 소인이었다."

공손추 하 13

孟子去齊, 充虞路問曰, "夫子若有不豫色然. 前日虞聞諸夫子曰, '君子不怨天, 不尤人.'"

曰, "彼一時, 此一時也. 五百年必有王者興, 其間必有名世者. 由周而來, 七百有餘歲矣. 以其數, 則過矣, 以其時考之, 則可矣. 夫天未欲平治天下也, 如欲平治天下, 當今之世, 舍我其誰也? 吾何爲不豫哉?"

•

맹자가 제나라를 떠날 때 충우[35]가 길에서 물었다. "선생님께서는 기쁘지 않은 기색이 있는 듯합니다. 지난날 제가 선생님께 들었는데, '군자는 하늘을 원망하지 않고, 남을 탓하지 않는다'라고 하셨습니다.

(맹자가) 말했다. "그때도 한 때고, 이때도 한 때다. 오백 년이면 반드시 왕이 될 자가 흥기할 것이고, 그 사이에는 반드시 세상에 이름을 남길 자가 있을 것이다. 주나라 이래로 칠백여 년이니, 연수를 보면 (왕이 될 자가 흥기할 때가) 지났고, 그 시국을 살펴보면 그렇게

35 맹자의 제자.

될 수 있을 때[36]다. 하늘이 아직 천하가 평안히 다스려지길 바라지 않고 있으니, 만약 천하가 평안히 다스려지길 바란다면, 지금의 세상에서 나 말고 그 누가 하겠는가? 내 어찌 기쁘지 않겠는가?"

36 왕이 될 자가 흥기할 때

공손추 하 14

孟子去齊, 居休. 公孫丑問曰, "仕而不受祿, 古之道乎?"

曰, "非也, 於崇, 吾得見王, 退而有去志. 不欲變, 故不受也. 繼而有師命, 不可以請. 久於齊, 非我志也."

•

맹자가 제나라를 떠나서 휴休 땅에 머물렀다. 공손추가 물었다. "벼슬하면서도 녹봉을 받지 않는 것이 옛날의 도리입니까?"

(맹자가) 말했다. "아니다. 숭崇 땅에서 내가 (제나라) 왕을 만나고 나서 물러나 떠나려는 뜻을 갖게 되었다. 그 뜻을 바꾸고 싶지 않아 받지 않았던 것이다. 잇달아 군사 명령이 있어서 청할 수 없었다. 제나라에 오래 머문 것은 나의 뜻이 아니었다."

05

등문공 상

滕文公上

등문공 상 1

滕文公爲世子, 將之楚, 過宋而見孟子.

孟子道性善, 言必稱堯舜.

世子自楚反, 復見孟子.

孟子曰, "世子疑吾言乎? 夫道一而已矣. 成覸謂齊景公曰, '彼, 丈夫也, 我, 丈夫也, 吾何畏彼哉?' 顔淵曰, '舜, 何人也? 予, 何人也? 有爲者亦若是.' 公明儀曰, '文王, 我師也, 周公豈欺我哉?' 今滕絶長補短, 將五十里也, 猶可以爲善國. 《書》曰, '若藥不瞑眩, 厥疾不瘳.'"

•

등나라 문공이 세자였을 때 초나라로 가게 되었는데, 송나라를 지나가다 맹자를 만났다.

맹자는 본성의 선함을 말하면서 말끝마다 반드시 요임금과와 순임금을 거론했다.

세자가 초나라에서 돌아오다 다시 맹자를 만났다.

맹자가 말했다. "세자께서는 제 말을 의심하십니까? 도는 하나일 뿐입니다. 성간[1]이 제나라 경공에게 '저들도 장부고 저도 장부니, 제가 무엇을 두려워하겠습니까'라고 했고, 안연도 '순임금은 어떤 사람이며 나는 어떤 사람인가? 할 것이 있는 사람은 또한 이와[2] 같을 것이다'라고 했고, 공명의[3]도 '문왕이 나의 스승이니, 주공이 어찌 나를 속이겠는가'라고 했습니다. 지금 등나라는 긴 것을 잘라 짧은 것에 보충하면 오십 리 정도 되겠지만[4] 오히려 좋은 나라가 될 수 있습니다. 《서경》에서도, '만약 약을 먹고 어질어질하지 않다면 병이 낫지 않을 것이다'라고 했습니다."

1 제나라 경공의 신하.

2 '순임금'의 의미로 해석할 수 있다.

3 노나라의 현인.

4 '사방 오십 리 정도의 작은 나라'라는 의미.

등문공 상 2

滕定公薨, 世子謂然友曰, "昔者孟子嘗與我言於宋, 於心終不忘. 今也不幸至於大故, 吾欲使子問於孟子, 然後行事."
然友之鄒問於孟子. 孟子曰, "不亦善乎! 親喪, 固所自盡也. 曾子曰, '生, 事之以禮, 死, 葬之以禮, 祭之以禮, 可謂孝矣.' 諸侯之禮, 吾未之學也, 雖然, 吾嘗聞之矣. 三年之喪, 齊疏之服, 飦粥之食, 自天子達於庶人, 三代共之."
然友反命, 定爲三年之喪. 父兄百官皆不欲, 曰, "吾宗國魯先君莫之行, 吾先君亦莫之行也. 至於子之身而反之, 不可. 且志曰, '喪祭從先祖.'"

•

등나라 정공이 죽자, 세자가 연우[5]에게 말했다. "예전에 맹자가 일찍이 송나라에서 나와 했던 말을 마음속에서 끝내 잊지 않고 있습니다. 지금 또한 불행히도 큰 변고에 이르렀으니, 나는 그대를 보내 맹자에게 묻고 나서 일[6]을 행하려고 합니다."

5 세자의 사부.
6 장례.

연우가 추鄒 땅에 가서 맹자에게 묻자, 맹자가 말했다. "또한 좋지 아니한가? 어버이의 초상은 본래 자신의 정성을 다하는 것이다. 증자가 '살아서는 섬기기를 예의로 하고, 죽어서는 장사를 예의로 하고 제사를 예의로 하면 효도라고 말할 수 있다'라고 했다. 제후의 예의는 내가 아직 배우지 않았는데, 비록 그렇더라도 내가 일찍이 그것에 대해 들은 적이 있다. 삼년상을 치르면서 자소의 상복[齊疏之服][7]을 입고, 미음과 죽을 먹는 것은 천자부터 서인까지 삼대[8]가 공통적으로 했다."

연우가 돌아와 보고하여 삼년상을 하기로 정했다. (그러나) 부형[9]과 백관은 모두 하려 하지 않으며 말했다. "우리의 종국宗國인 노나라의 이전 임금들께서 행하지 않았고 우리 이전 임금 또한 행하지 않았습니다. 세자 때에 이르러 그것을 뒤집었으니, 옳지 않습니다. 또한 어떤 기록에서 '상례와 제례는 이전 조상들을 따른다'고 했습니다."

曰, "吾有所受之也."

7 가장 거친 상복.

8 하나라, 은나라, 주나라.

9 왕실의 친척.

謂然友曰, “吾他日未嘗學問, 好馳馬試劍. 今也父兄百官不我足也, 恐其不能盡於大事, 子爲我問孟子!”
然友復之鄒問孟子. 孟子曰, “然. 不可以他求者也. 孔子曰, ‘君薨, 聽於冢宰, 歠粥, 面深墨, 卽位而哭, 百官有司莫敢不哀, 先之也.’ 上有好者, 下必有甚焉者矣. 君子之德, 風也, 小人之德, 草也, 草尙之風, 必偃. 是在世子.”
然友反命. 世子曰, “然, 是誠在我.”
五月居廬, 未有命戒. 百官族人可, 謂曰知. 及至葬, 四方來觀之, 顔色之戚, 哭泣之哀, 弔者大悅.

•

(세자가) 말했다. “우리도 전수받은 것이 있습니다.”

이어 (세자가) 연우에게 말했다. “제가 지난날에 일찍이 학문을 하지 않고 말달리기와 칼 쓰기를 좋아했습니다. 지금 부형과 백관이 나를 만족스럽게 여기지 않아 중대한 일을 제대로 다할 수 없을까 두려우니, 선생께서 저를 위해 맹자에게 물어주십시오.”

연우가 다시 추 땅에 가서 맹자에게 묻자, 맹자가 말했다. “그렇다. 다른 사람에게 구해서는 안 된다. 공자께서는 ‘임금께서 돌아가시면 (세자가) 총재에게 맡기고,[10] 죽을 먹으며 얼굴이 짙은 흑색

10 총재는 일종의 재상으로, 문맥상 ‘세자가 나랏일은 총재에게 맡기고’라는 의미로 해석할 수 있다.

이 되어 자리에 나아가 곡을 하는데, 백관과 유사들이 감히 슬퍼하지 않을 수 없었으니, (세자가) 솔선했기 때문이다. 위에서 좋아하는 것이 있으면 아래에서는 반드시 더 좋아하게 된다. 군자의 덕은 바람이고 소인의 덕은 풀이니, 풀 위에 바람이 불면 반드시 쓸린다'라고 하셨다. 이는 세자에게 달려 있다."

연우가 돌아와 보고하자, 세자가 말했다. "그렇습니다. 이것은 진실로 나에게 달려 있습니다."

다섯 달 동안 여막에 거처하며 명령이나 훈계를 하지 않았다. 백관과 집안의 사람들[族人]이 옳다고 하면서 알겠다고 했다. 장례에 이르러서는 사방에서 장례를 보러 왔는데, (세자) 얼굴빛의 수척함과 곡소리의 슬픔에 조문하는 자들이 크게 감동했다.

등문공 상 3

滕文公問爲國.

孟子曰, "民事不可緩也.《詩》云, '晝爾于茅, 宵爾索綯, 亟其乘屋, 其始播百穀. 民之爲道也, 有恒產者有恒心, 無恒產者無恒心. 苟無恒心, 放辟邪侈, 無不爲已. 及陷乎罪, 然後從而刑之, 是罔民也. 焉有仁人在位罔民而可爲也? 是故賢君必恭儉禮下, 取於民有制. 陽虎曰, '爲富不仁也, 爲仁不富矣.' 夏后氏五十而貢, 殷人七十而助, 周人百畝而徹, 其實皆什一也. 徹者, 徹也, 助者, 藉也. 龍子曰, '治地莫善於助, 莫不善於貢. 貢者, 挍數歲之中以爲常. 樂歲, 粒米狼戾, 多取之而不爲虐, 則寡取之, 凶年, 糞其田而不足, 則必取盈焉. 爲民父母, 使民盻盻然, 將終歲勤動, 不得以養其父母. 又稱貸而益之, 使老稚轉乎溝壑, 惡在其爲民父母也? 夫世祿, 滕固行之矣.《詩》云, '雨我公田, 遂及我私.' 惟助爲有公田. 由此觀之. 雖周亦助也. 設爲庠序學校以敎之. 庠者, 養也, 校者, 敎也, 序者, 射也. 夏曰校, 殷曰序, 周曰庠, 學則三代共之, 皆所以明人倫也. 人倫明於上, 小民親於下. 有王者起, 必來取法, 是爲王者師也.《詩》云, '周雖舊邦, 其命維新.' 文王之謂也. 子力行之, 亦以新子之國!"

•

등나라 문공이 나라를 다스리는 것에 대해 물었다.

맹자가 말했다. "백성들의 일은 늦춰서는 안 됩니다. 《시경》에서, '낮에는 띠로 만들 풀을 베고[晝爾于茅], 밤에는 새끼를 꼬아 빨리 지붕에 올려야 비로소 백곡을 파종하게 된다'라고 했습니다. 백성들이 살아가는 방법에서 일정한 생산[恒産]이 있는 자는 일정한 마음[恒心]이 있고, 일정한 생산이 없는 자는 일정한 마음이 없습니다. 진실로 일정한 마음이 없으면, 방탕하고 비뚤어지고 사악하고 사치스러워서 하지 않는 일이 없을 것입니다. 죄에 빠지고 나서 그에 따라 형벌을 가하는 것은 백성들에게 그물질하는 것입니다. 어찌 어진 사람이 자리에 있으면서 백성들에게 그물질하는 것을 할 수 있겠습니까?

이래서 어진 임금은 반드시 공손하고 검소하여 아랫사람을 예우하고 백성들에게서 가져갈 때에는 제도가 있습니다.[11]

양호[12]가 '부자가 되려니 어질지 않게 되고 어질자니 부자가 되지 못한다'라고 했습니다. 하후씨[13]는 오십 무 단위로 공법을 시행

11 '제도에 따랐다'는 의미.

12 노나라의 삼환씨(三桓氏) 중 계손사(季孫斯)의 가신으로 많은 재물과 인력을 모아 삼환씨의 가신들 중 가장 강력한 세력을 구축했으며, 그 위세를 믿고 기원전 502년에 난을 일으켰다.

13 하나라 우임금.

했고 은나라 사람들은 칠십 무 단위로 조법을 시행했으며, 주나라 사람들은 백 무 단위로 철법을 썼는데, 실제로는 모두 십분의 일의 세법을 시행했습니다. 철徹은 거둔다는 것이고, 조助는 빌린다는 뜻입니다.

용자[14]가 '토지를 다스리는 데 조법보다 좋은 것이 없고, 공법보다 좋지 않은 것이 없다'라고 했습니다. 공이란 몇 해 동안의 중간치를 헤아려 통상적인 것으로 삼는 것입니다. 풍년에는 곡식이 흔해서 많이 취해도 잔학하지 않은데 적게 가져가게 되고, 흉년에는 그 밭에 퇴비를 주고도 곡식이 부족한데 반드시 잔뜩 가져가게 됩니다. 백성들의 부모가 되어 백성들이 흘겨보게 만들고 장차 한 해 동안 부지런히 노동해도 그 부모조차 봉양할 수 없게 합니다. 또한 빌려주었다는 핑계로 그것에 이자를 더하여 노인과 어린애들을 도랑에 뒹굴게 하니, 어디에 백성들의 부모가 된 모습이 있습니까?

대대로 봉록을 물려받는 제도는 등滕나라가 본래 시행하고 있습니다. 《시경》에서, '우리 공전公田에 비가 내리더니, 드디어 우리 사전私田까지 미치는구나'라고 했습니다. 오직 조법에만 공전이 있었으니, 이것으로 살펴보면 비록 주나라라고 해도 또한 조법을 시행했던 것입니다.

(옛날에는) 상과 서, 학과 교를 설치해 가르쳤습니다. 상은 기르는

14 옛날의 현인으로 알려져 있지만 살았던 연대 등은 알 수 없다.

것이고, 교는 가르치는 것이고, 서는 활을 쏘게 하는 것입니다. 하나라에서는 '교'라고 하고, 은나라에서는 '서'라고 하고, 주나라에서는 '상'이라고 했는데, 학은 삼대가 공통적으로 썼으니, (이는) 모두 사람의 윤리를 분명히 하려는 것이었습니다. 사람의 윤리가 윗자리에서 분명해지면 일반 백성들은 그 아래에서 친근해집니다. 왕이 흥기하게 되면 반드시 본받으러 올 것이니, 이는 왕이 스승이 되는 것입니다.《시경》에서, '주나라가 비록 오래된 나라지만, 하늘의 명은 새롭다'라고 했는데, 문왕을 말하는 것입니다. 그대께서 힘써 행하신다면 그대의 나라 또한 새롭게 될 것입니다."

使畢戰問井地, 孟子曰, "子之君將行仁政, 選擇而使子, 子必勉之! 夫仁政, 必自經界始. 經界不正, 井地不均, 穀祿不平. 是故暴君汙吏必慢其經界. 經界旣正, 分田制祿可坐而定也. 夫滕, 壤地褊小, 將爲君子焉, 將爲野人焉. 無君子, 莫治野人, 無野人, 莫養君子. 請野九一而助, 國中什一使自賦. 卿以下必有圭田, 圭田五十畝. 餘夫二十五畝. 死徙無出鄕, 鄕田同井, 出入相友, 守望相助, 疾病相扶持, 則百姓親睦. 方里而井, 井九百畝, 其中爲公田. 八家皆私百畝, 同養公田, 公事畢, 然後敢治私事, 所以別野人也. 此其大略也, 若夫潤澤之, 則在君與子矣."

•

필전[15]에게 토지를 구획하는 것[井地]에 대해 묻게 했는데, 맹자가 말했다. "그대의 임금이 장차 어진 정치를 행하기 위해 고르고 가려내 그대에게 시킨 것이니, 그대는 반드시 힘써야 한다. 어진 정치는 반드시 경계를 정하는 것에서 시작된다. 경계가 바르지 않으면 토지의 구획이 고르지 않고, 녹봉이 공평하지 않게 된다. 이런 까닭에 포악한 임금과 더러운 관리는 반드시 그 경계를 태만히 한다.[16] 경계가 이미 바르게 되었다면 토지의 분할과 녹봉의 제정은 앉아서도 정할 수 있다. 등나라는 땅이 좁고 작으나 장차 군자가 될 사람이 있으며, 장차 야인이 될 사람이 있다. 군자가 없으면 야인을 잘 다스리지 못하고, 야인이 없으면 군자를 봉양할 수 없다. 청컨대 시골에서는 구분의 일을 거두는 조법을 쓰고, 나라의 중심에서는 십분의 일을 거두되 스스로 세금을 내게 하라. 경卿 이하는 반드시 규전[17]이 있어야 하니, 규전은 오십 무로 하라. 여부[18]에게는 이십오 무를 주어라. 죽거나 이사하여 고향을 떠나는 일이 없게 되면, 고향의 토지에서 정전을 함께하는 자들이 드나들면서 서로 벗이 되고, 지키고 망을 보면서 서로 도와주며, 질병이 있을 때 서로 붙들어주고 지켜주어, 백성들이 친해지고 화목하게 된다. 사방

15 등나라 문공의 신하.

16 '경계를 정하는 것을 태만히 한다'는 의미.

17 제사에 쓸 곡식을 생산할 토지.

18 장남을 제외한 나머지 아들들.

일 리를 하나의 정井으로 하는데, 정은 구백 무이며 그 가운데에 공전을 둔다. 여덟 집이 모두 사전 백 무씩 갖고 함께 공전을 경작하는데, 공전의 일을 끝내고 나서야 사전의 일을 할 수 있으니, 야인들을 구별하기 위해서다. 이것이 그 대략이니, 그것을 매끄럽게 운용하는 것은 임금과 그대에게 달려 있다."

등문공 상 4

有爲神農之言者許行, 自楚之滕, 踵門而告文公曰, "遠方之人聞君行仁政. 願受一廛而爲氓."
文公與之處, 其徒數十人, 皆衣褐, 捆屨, 織席以爲食.
陳良之徒陳相與其弟辛, 負耒耜而自宋之滕, 曰, "聞君行聖人之政, 是亦聖人也, 願爲聖人氓."
陳相見許行而大悅, 盡棄其學而學焉. 陳相見孟子, 道許行之言曰, "滕君則誠賢君也, 雖然, 未聞道也. 賢者與民並耕而食, 饔飧而治. 今也滕有倉廩府庫, 則是厲民而以自養也, 惡得賢?"

•

신농씨[19]의 말을 받드는 허행이란 자가 있었는데, 초나라에서 등나라로 가서 그 궁궐의 문에서 문공에게 아뢰었다. "멀리서 온 사람이 임금께서 어진 정치를 행하신다고 들었습니다. 살 곳 하나를 얻어 백성이 되기를 원합니다."

문공이 거처할 곳을 주었는데, 그의 무리 수십 명이 모두 털옷을 입고 짚신을 만들고 방석을 짜서 먹을 것을 마련했다.

19 농사짓는 법을 가르친 전설의 황제.

진량[20]의 무리인 진상이 그의 아우 신과 함께 쟁기와 보습을 지고 송나라에서 등나라로 가서 말했다. "임금께서 성인의 정치를 행하신다고 들었는데, 임금 또한 성인인 것이니, 성인의 백성이 되기를 원합니다."

진상은 허행을 만나 크게 기뻐하며 그 학문을 모두 버리고 그에게 배웠다. 진상은 맹자를 만나 허행의 말을 전했다. "등나라 임금은 진실로 현명한 임금인데, 비록 그렇다고 하더라도 아직 도를 듣지는 못했습니다. 현명한 사람은 백성들과 함께 경작하여 먹을 것을 마련하며, 아침저녁으로 밥을 지어먹으면서 다스립니다. 지금 등나라에 곡식 창고와 공물 창고가 있는데, 이는 백성들을 괴롭혀서 자기를 봉양하는 것이니, 어찌 현명하다 하겠습니까?"

孟子曰, "許子必種粟而後食乎?"

曰, "然."

"許子必織布而後衣乎?"

曰, "否. 許子衣褐."

"許子冠乎?"

曰, "冠."

20 초나라의 유학자.

曰, "奚冠?"

曰, "冠素."

曰, "自織之與?"

曰, "否. 以粟易之."

曰, "許子奚爲不自織?"

曰, "害於耕."

曰, "許子以釜甑爨, 以鐵耕乎?"

曰, "然."

"自爲之與?"

曰, "否. 以粟易之."

"以粟易械器者, 不爲厲陶冶, 陶冶亦以其械器易粟者, 豈爲厲農夫哉? 且許子何不爲陶冶, 舍皆取諸其宮中而用之, 何爲紛紛然與百工交易? 何許子之不憚煩?"

曰, "百工之事固不可耕且爲也."

•

맹자가 말했다. "허자[21]는 반드시 몸소 곡식을 심고 나서야 먹는가?"

(진상이) 말했다. "그렇습니다."

(맹자가 말했다.) "허자는 반드시 몸소 베를 짜고 나서야 입는가?"

21 허행.

(진상이) 말했다. "아닙니다. 허자는 털옷을 입습니다."

(맹자가 말했다.) "허자는 관을 쓰는가?"

(진상이) 말했다. "관을 씁니다."

(맹자가) 말했다. "어떤 관을 쓰는가?"

(진상이) 말했다. "흰 관을 씁니다."

(맹자가) 말했다. "스스로 그것을 짜는가?"

(진상이) 말했다. "아닙니다. 곡식과 바꿉니다."

(맹자가) 말했다. "허자는 어찌하여 스스로 짜지 않는가?"

(진상이) 말했다. "경작하는 데 방해가 됩니다."

(맹자가) 말했다. "허자는 솥과 시루로 밥을 짓고, 쇠로 밭을 가는가?"

(진상이) 말했다. "그렇습니다."

(맹자가 말했다.) "스스로 그것을 만드는가?"

(진상이) 말했다. "아닙니다. 곡식과 바꿉니다."

(맹자가 말했다.) "곡식을 연장이나 그릇과 바꾸는 것은 도공이나 대장장이를 괴롭히는 것이 아니니, 도공이나 대장장이 또한 그 연장과 그릇을 곡식과 바꾸는 것인데, 어찌 농부를 괴롭히는 것이겠는가? 게다가 허자는 어찌 가마와 대장간을 만들어 모두 그 집 안에서 가져다 쓰지 않는가? 어찌 어지러이 온갖 장인들[百工]과 교역을 하는 것인가? 어찌 허자는 번거로움을 꺼려하지 않는가?"

(진상이) 말했다. "온갖 장인들의 일은 본래 경작하면서는 할 수

없습니다."

"然則治天下獨可耕且爲與? 有大人之事, 有小人之事. 且一人之身, 而百工之所爲備, 如必自爲而後用之, 是率天下而路也. 故曰, 或勞心, 或勞力, 勞心者治人, 勞力者治於人. 治於人者食人, 治人者食於人, 天下之通義也. 當堯之時, 天下猶未平. 洪水橫流, 氾濫於天下, 草木暢茂, 禽獸繁殖, 五穀不登. 禽獸偪人, 獸蹄鳥跡之道交於中國. 堯獨憂之, 擧舜而敷治焉. 舜使益掌火, 益烈山澤而焚之, 禽獸逃匿. 禹疏九河, 瀹濟漯而注諸海, 決汝漢, 排淮泗而注之江, 然後中國可得而食也. 當是時也, 禹八年於外, 三過其門而不入, 雖欲耕, 得乎?

•

(맹자가 말했다.) "그렇다면 천하를 다스리는 것만 유독 경작하면서도 할 수 있다는 것인가? 큰 역할을 해야 하는 사람의 일이 있고 작은 역할을 해야 하는 사람의 일이 있다. 게다가 한 사람의 몸이라고 해도 온갖 장인들이 만드는 것을 쓰고 있으니, 만약 반드시 자기가 만들고 나서 써야 한다면, 이것은 천하를 끌어다가 길에 내놓아야 될 것이다. 그래서 '누군가는 마음을 쓰고[勞心], 누군가는 힘을 쓰는데[勞力], 마음을 쓰는 자는 남을 다스리고, 힘을 쓰는 자는 남에게 다스려진다'[22]라고 했다. 남에게 다스려지는 자는 남을 먹여주

고, 남을 다스리는 자는 남에게 얻어먹는 것이 천하의 통상적인 의리다.

요임금 때에는 천하가 아직 평온하지 않았다. 홍수가 멋대로 흘러 천하에 범람했고, 초목은 무성하고 짐승들이 번식했으며, 오곡이 제대로 자라지 않았다. 짐승들이 사람을 핍박했는데, 짐승 발자국과 새 발자국이 만든 길이 나라 안에서 교차했다. 요임금이 유독 그것을 근심하여 순임금을 등용해 다스림을 펴나가게 했다. 순임금은 익[23]에게 불을 관장하게 했는데, 익이 산과 못에 불을 질러 태우자 짐승들이 도망쳐 숨었다. 우임금이 여러 하천을 터주고 제수[濟]와 탑수[漯]를 터서 바다에 대고[24] 여수[汝]와 한수[漢]를 트고 회수[淮]와 사수[泗]를 밀어 강에 대고 나서야 나라 안이 먹고 살 수 있었다. 이때에 우임금은 팔 년을 집 밖에 있으면서 세 번 자기 집 문 앞을 지나가면서도 들어가지 못했으니, 비록 (직접) 경작하려고 했더라도 (어찌) 할 수 있었겠는가?

---

22 원문에서 '故曰' 이하의 인용이 어디까지인가에 대해서는 의견이 갈린다. 《맹자정의(孟子正義)》는 '或勞心, 或勞力'까지로 보았고, 《춘추좌씨전(春秋左氏傳)》도 이것을 따랐다. 주희는 '勞力者治於人'까지로 보았지만, 김장생 등은 '治人者食於人'까지를 인용으로 간주했다. 여기서는 주희의 의견에 따라 풀이했는데, 다른 의견에 따라 번역하다고 해도 큰 무리는 없을 듯하다.

23 순임금의 신하.

24 제수와 탑수는 황하의 지류.

后稷教民稼穡, 樹藝五穀, 五穀熟而民人育. 人之有道也, 飽食煖衣逸居而無教, 則近於禽獸. 聖人有憂之, 使契爲司徒, 教以人倫, 父子有親, 君臣有義, 夫婦有別, 長幼有序, 朋友有信. 放勳曰, '勞之來之, 匡之直之, 輔之翼之, 使自得之, 又從而振德之.' 聖人之憂民如此而暇耕乎? 堯以不得舜爲己憂, 舜以不得禹皐陶爲己憂. 夫以百畝之不易爲己憂者, 農夫也. 分人以財謂之惠, 教人以善謂之忠, 爲天下得人者謂之仁. 是故以天下與人易, 爲天下得人難. 孔子曰, '大哉堯之爲君! 惟天爲大, 惟堯則之, 蕩蕩乎民無能名焉! 君哉舜也! 巍巍乎有天下而不與焉!' 堯舜之治天下, 豈無所用其心哉? 亦不用於耕耳.

•

후직[25]이 백성들에게 농사를 가르쳐 오곡을 심고 가꾸었는데, 오곡이 잘 익으면서 백성들도 길러지게 되었다. 사람에게는 도리가 있으니, 배불리 먹고, 따뜻하게 입고, 편안하게 살면서 가르침이 없으면 짐승들에 가까워진다. 성인이 그것을 근심하여 설[26]을 사도로 삼아서 사람의 윤리를 가르치게 했으니, 부모와 자식 사이에는 친함이 있어야 하고[父子有親], 임금과 신하 사이에는 의로움이 있어야 하고[君臣有義], 남편과 아내 사이에는 분별이 있어야 하고

25 주나라의 선조로 백성들에게 농사법을 가르쳤다.

26 순임금의 신하.

[夫婦有別], 어른과 아이 사이에는 질서가 있어야 하고[長幼有序], 벗 사이에는 믿음이 있어야 한다는 것이다[朋友有信].

방훈[27]이 '백성들을 위로하여 찾아오게 하고, 바로잡아 곧게 해주며, 받쳐주어 도와주며, 스스로 터득할 수 있게 해주면서 또 그에 따라 은덕을 베푼다'라고 말했다. 성인의 백성들에 대한 근심이 이와 같았으니 경작을 할 겨를이 있었겠는가? 요임금은 순임금을 얻지 못하는 것을 자기의 근심으로 여겼고, 순임금은 우임금과 고요를 얻지 못하는 것을 자기의 근심으로 여겼다. 백 무의 땅을 쉽게 경작하지 못하는 것을 자기의 근심으로 여기는 자는 농부다. 남에게 재물을 나눠주는 것을 '은혜로움[惠]'이라고 하고, 남에게 착한 일을 가르쳐 주는 것을 '충실함[忠]'이라고 하고, 천하를 다스리기 위한 인재를 얻는 것을 '어짊[仁]'이라고 한다. 그래서 천하를 남에게 주기는 쉬워도, 천하를 다스리기 위한 인재를 얻기는 어렵다.

공자께서 '위대하구나, 요의 임금다움이여! 오직 하늘만이 위대하다지만 요임금이 그것을 본받았으니, 넓고도 넓어 백성들이 이름붙일 수 없구나! 임금답구나, 순이여! 높고도 높아 천하를 가졌으면서도 몸소 관여하지 않았구나!'라고 하셨다. 요임금과 순임금이 천하를 다스리면서 어찌 그 마음을 쓴 곳이 없었겠는가? 경작

27 요임금의 호.

하는 데 쓰지 않았을 뿐이다.

吾聞用夏變夷者, 未聞變於夷者也. 陳良, 楚産也, 悅周公仲尼之道, 北學於中國. 北方之學者, 未能或之先也. 彼所謂豪傑之士也. 子之兄弟事之數十年, 師死而遂倍之! 昔者孔子沒, 三年之外, 門人治任將歸, 入揖於子貢, 相嚮而哭, 皆失聲, 然後歸. 子貢反, 築室於場, 獨居三年, 然後歸. 他日, 子夏子張子游以有若似聖人, 欲以所事孔子事之, 强曾子. 曾子曰, '不可. 江漢以濯之, 秋陽以暴之, 皜皜乎不可尙已.' 今也南蠻鴃舌之人, 非先王之道, 子倍子之師而學之, 亦異於曾子矣. 吾聞出於幽谷遷於喬木者, 未聞下喬木而入於幽谷者. 〈魯頌〉曰, '戎狄是膺, 荊舒是懲.' 周公方且膺之, 子是之學, 亦爲不善變矣."

•

나는 하夏[28]의 것으로 오랑캐를 변화시켰다는 것은 들었어도 오랑캐의 것으로 하가 변화되었다는 것은 듣지 못했다. 진량은 초楚나라[29]에서 태어났는데, 주공과 공자의 도를 좋아해 (남쪽 초나라에서) 북쪽으로 가 중국에서 배웠다. 북쪽 지방의 학자들이 누구도 그보

28 중국 문명을 가리킴.

29 중국 대륙의 남쪽에 위치.

다 앞설 수 없었으니, 그는 아주 뛰어난 선비라고 말해진다. 그대[30]의 형제들은 그를 수십 년 섬겼는데, 스승이 죽자 마침내 그를 배반했다.

옛날에 공자께서 돌아가셨을 때, 삼 년이 지나고 나서 문인들이 짐을 챙겨 장차 돌아가려고 들어가 자공에게 읍하고 서로를 향해 곡을 했는데, 모두 목소리가 쉬고 나서야 돌아갔다. 자공은 돌아와 마당에 집을 짓고 홀로 삼 년을 거처하고 나서야 돌아갔다. 다른 날에 자하와 자장, 자유가 유약[31]이 공자와 닮았다고 해서 공자를 섬기던 것으로 그를 섬기고자 하면서 증자에게 그것을 강요했다. 증자는 '안 된다. (스승님은) 강수와 한수로 씻고 가을볕으로 쪼인 것처럼 깨끗하고 깨끗하여 더 할 수 없이 고상한 분이시다'라고 했다.

이제 남쪽 오랑캐의 왜가리 혀 같은 사람이 예전 임금들의 도를 비난하는데, 그대는 그대의 스승을 배반하고 그런 자에게 배우고 있으니, 또한 증자와는 다르도다. 나는 그윽한 골짜기에서 나와 높은 나무로 옮겨간다는 말은 들었지만, 높은 나무에서 내려와 그윽한 골짜기로 들어간다는 것은 듣지 못했다. 〈노송〉[32]에서, '서쪽 오

30 진상.

31 공자의 제자로 사마천은《사기(史記)》에서 공자와 용모와 언동이 닮았다고 했다.

32 《시경(詩經)》의 편명.

랑캐를 응징하고 북쪽오랑캐를 징벌한다'라고 했으니, 주공은 장차 그들을 응징하려고 한 것인데, 그대가 그런 자에게 배우고 있는 것은 또한 좋지 못하게 변한 것이다."

"從許子之道, 則市賈不貳, 國中無僞, 雖使五尺之童適市, 莫之或欺. 布帛長短同, 則賈相若, 麻縷絲絮輕重同, 則賈相若, 五穀多寡同, 則賈相若, 屨大小同, 則賈相若."
曰, "夫物之不齊, 物之情也, 或相倍蓰, 或相什伯, 或相千萬. 子比而同之, 是亂天下也. 巨屨小屨同賈, 人豈爲之哉? 從許子之道, 相率而爲僞者也, 惡能治國家?"

•

(진상이 말했다.) "허자의 도를 따르면 시장의 가격이 다르지 않아 나라 안에 거짓이 없게 되니, 비록 오 척의 아이를 시장에 보내더라도 누구나 그 아이를 속이지 않을 것입니다. 베나 비단의 길이가 같아지면 가격이 서로 같아질 것이고, 마, 명주, 솜의 무게가 같아지면 가격이 서로 같아질 것이고, 오곡의 양이 같아지면 가격이 서로 같아질 것이고, 짚신의 크기가 같아지면 가격이 서로 같아질 것입니다."

(맹자가) 말했다. "물건마다 일정하지 않은 것은 물건의 실정이니, 어떤 것은 두 배, 다섯 배가 되고, 어떤 것은 열 배, 백 배가 되며, 어

떤 것은 천 배, 만 배가 된다. 그대는 그것을 나란히 같게 만들려고 하니, 이는 천하를 어지럽히는 것이다. 큰 짚신과 작은 짚신의 값이 같다면 사람이 어찌 그것을 만들겠는가? 허자의 도를 따르는 것은 서로 끌어다 거짓된 행위를 하는 것이니, 어찌 나라와 집안을 다스릴 수 있겠는가?"

등문공 상 5

墨者夷之因徐辟而求見孟子. 孟子曰, "吾固願見, 今吾尙病. 病愈, 我且往見, 夷子不來!"

他日, 又求見孟子. 孟子曰, "吾今則可以見矣. 不直, 則道不見, 我且直之. 吾聞夷子墨者, 墨之治喪也, 以薄爲其道也. 夷子思以易天下, 豈以爲非是而不貴也. 然而夷子葬其親厚, 則是以所賤事親也."

•

묵가의 사람인 이지가 서벽[33]을 통해 맹자를 만나려고 했다. 맹자가 말했다. "나도 진실로 만나기를 원하지만, 지금은 내가 병중에 있다. 병이 나으면 내가 가서 만날 것이니, 이지가 오지 않게 하라."

(이지가) 다른 날 또 맹자를 만나려고 했다. 맹자가 말했다. "내가 지금은 만날 수 있다. 바로잡지 않으면 도가 드러나지 않을 것이니, 나는 그를 바로잡을 것이다. 나는 이지가 묵가의 사람이라고 들었는데, 묵가는 초상을 치르면서 소박하게 하는 것을 도로 삼는다. 이지는 천하를 바꾸려고 생각하니, 어찌 그 소박한 초상을 옳

33 맹자의 제자.

다고 여기지 않겠고 귀하지 않다고 여기겠는가? 그런데도 이지는 그 어버이를 후하게 장사지냈으니, 이것은 천히 여겼던 것으로 어버이를 섬긴 것이다."

徐子以告夷子. 夷子曰, "儒者之道, 古之人若保赤子, 此言何謂也? 之則以爲愛無差等, 施由親始."
徐子以告孟子. 孟子曰, "夫夷子信以爲人之親其兄之子爲若親其隣之赤子乎? 彼有取爾也. 赤子匍匐將入井, 非赤子之罪也. 且天之生物也, 使之一本, 而夷子二本故也. 蓋上世嘗有不葬其親者, 其親死, 則擧而委之於壑. 他日過之, 狐狸食之, 蠅蚋姑嘬之. 其顙有泚, 睨而不視. 夫泚也, 非爲人泚, 中心達於面目, 蓋歸反虆梩而掩之. 掩之誠是也, 則孝子仁人之掩其親, 亦必有道矣."
徐子以告夷子. 夷子憮然爲間曰, "命之矣."

•

서벽이 이를 이지에게 알려주었다. 이지가 말했다. "유자들의 도에 따르면, 옛날에는 사람을 갓난아이 보호하듯이 한다고 했으니, 이 말은 무엇을 말하겠는가? 나는 사랑에는 차등이 없고, 베풂은 어버이에서 시작한다고 생각한다."

서벽이 맹자에게 아뢰었다. 맹자가 말했다. "이지는 진실로 사람들이 그들의 형의 아들을 가까이 하는 것이 그 이웃의 갓난아이를 가까이 하는 것과 같다고 여기는가? 그가 그런 관점을 취한 이유가 있다. 갓난아이가 기어서 장차 우물로 들어가려는 것은 갓난아이의 잘못이 아니다. 또한 하늘이 만물을 낳으면서 그 근본이 하나가 되게 했는데, 이지는 근본을 둘로 보기 때문이다. 생각건대 상고시대에 일찍이 그 어버이를 장사지내지 않은 자가 있었는데, 그 어버이가 죽자 들어다가 구덩이에 버렸다. 다음날 그곳을 지나가는데 그 시체를 여우와 살쾡이가 파먹고 파리와 등에가 빨아 먹고 있었다. 그의 이마에 진땀이 흘렀고 곁눈질하면서 바라보지 못했다. 진땀이 흐른 것은 남들 때문에 그런 것이 아니라 속마음이 얼굴에 나타난 것이다. 되돌아와 삼태기와 들것에 흙을 담아 그 시신을 덮었다. 그 시신을 덮은 것은 진실로 옳으니, 효성스러운 사람이나 어진 사람이 그 어버이를 흙으로 덮는 데는 또한 반드시 도리[道]가 있을 것이다."

서벽이 이지에게 알려주었다. 이지는 한동안 멍하니 있다가 말했다. "나를 깨우쳐주는구나."

06

등문공 하
滕文公下

등문공 하 1

陳代曰, "不見諸侯, 宜若小然. 今一見之, 大則以王, 小則以霸. 且志曰, '枉尺而直尋.' 宜若可爲也."

孟子曰, "昔齊景公田, 招虞人以旌, 不至, 將殺之. 志士不忘在溝壑, 勇士不忘喪其元. 孔子奚取焉? 取非其招不往也. 如不待其招而往, 何哉? 且夫枉尺而直尋者, 以利言也. 如以利, 則枉尋直尺而利, 亦可爲與? 昔者趙簡子使王良與嬖奚乘, 終日而不獲一禽. 嬖奚反命曰, '天下之賤工也.' 或以告王良. 良曰, '請復之.' 强而後可, 一朝而獲十禽. 嬖奚反命曰, '天下之良工也.' 簡子曰, '我使掌與女乘.' 謂王良, 良不可, 曰, '吾爲之範我馳驅, 終日不獲一, 爲之詭遇, 一朝而獲十. 《詩》云, '不失其馳, 舍矢如破.' 我不貫與小人乘, 請辭' 御者且羞與射者比, 比而得禽獸, 雖若丘陵, 弗爲也. 如枉道而從彼, 何也? 且子過矣, 枉己者, 未有能直人者也."

•

진대[1]가 말했다. "(선생님께서) 제후를 만나지 않으시는 것은 속이 좁

1 맹자의 제자.

은 것 같습니다. 지금이라도 한 번 만난다면, 크게는 왕도를 이루고 작게는 패도를 이룰 것입니다. 또한 어떤 기록에서도 '한 자[尺]를 굽혀 한 길[尋][2]을 곧게 한다'고 했으니, 마땅히 해야 할 일인 듯합니다."

맹자가 말했다. "옛날에 제나라 경공이 사냥을 하다가 깃발로 우인[3]을 불렀는데,[4] (그가) 오지 않자 장차 죽이려고 했다. 뜻있는 선비는 도랑에 빠져도 뜻을 잊지 않고, 용기 있는 선비는 자기 머리를 잃어도 용기를 잊지 않는다. 공자께서는 무엇을 취하시겠는가? 그를 부르는 법도가 아니면 가지 않는 것을 취하실 것이다. 그 부르는 법도를 기다리지 않고 간다면 어떻겠는가?

또 한 자를 굽혀 한 길을 곧게 한다는 것은 이익으로 말한 것이다. 이익만을 따진다면, 한 길을 굽혀 한 자를 펴는 것이 이익이 된다고 해서 또한 할 수 있겠는가?

옛날에 조간자[5]가 왕량[6]에게 총애하는 혜[7]와 수레를 타게 했는데, 하루가 지나도록 새 한 마리도 잡지 못했다. 총애하는 해가 돌

---

2 여덟 자.

3 사냥터를 관리하는 사람.

4 대부는 깃털이 달린 깃발로 부르고, 사냥터 관리인은 짐승 가죽으로 만든 고깔로 부르는 것이 법도였다.

5 춘추시대 진(晉)나라 대부.

6 유명한 사냥몰이꾼.

7 조간자가 총애하던 신하.

아와 보고하면서, '천하에 못난 몰이꾼이었습니다'라고 했다. 누군가 왕량에게 알려주자, 왕량이 '다시 하기를 청합니다'라고 말했다. 강하게 요구하고 나서야 다시 사냥할 수 있었는데, 하루아침에 새를 열 마리나 잡았다. 총애하는 해가 돌아와 보고하면서, '천하에 뛰어난 몰이꾼이었습니다'라고 했다. 조간자가 '내가 너의 수레를 몰도록 시키겠다'라고 말했다. 이를 왕량에게 말하자, 왕량은 안 된다고 하면서 '내가 그를 위해서 법도대로 말을 몰았더니 하루가 지나도 하나도 잡지 못했는데, 그를 위해 속여가며 몰았더니 하루아침에 열이나 잡았습니다'라고 했다. 《시경》에서, '그 말 모는 법도를 잃지 않으니, 쏘는 화살이 표적을 깨뜨릴 것 같다'라고 했습니다. 나는 소인과 함께 타는 것에 익숙하지 않으니, 사양하겠습니다'라고 했다.

말 모는 자도 또한 법도를 어기며 활을 쏘는 자와 함께하는 것을 부끄러워했으니, 그와 함께해서 짐승을 잡는다면 비록 언덕처럼 쌓이게 잡을 수 있겠지만 하지 않았다. 만약 도를 굽혀 저들을 따른다면 어떻겠는가? 그대는 잘못되었으니, 자기를 굽히는 자 가운데 남을 곧게 할 수 있는 자는 있지 않았다."

등문공 하 2

景春曰, "公孫衍張儀豈不誠大丈夫哉? 一怒而諸侯懼, 安居而天下熄."

孟子曰, "是焉得爲大丈夫乎? 子未學禮乎? 丈夫之冠也, 父命之, 女子之嫁也, 母命之, 往送之門, 戒之曰, '往之女家, 必敬必戒, 無違夫子!' 以順爲正者, 妾婦之道也. 居天下之廣居, 立天下之正位, 行天下之大道, 得志, 與民由之, 不得志, 獨行其道. 富貴不能淫, 貧賤不能移, 威武不能屈, 此之謂大丈夫."

•

경춘[8]이 말했다. "공손연[9]과 장의[10]야말로 어찌 진실로 대장부가 아니겠습니까? 한번 노하면 제후들이 두려워하고 편안히 거처하면 천하가 조용해졌습니다."

맹자가 말했다. "이 어찌 대장부라고 할 수 있겠는가? 그대는 예의를 배우지 않았는가? 장부가 관례를 할 때는 아버지가 명을 하

8 종횡가의 인물.

9 위나라의 재상.

10 위나라의 소진과 함께 종횡가의 대표적 인물로 소진의 합종과 반대되는 연횡책을 주장했다.

고, 여자가 시집을 갈 때는 어머니가 명하니, 전송하는 문에서 경계하여 '너의 집에 가서 반드시 공경하고 반드시 경계하여 남편을 어기지 마라'라고 한다. 순종을 올바름으로 여기는 것이 부녀의 도다. 천하의 넓은 집에서 거처하고, 천하의 바른 자리에 서고, 천하의 큰 도를 행하면서 뜻을 얻으면 백성들과 그것을 행하고, 뜻을 얻지 못하면 홀로 그 도를 행한다. 부귀로도 더럽힐 수 없고, 빈천으로도 바꿀 수 없으며, 위무로도 굴복시킬 수 없으니, 이것을 대장부라고 하는 것이다."

등문공 하 3

周霄問曰, “古之君子仕乎?”

孟子曰, “仕. 傳曰, ‘孔子三月無君, 則皇皇如也, 出疆必載質.’ 公明儀曰, ‘古之人三月無君, 則弔.’”

“三月無君則弔, 不以急乎?”

曰, “士之失位也, 猶諸侯之失國家也. 禮曰, ‘諸侯耕助以供粢盛, 夫人蠶繅, 以爲衣服. 犧牲不成, 粢盛不潔, 衣服不備, 不敢以祭. 惟士無田, 則亦不祭.’ 牲殺器皿衣服不備, 不敢以祭, 則不敢以宴, 亦不足弔乎?”

•

주소[11]가 물었다. “옛날의 군자는 벼슬을 했습니까?”

맹자가 말했다. “벼슬했다. 전해지는 말에 ‘공자께서는 석 달 동안 임금을 섬길 수 없으면 황망해하셨으며, 국경을 떠날 때 반드시 예물을 싣고 가셨다’고 했다. 공명의는 ‘옛사람들은 석 달 동안 임금을 섬길 수 없으면 (그 사람을) 위로해주었다’라고 했다.”

(주소가 말했다.) “석 달 동안 임금을 섬길 수 없다고 위로하는 것은

11 위(魏)나라 사람.

성급한 것 아닙니까?"

(맹자가) 말했다. "선비가 지위를 잃음은 제후가 국가를 잃음과 같다. 예와 관련된 글에서 '제후가 밭을 갈면 백성들이 도와서 제사에 쓸 곡식을 바치고, 부인은 누에를 쳐 의복을 만든다. 희생으로 쓸 짐승이 잘 자라지 못하고, 제사에 쓸 곡식이 깨끗하지 않고, 의복이 갖추어지지 않으면 감히 제사를 지내지 못한다. 선비가 전답이 없어도 또한 제사를 지내지 못한다'라고 했다. 희생과 제기와 의복이 갖추어지지 않아 감히 제사를 지내지 못한다면 감히 잔치도 열 수 없으니, 또한 그를 위로할 만하지 않겠는가?"

"出疆必載質, 何也."

曰, "士之仕也. 猶農夫之耕也, 農夫豈爲出疆舍其耒耜哉?"

曰, "晉國亦仕國也, 未嘗聞仕如此其急. 仕如此其急也, 君子之難仕, 何也?"

曰, "丈夫生而願爲之有室, 女子生而願爲之有家, 父母之心, 人皆有之. 不待父母之命媒妁之言, 鑽穴隙相窺, 踰牆相從, 則父母國人皆賤之. 古之人未嘗不欲仕也, 又惡不由其道. 不由其道而往者, 與鑽穴隙之類也."

•

(주소가 말했다.) "국경을 떠날 때 반드시 예물을 싣고 간 것은 어째서

입니까?"

(맹자가) 말했다. "선비가 벼슬하는 것은 농부가 밭을 가는 것과 같으니, 농부가 어찌 국경을 떠나가면서 그 쟁기와 보습을 버리겠는가?"

(주소가) 말했다. "진나라는 또한 벼슬할 만한 나라지만, 일찍이 벼슬하는 것이 이와 같이 다급하다는 것을 듣지 못했습니다. 벼슬하는 것이 이와 같이 다급한데, 군자가 벼슬을 어렵게 하는 것[12]은 어째서입니까?"

(맹자가) 말했다. "사내아이가 태어나면 부모는 그를 위한 아내가 있기를 바라며, 여자아이가 태어나면 부모는 그를 위한 남편이 있기를 바라니, 부모의 마음은 사람마다 다 가지고 있다. 부모의 명과 중매쟁이의 말을 기다리지 않고 구멍을 뚫어 서로 엿보고 담장을 넘어 서로 만나면 부모와 나라의 사람들이 모두 천박하다고 여긴다. 옛사람은 일찍이 벼슬하려고 하지 않음이 없었지만,[13] 또한 그 법도를 따르지 않는 것을 싫어했다. 그 법도를 따르지 않고 가는 자들은 담에 구멍을 뚫고 만나는 자들과 같은 부류다."

12 '군자가 쉽게 벼슬하지 않는 것'이라는 의미.

13 '벼슬하기를 바라지 않은 것은 아니나'라는 의미.

등문공 하 4

彭更問曰, "後車數十乘, 從者數百人, 以傳食於諸侯, 不以泰乎?"

孟子曰, "非其道, 則一簞食不可受於人, 如其道, 則舜受堯之天下, 不以爲泰, 子以爲泰乎?"

曰, "否. 士無事而食, 不可也."

曰, "子不通功易事, 以羡補不足, 則農有餘粟, 女有餘布. 子如通之, 則梓匠輪輿皆得食於子. 於此有人焉, 入則孝, 出則悌, 守先王之道, 以待後之學者, 而不得食於子, 子何尊梓匠輪輿而輕爲仁義者哉?"

曰, "梓匠輪輿, 其志將以求食也. 君子之爲道也, 其志亦將以求食與?"

曰, "子何以其志爲哉? 其有功於子, 可食而食之矣. 且子食志乎? 食功乎?"

曰, "食志."

曰, "有人於此, 毁瓦畫墁, 其志將以求食也. 則子食之乎?"

曰, "否."

曰, "然則子非食志也, 食功也."

•

팽경[14]이 물었다. "뒤따르는 수레가 수십 대이고, 따르는 자가 수백 명인데, 제후 사이를 옮겨 다니며 얻어먹는 것은 지나치지 않습니까?"

맹자가 말했다. "그 법도가 아니면 한 그릇의 밥도 남에게 받아서는 안 되지만, 만약 그것이 법도에 맞는다면 순임금이 요임금에게 천하를 받는 것도 지나치지 않은 것이니, 그대는 지나치다고 여기는가?"

(팽경이) 말했다. "아닙니다. 선비가 하는 일 없이 밥을 먹는 것이 옳지 않다는 것입니다."

(맹자가) 말했다. "그대가 만든 것을 융통하고 일을 바꿔가며 남는 것으로 부족한 것을 보충하지 않는다면, 농부는 남는 곡식이 있을 것이고, 여자들은 남는 베가 있을 것이다. 그대가 만약 성과물을 유통한다면[子如通之] 목수나 수레 만드는 자들이 모두 그대에게서 밥을 얻을 것이다. 여기 어떤 사람이 집에 들어가서는 효도하고, 밖에 나와서는 공손하며, 선왕의 도를 지키면서 후대의 학자를 기다린다고 해도 그대에게 밥을 얻지는 못할 것이니, 그대는 어찌하여 목수나 수레 만드는 자들은 높이면서 어짊과 의로움을 행하는 자는 가벼이 여기는가?"

14 맹자의 제자.

(팽경이) 말했다. "목수나 수레 만드는 자들은 그들의 일을 하는 뜻을 밥을 구하는 데 둡니다. 군자는 도를 실천하는데, 그들의 도를 실천하는 뜻도 또한 밥을 구하는 데 두는 것입니까?"

(맹자가) 말했다. "그대는 어찌 그들의 뜻을 가지고 말하는가? 그대에게 만들어준 것이 있어 밥을 줄 만해야 밥을 주는 것이다. 그대는 뜻에 따라 밥을 주겠는가, 만들어준 것에 따라 밥을 주겠는가?"

(팽경이) 말했다. "뜻에 따라 밥을 줄 것입니다."

(맹자가) 말했다. "여기 어떤 사람이 기와를 부수고 담장을 더럽히면서도 그 뜻은 장차 밥을 구하는 것이었다고 한다면, 그대는 그에게 밥을 주겠는가?"

(팽경이) 말했다. "아닙니다."

(맹자가) 말했다. "그렇다면 그대는 뜻에 따라 밥을 주는 것이 아니고 만들어준 것에 따라 밥을 주는 것이다."

등문공 하 5

萬章問曰, "宋, 小國也. 今將行王政, 齊楚惡而伐之, 則如之何?"

孟子曰, "湯居亳, 與葛爲鄰, 葛伯放而不祀. 湯使人問之曰, '何爲不祀?' 曰, '無以供犧牲也.' 湯使遺之牛羊. 葛伯食之, 又不以祀. 湯又使人問之曰, '何爲不祀?' 曰, '無以供粢盛也.' 湯使亳衆往爲之耕, 老弱饋食, 葛伯帥其民, 要其有酒食黍稻者奪之, 不授者殺之. 有童子以黍肉餉, 殺而奪之.《書》曰, '葛伯仇餉.' 此之謂也. 爲其殺是童子而征之, 四海之內皆曰, '非富天下也, 爲匹夫匹婦復讎也.'

•

만장[15]이 물었다. "송나라는 작은 나라입니다. 지금 왕도 정치를 행하려 하는데, 제나라와 초나라가 그것을 싫어하여 송나라를 정벌하려고 하니, 어찌 해야 합니까?"

맹자가 말했다. "탕왕은 박[16]에 거처할 때 갈나라와 이웃했는데,

15 맹자의 제자.

16 탕왕이 제후였을 때 살았던 곳.

갈백[17]은 방탕하여 제사를 지내지 않았다. 탕왕은 사람을 시켜 '어째서 제사를 지내지 않는가'라고 물었다. 갈백이 '희생을 바칠 수 없기 때문입니다'라고 했다. 탕왕은 (갈백에게) 소와 양을 보내도록 시켰다. 갈백은 그것을 잡아먹고 또 제사를 지내지 않았다. 탕왕이 또 사람을 시켜 '어째서 제사를 지내지 않는가'라고 물었다. 갈백이 '제사에 쓸 곡식을 올릴 수 없기 때문입니다'라고 했다. 탕왕이 박亳 사람들을 보내 밭을 갈게 하고, 노인과 어린애들은 밥을 나르게 했다. 갈백은 자기 백성들을 거느리고 와 박 사람들이 지닌 술과 밥, 기장과 벼를 빼앗으려 했으며, 주지 않는 자는 죽였다. 어떤 아이가 기장과 고기를 가지고 왔는데, 죽이고 그것을 빼앗았다. 《서경》에서, '갈백이 밥을 나르는 자들을 원수로 여겼다'라고 했는데, 이것을 말한 것이다. 이런 어린아이까지 죽였기 때문에 그를 정벌한 것이니, 사해 안에서 모두 '천하를 가지려 했던 것이 아니라 일반 백성들을 위해 복수한 것이다'라고 했다.

湯始征, 自葛載, 十一征而無敵於天下. 東面而征, 西夷怨, 南面而征, 北狄怨, 曰, '奚爲後我?' 民之望之, 若大旱之望雨也. 歸市者弗止, 芸者不變, 誅其君, 弔其民, 如時雨降. 民大悅.《書》

17 갈나라의 임금.

曰, '徯我后, 后來其無罰!' '有攸不爲臣, 東征, 綏厥士女, 篚厥玄黃, 紹我周王見休, 惟臣附于大邑周.' 其君子實玄黃于篚以迎其君子, 其小人簞食壺漿以迎其小人, 救民於水火之中, 取其殘而已矣. 〈太誓〉曰, '我武惟揚, 侵于之疆, 則取于殘, 殺伐用張, 于湯有光.' 不行王政云爾, 苟行王政, 四海之內, 皆擧首而望之, 欲以爲君, 齊楚雖大, 何畏焉?"

•

탕왕이 갈나라부터 정벌을 시작해 열한 나라를 정벌하여 천하에 적이 없었다. 동쪽을 정벌하면 서쪽 오랑캐가 원망하고, 남쪽을 정벌하면 북쪽 오랑캐가 원망하면서 '어찌하여 우리를 나중에 정벌하느냐'고 하면서 백성들이 그것을 바라기를 큰 가뭄에 비를 바라듯이 했다. 시장에 가는 자들이 멈추지 않고, 김매는 자들도 하던 일을 바꾸지 않았다. 그 임금을 베고 그 백성들을 위로하자 때에 맞은 비가 내린 듯이 백성들이 크게 기뻐했다. 《서경》에서, 우리 임금을 기다리니, 오시고 나면 형벌이 없으리라'라고 했다. 또 '신하가 되지 않으려는 자가 있어 동쪽을 정벌하여 선비와 아녀자들을 편안하게 해주자, 사람들이 검은 비단과 누런 비단을 광주리에 담아 와 우리 주나라 임금을 섬기고, 큰 도읍인 주나라에 신하로서 복종했다'라고 했다. 그 군자들이 실제로 검은 비단과 누런 비단을 광주리에 담아 와 주나라의 군자를 맞이하고, 그 일반 백성들은 그릇에 밥을 담고 병에 마실 것을 담아 주나라의 백성들을 맞이했으니, 백성들을 홍수나 화마에서 구제했으며, 그 잔학한 자를 잡아주었기 때문이었다. 〈태서〉[18]에서, '우리 무왕께서 위세를 높여 국경 안으로 침투해 잔학한 자를 잡아주고 토벌하여 영역을 넓히시니, 탕왕보다도 빛이 났다'라고 했다.

송나라는 왕도 정치를 행하지도 않았다. 만약 왕도 정치를 행한다면 사해 안에서 모두가 머리를 들어 그를 바라보며 임금으로 삼으려고 할 것이니, 제나라와 초나라가 비록 크다고 하더라도 무엇이 두렵겠는가?"

18 《서경(書經)》〈주서(周書)〉의 편명.

등문공 하 6

孟子謂戴不勝曰, "子欲子之王之善與? 我明告子. 有楚大夫於此, 欲其子之齊語也, 則使齊人傅諸? 使楚人傅諸?"

曰, "使齊人傅之."

曰, "一齊人傅之, 衆楚人咻之, 雖日撻而求其齊也, 不可得矣. 引而置之莊嶽之間數年, 雖日撻而求其楚, 亦不可得矣. 子謂薛居州, 善士也, 使之居於王所. 在於王所者, 長幼卑尊皆薛居州也, 王誰與爲不善? 在王所者, 長幼卑尊皆非薛居州也, 王誰與爲善? 一薛居州, 獨如宋王何?"

•

맹자가 대불승[19]에게 말했다. "그대는 그대의 왕이 선해지기를 바라는가? 내가 그대에게 분명히 말하겠다. 여기에 초나라 대부가 있는데, 그 아들이 제나라 말을 하려고 하면 제나라 사람에게 가르치게 하겠는가? 초나라 사람에게 가르치게 하겠는가?"

(대불승이) 말했다. "제나라 사람에게 가르치게 하겠습니다."

(맹자가) 말했다. "제나라 사람 하나가 (그를) 가르치는데 초나라 사

19 송나라의 신하.

람 여럿이 떠들어댄다면, 비록 날마다 회초리를 치면서 제나라 말을 하게 해도 안 될 것이다. (그를) 끌어다가 장악[20] 사이에 몇 년 둔다면, 비록 날마다 회초리를 치면서 초나라 말을 하게 해도 또한 안 될 것이다. 그대는 설거주[21]를 좋은 선비[善士]라고 하면서 그를 왕의 처소에 거처하게 했다. 왕의 처소에 있는 자들이 나이가 들었거나 어리거나 지위가 높거나 낮거나 모두 설거주와 같다면 왕이 누구와 함께 선하지 않은 일을 하겠는가? 왕의 처소에 있는 자들이 나이가 들었거나 어리거나 지위가 높거나 낮거나 모두 설거주와 같지 않다면 왕이 누구와 함께 선한 일을 하겠는가? 설거주 한 사람이 홀로 송나라 왕을 어떻게 하겠는가?"

20 제나라의 번화한 거리.

21 송나라 현인.

등문공 하 7

公孫丑問曰, "不見諸侯何義?"

孟子曰, "古者不爲臣不見. 段干木踰垣而辟之, 泄柳閉門而不內, 是皆已甚, 迫, 斯可以見矣. 陽貨欲見孔子而惡無禮. 大夫有賜於士, 不得受於其家, 則往拜其門. 陽貨矙孔子之亡也, 而饋孔子蒸豚, 孔子亦矙其亡也, 而往拜之. 當是時, 陽貨先, 豈得不見? 曾子曰, '脅肩諂笑, 病于夏畦.' 子路曰, '未同而言, 觀其色赧赧然, 非由之所知也.' 由是觀之, 君子之所養, 可知已矣."

•

공손추가 물었다. "제후를 만나지 않는 것은 무슨 의로움이 있어서입니까?"

맹자가 말했다. "옛날에는 그 신하가 아니면 제후를 만나지 않았다. 단간목[22]은 담을 넘어 (제후를) 피했고, 설류[23]는 문을 닫고 (제후를) 들여보내지 않았는데, 이는 모두 너무 심하고, 절박하면 (제후를) 만날 수도 있다. 양화는 공자가 만나러 오기를 바라면서도 예

22 위나라의 현인으로 도를 지키며 출사하지 않았다.

23 노나라 현인으로 〈공손추 하 11〉에도 등장했다.

의 없이 부르기는 싫었다. 대부가 선비에게 무언가를 주는데 (선비가) 자기 집에서 직접 받지 못했으면, 선비가 대부의 집에 가서 절을 해야 했다. 양화가 공자가 없을 때를 엿보아 공자에게 삶은 돼지고기를 주었더니, 공자 또한 그가 없을 때를 엿보아 가서 절을 했다. 이때에 양화가 먼저 찾아갔다면 어찌 만나지 않았겠는가? 증자가 '어깨를 들어올리고 아첨하면서 웃는 것이 여름에 밭에서 일하는 것보다 더 힘들다'라고 했고, 자로는 '생각이 같지 않으면서도 함께 말을 하는 자는 그 낯빛이 어색한 것을 살펴볼 수 있는데, 이것은 내가 아는 바가 아니다'라고 했으니, 이것으로 살펴보면 군자가 수양해야 할 것에 대해 알 수 있다."

등문공 하 8

戴盈之曰, "什一, 去關市之征, 今玆未能, 請輕之, 以待來年, 然後已, 何如?"
孟子曰, "今有人日攘其鄰之雞者, 或告之曰, '是非君子之道.' 曰, '請損之, 月攘一雞, 以待來年, 然後已.' 如知其非義, 斯速已矣, 何待來年?"

•

대영지[24]가 말했다. "(세금으로) 십분의 일[什一]을 걷고 관문과 시장의 세금을 없애는 것을 올해에는 할 수 없으니, 청컨대 우선 경감하고 내년까지 기다려 하는 것이 어떻겠습니까?"

맹자가 말했다. "지금 어떤 사람이 날마다 이웃의 닭을 훔치는데 누군가 그에게 '이는 군자의 도가 아니다'라고 알려주자, 그가 '청컨대 우선 수를 줄여 달마다 닭 한 마리씩 훔치다가 내년까지 기다리고 나서 그만두겠습니다'라고 하는 것입니다. 그것이 의로움이 아니라는 것을 알면 서둘러 그만두어야지 어찌 내년까지 기다리겠습니까?"

24 〈등문공 하 6〉에 언급된 '대불승'이다.

등문공 하 9

公都子曰, "外人皆稱夫子好辯, 敢問何也?"

孟子曰, "予豈好辯哉? 予不得已也. 天下之生久矣, 一治一亂. 當堯之時, 水逆行, 氾濫於中國, 蛇龍居之, 民無所定. 下者爲巢, 上者爲營窟. 《書》曰, '洚水警余.' 洚水者, 洪水也. 使禹治之, 禹掘地而注之海, 驅蛇龍而放之菹. 水由地中行, 江淮河漢是也. 險阻既遠, 鳥獸之害人者消, 然後人得平土而居之. 堯舜既沒, 聖人之道衰, 暴君代作, 壞宮室以爲汙池, 民無所安息, 棄田以爲園囿, 使民不得衣食. 邪說暴行又作, 園囿汙池沛澤多而禽獸至. 及紂之身, 天下又大亂.

•

공도자가 말했다. "외부 사람들은 모두 선생님께서 변론하기를 좋아하신다고 하는데, 감히 묻건대 어째서입니까?"

맹자가 말했다. "내가 어찌 변론하기를 좋아하겠는가? 나는 어쩔 수가 없다. 천하가 생겨난 지 오래되었는데, 한 번은 다스려지고 한 번은 어지러웠다. 요임금의 시대에는 물이 역행해 중국에 범람했으며, 뱀이나 용이 땅을 차지해 백성들이 정착할 곳이 없었다. 낮은 곳에 사는 자들은 둥지를 만들고 높은 곳에 사는 자들은 굴을 파고 살았다. 《서경》에서, '큰 물이 나에게 경고했다'라고 했으니, 큰 물은 홍수가 난 것을 말한다.

우임금에게 그것을 다스리게 했다. 우임금은 땅을 파서 바다로 흘러가게 하고, 뱀이나 용을 몰아서 습지로 추방했다. 물이 땅의 중심을 따라 흘러가니, 장강[江], 회하[淮], 황하[河], 한수[漢]가 이것이다. 위험이 이미 멀어지고, 짐승들이 사람을 해치는 일이 사라지고 나서야 사람들이 평화로운 땅에서 거주하게 되었다.

요임금과 순임금이 죽고 나서 성인의 도가 쇠퇴하고 폭군이 대대로 나와 백성들의 집을 파괴해 연못을 만드니, 백성들이 편안히 쉴 곳이 없게 되었고, 전답을 못 쓰게 만들어 동산으로 만드니, 백성들이 옷과 음식을 얻을 수 없게 되었다. 사악한 학설과 포악한 행동 또한 일어났으며, 동산과 습지와 연못이 많아져 짐승들이 모여들었다. 주紂[25]에 이르게 되어서는 천하가 더욱 크게 어지러웠다.

周公相武王誅紂, 伐奄三年討其君, 驅飛廉於海隅而戮之, 滅國者五十, 驅虎豹犀象而遠之, 天下大悅. 《書》曰, '丕顯哉, 文王謨! 丕承者, 武王烈! 佑啓我後人, 咸以正無缺.' 世衰道微, 邪

25 은나라 마지막 왕으로 폭군의 대명사인 주왕.

說暴行有作，臣弒其君者有之，子弒其父者有之. 孔子懼，作《春秋》.《春秋》，天子之事也，是故孔子曰，'知我者其惟《春秋》乎！罪我者其惟《春秋》乎！'

•

주공이 무왕을 도와 주를 베고, 엄나라를 정벌한 지 삼 년 만에 그 임금을 토벌하고, 비렴[26]을 바다 귀퉁이까지 내몰아 죽였으니, 멸망시킨 나라가 오십이나 되었고, 호랑이와 표범, 코뿔소와 코끼리를 몰아다가 멀리 보내니, 천하가 크게 기뻐했다.《서경》에서, '크게 빛나는구나, 문왕의 계책이여! 크게 계승되는구나, 무왕의 공적이여[武王烈]! 우리 후손들을 돕고 깨우치시니, 모두 올바른 길을 따르고 결함이 없구나'라고 했다.

세상이 쇠약하고 도가 미미해지자, 사악한 학설과 포악한 행동이 일어나 신하로서 그 임금을 시해하는 자가 있게 되었고, 자식으로서 그 아버지를 죽이는 자가 있었다. 공자께서 이를 두려워하여《춘추》를 지으셨는데,《춘추》는 천자의 일이다.[27] 그래서 공자는 '나를 알아주는 것도 오직《춘추》이며, 나에게 죄를 묻는 것도 오직《춘추》다'라고 하셨다.

26 폭군 주(紂)의 신하.

27 '《춘추》는 천자가 해야 할 일을 다룬 것이다'라는 의미 외에 '《춘추》를 짓는 일은 천자가 해야 할 일이다'라는 의미로 해석할 수 있다.

聖王不作, 諸侯放恣, 處士橫議, 楊朱墨翟之言盈天下. 天下之言不歸楊, 則歸墨. 楊氏爲我, 是無君也, 墨氏兼愛, 是無父也. 無父無君, 是禽獸也. 公明儀曰, '庖有肥肉, 廏有肥馬, 民有饑色, 野有餓莩, 此率獸而食人也.' 楊墨之道不息, 孔子之道不著, 是邪說誣民, 充塞仁義也. 仁義充塞, 則率獸食人, 人將相食. 吾爲此懼, 閑先聖之道, 距楊墨, 放淫辭, 邪說者不得作. 作於其心, 害於其事, 作於其事, 害於其政. 聖人復起, 不易吾言矣.

•

성왕이 나오지 않아 제후들이 방자해지고, 초야의 선비들이 멋대로 논의하여 양주[28]와 묵적[29]의 말이 천하에 가득하다. 천하의 말들이 양주에게 귀결되지 않으면 묵적에게 귀결된다. 양주는 나만을 위하니, 이는 임금이 없는 것이다. 묵적은 다 같이 사랑하니, 이는 아버지가 없는 것이다. 아버지가 없고 임금이 없으면 이는 금수다. 공명의가 '푸줏간에 살진 고기가 있고, 마구간에 살진 말이 있는데, 백성들에게 굶주린 기색이 있고 들에는 굶어 죽은 시체가 있다면 이는 짐승을 몰아다가 사람을 잡아먹게 하는 것이다'라고 했다. 양주와 묵적의 도가 종식되지 않으면 공자의 도는 드러나지 않을 것이니, 이는 사악한 학설로 백성들을 속여서 어짊과 의로움을

28 전국시대 위(魏)나라 인물로 자는 자거(子居)다. 도가(道家)의 일파다.

29 묵자(墨子)로도 알려진 전국시대 인물이다. 묵가(墨家)의 시조다.

꽉 막히게 하는 것이다. 어짊과 의로움이 꽉 막히게 되면 짐승들을 몰아다가 사람을 잡아먹게 하는 것이고, 사람들끼리 장차 서로 잡아먹을 것이다.

나는 이것이 두려워 옛 성인들의 도를 지키면서 양주와 묵적을 막고 음탕한 말을 추방하여 사악한 학설을 펴는 자들이 생겨나지 못하게 하는 것이다. 그 마음에서 생겨난 것[作於其心]이 그 일에 해를 끼치고, 그 일에서 생겨난 것이 그 정치에 해를 끼친다. 성인이 다시 나온다고 해도 내 말을 바꾸지 않을 것이다.

昔者禹抑洪水而天下平, 周公兼夷狄, 驅猛獸而百姓寧, 孔子成《春秋》而亂臣賊子懼. 《詩》云, '戎狄是膺, 荊舒是懲, 則莫我敢承.' 無父無君, 是周公所膺也. 我亦欲正人心, 息邪說, 距詖行, 放淫辭, 以承三聖者, 豈好辯哉? 予不得已也. 能言距楊墨者, 聖人之徒也."

•

옛날에 우임금이 홍수를 막자 천하가 평안해졌고, 주공이 이적을 정복하고 맹수를 몰아내니 백성들이 안녕해졌고, 공자께서《춘추》를 완성하시자 난신적자들이 두려워했다.《시경》에서, '서쪽과 북쪽 오랑캐를 응징하고, 남쪽 오랑캐를 혼내주니, 나에게 감히 대적할 수 없었다'고 했으니, 아버지가 없고 임금이 없는 듯이 사는 자들을 주공이 응징했던 것이다.

나 또한 사람들의 마음을 바로잡아 사악한 학설을 종식시키고, 비뚤어진 행동을 막으며, 음탕한 말을 추방하여 세 성인[30]을 계승하려는 것이니, 어찌 변론을 좋아해서겠는가? 나는 어쩔 수가 없다. 양주와 묵적을 막아내는 말을 할 수 있는 사람은 성인의 무리다."

30 우임금, 주공, 공자를 가리킴.

등문공 하 10

匡章曰, "陳仲子豈不誠廉士哉? 居於陵, 三日不食, 耳無聞, 目無見也. 井上有李, 螬食實者過半矣. 匍匐往, 將食之, 三咽, 然後耳有聞, 目有見."
孟子曰, "於齊國之士, 吾必以仲子爲巨擘焉. 雖然仲子惡能廉? 充仲子之操, 則蚓而後可者也. 夫蚓, 上食槁壤, 下飮黃泉. 仲子所居之室, 伯夷之所築與? 抑亦盜跖之所築與? 所食之粟, 伯夷之所樹與? 抑亦盜跖之所樹與? 是未可知也."
曰, "是何傷哉? 彼身織屨, 妻辟纑, 以易之也."

•

광장[31]이 말했다. "진중자는 어찌 진실로 청렴한 선비가 아니겠습니까? 오릉[32]에 거처할 때 사흘을 먹지 못해 귀에는 들리는 것이 없고, 눈에는 보이는 것이 없었습니다. 우물 위에 자두가 있었는데, 굼벵이가 그 열매의 반을 먹었습니다. (진중자가) 기어가 그것을 먹었는데, 세 번 삼키고 나서야 귀에 들리는 것이 있고 눈에 보이

31 제나라 장군.

32 제나라 지명.

는 것이 있게 되었습니다."

맹자가 말했다. "제나라 선비 중에 나는 반드시 진중자를 엄지 손가락으로 꼽는다. 비록 그렇다 해도 진중자가 어찌 청렴하다고 할 수 있겠는가? 진중자의 지조를 충족시키려면 지렁이가 되고 나서야 가능할 것이다. 지렁이는 위로는 마른 흙을 먹고 아래로는 누런 물을 마신다. 진중자가 거처하는 집은 백이가 지은 것인가? 아니면 도척[33]이 지은 것인가? 먹은 곡식은 백이가 심은 것인가? 아니면 도척이 심은 것인가? 이것은 알 수가 없다."

(광장이) 말했다. "이것이 무슨 문제입니까? 그 자신이 짚신을 짜고 아내가 길쌈을 하여 그것과 바꾼 것입니다."

曰, "仲子, 齊之世家也, 兄戴, 蓋祿萬鍾, 以兄之祿爲不義之祿而不食也, 以兄之室爲不義之室而不居也, 辟兄離母, 處於於陵. 他日歸, 則有饋其兄生鵝者, 己頻顣曰, '惡用是鶃鶃者爲哉?' 他日, 其母殺是鵝也, 與之食之. 其兄自外至, 曰, '是鶃鶃之肉也.' 出而哇之. 以母則不食, 以妻則食之, 以兄之室則弗居, 以於陵則居之, 是尙爲能充其類也乎? 若仲子者, 蚓而後充其操者也."

•

33 춘추시대 유명한 도적으로 노나라 사람이다.

(맹자가) 말했다. "진중자는 제나라의 이름난 집안이다. 그의 형인 대戴가 개蓋 땅에서 만 종의 녹봉을 받았는데, 형의 녹봉이 의롭지 않은 녹봉이라고 해서 먹지 않았고, 형의 집이 의롭지 않은 집이라고 해서 살지 않았으며, 형을 피하고 어머니를 떠나 오릉에 거처했다. 다른 날에 돌아와보니, 그의 형에게 산 거위를 선물한 자가 있었는데, 그는 이마를 찌푸리며, '어찌 이 꽥꽥거리는 것을 쓰라는 것인가'라고 했다. 다른 날 그의 어머니가 이 거위를 잡았고, 그에게 주기에 먹었는데, 그의 형이 밖에서 돌아와 '이것이 꽥꽥거리던 것의 고기다'라고 하자 나가서 토했다.

어머니가 하면 먹지 않으면서 아내가 하면 먹고, 형의 집에는 거처하지 않으면서 오릉에는 거처했으니, 이러한 모습들이 그것과 비슷한 일도 충족시킬 수 있겠는가?[34] 진중자와 같은 사람이라면 지렁이가 되고 나서야 그 지조를 충족시킬 수 있을 것이다."

34 맥락상 '그러한 것으로 그가 생각하는 지조를 충족시킬 수 있겠는가'라는 의미로 이해할 수 있다.

07

이루 상
離婁上

이루 상 1

孟子曰, "離婁之明公輸子之巧, 不以規矩, 不能成方圓, 師曠之聰, 不以六律, 不能正五音, 堯舜之道, 不以仁政, 不能平治天下. 今有仁心仁聞而民不被其澤, 不可法於後世者, 不行先王之道也. 故曰, 徒善不足以爲政, 徒法不能以自行. 《詩》云, '不愆不忘, 率由舊章.' 遵先王之法而過者, 未之有也. 聖人旣竭目力焉, 繼之以規矩準繩, 以爲方員平直, 不可勝用也, 旣竭耳力焉, 繼之以六律正五音, 不可勝用也, 旣竭心思焉, 繼之以不忍人之政, 而仁覆天下矣. 故曰, 爲高必因丘陵, 爲下必因川澤, 爲政不因先王之道, 可謂智乎?

•

맹자가 말했다. "이루[1]의 밝은 눈과 공수자[2]의 교묘한 기술을 가져도 그림쇠와 곱자를 쓰지 않으면 네모나 동그라미를 그릴 수 없으며, 사광[3]의 밝은 귀를 가져도 육률[4]을 쓰지 않으면 오음을 바로잡

1 백 보 밖에서 짐승의 털끝을 볼 수 있었다는 전설상의 인물.

2 춘추시대 노나라의 유명한 목수.

3 춘추시대 진나라의 유명한 악사.

4 음의 기준을 정하는 데 사용하는 조율용 기구.

을 수 없고, 요임금과 순임금의 도를 가져도 어진 정치를 하지 않으면 천하를 평안하게 다스릴 수 없다. 지금 어진 마음과 어질다는 소문이 있으면서도 백성들이 그 은택을 입지 못하여 후세에 법도가 될 수 없는 것은 선왕의 도를 행하지 않아서다. 그러므로 '그저 착하기만 해서는 정치를 하기에 부족하고, 그저 법도만 있어서는 저절로 시행될 수 없다'라고 했다.

《시경》에서, '잘못하지도 않고 잊어버리지도 않으면서 오직 옛 법도를 따른다'라고 했으니, 선왕의 법을 따르고도 허물이 있는 자는 있지 않다. 성인이 이미 눈의 힘을 다해 살펴보고, 이어서 그림쇠와 먹줄을 가지고 네모와 동그라미, 평면과 직선을 그려 이루 다 쓸 수 없었으며, 이미 귀의 힘을 다해 들어보고, 이어서 육률을 가지고 오음을 바로잡아 이루 다 쓸 수 없었으며, 이미 마음과 생각을 다해보고 이어서 사람에게 차마 하지 못하는 정치를 했으므로 어짊이 천하를 덮었다. 그래서 '올라가려면 반드시 언덕이나 능선을 따라가야 하고, 내려가려면 반드시 냇가나 연못을 따라가라'라고 했으니, 정치를 하면서 선왕의 도를 따르지 않는다면 지혜롭다고 할 수 있겠는가?

是以惟仁者宜在高位. 不仁而在高位, 是播其惡於衆也. 上無道揆也, 下無法守也, 朝不信道, 工不信度, 君子犯義, 小人犯刑,國之所存者幸也. 故曰, 城郭不完, 兵甲不多, 非國之災也, 田野不辟, 貨財不聚, 非國之害也. 上無禮, 下無學, 賊民興, 喪無日矣. 《詩》曰, '天之方蹶, 無然泄泄.' 泄泄猶沓沓也. 事君無義, 進退無禮, 言則非先王之道者, 猶沓沓也. 故曰, 責難於君謂之恭, 陳善閉邪謂之敬, 吾君不能謂之賊."

•

이래서 오직 어진 사람이 마땅히 높은 자리에 있어야 한다. 어질지 않으면서 높은 자리에 있는 것은 그 악함을 여러 사람에게 뿌리는 것이다. 윗사람이 헤아릴 도가 없으면, 아랫사람은 지킬 법이 없게 되니, 조정에서 도를 믿지 않으면 공인[工]들은 법도를 믿지 않으며, 군자는 의로움을 어기고, 소인은 형벌을 어기게 되어 나라가 보존되는 것이 요행일 것이다.

그러므로 '성곽이 완전하지 않고 병사와 무기가 많지 않은 것이 나라의 재앙이 아니고, 토지가 개간되지 않고 재화가 모이지 않는 것이 나라의 해로움이 아니다'라고 하는 것이다. 윗사람들이 예의가 없고, 아랫사람들이 배움이 없으면 나라를 해치는 백성들이 일어나 나라가 망하는 데 며칠 걸리지 않을 것이다.

《시경》에서, '하늘이 바야흐로 나라를 무너뜨리려고 하니, 그렇게 느슨하게 하지 말라'라고 했다. 느슨함은 헐렁한 것과 같다[泄泄猶沓沓也]. 임금을 섬기면서 의로움이 없고, 나아가고 물러남에 예의가 없고, 말을 해도 선왕의 도가 아닌 것이 헐렁하다는 것이다. 그러므로 임금에게 어려운 일을 시행하라고 권고하는 것을 공손[恭]하다고 하고, 착한 일을 펼치고 사악한 일을 막는 것을 공경[敬]한다고 하고, 우리 임금은 할 수 없다고 하는 것을 나라를 해친다[賊]고 한다."

이루 상 2

孟子曰, "規矩, 方員之至也, 聖人, 人倫之至也. 欲爲君, 盡君道, 欲爲臣, 盡臣道. 二者皆法堯舜而已矣. 不以舜之所以事堯事君, 不敬其君者也, 不以堯之所以治民治民, 賊其民者也. 孔子曰, '道二, 仁與不仁而已矣.' 暴其民甚, 則身弑國亡, 不甚, 則身危國削. 名之曰幽厲, 雖孝子慈孫, 百世不能改之. 《詩》云, '殷鑒不遠, 在夏后之世.' 此之謂也."

•

맹자가 말했다. "그림쇠와 곱자는 네모와 동그라미의 지극함이고, 성인은 사람이 행해야 할 도리의 지극함이다. 임금이 되려고 하면 임금의 도를 다해야 하고, 신하가 되려고 하면 신하의 도를 다해야 한다. 두 가지 모두 요임금과 순임금을 본받을 뿐이다. 순임금이 요임금을 섬겼던 것으로 임금을 섬기지 않는다면 그 임금을 공경하지 않는 자이고, 요임금이 백성들을 다스렸던 것으로 백성들을 다스리지 않는다면 그 백성들을 해치는 자이다. 공자께서, '도는 두 가지이니, 어짊과 어질지 않음이 있을 뿐이다'라고 하셨다. 그 백성들을 함부로 다룸이 심하면 자신이 시해당하고 나라가 망하며, 심하지 않아도 자신이 위태롭고 나라가 줄어든다. '유幽'나

'여厲'라는 이름이 붙게 되면 비록 효성스러운 자애로운 자손이 나오더라도 영원토록 고쳐질 수 없다. 《시경》에서, '은나라의 거울이 멀지 않으니, 하나라 왕조 때에 있었다'[5]라고 했는데, 이것을 말하는 것이다."

5 은나라가 교훈으로 삼을 만한 건 하나라에 있다는 의미로 하나라의 마지막 임금 걸(桀)을 이야기한다.

이루 상 3

孟子曰, "三代之得天下也以仁, 其失天下也以不仁. 國之所以廢興存亡者亦然. 天子不仁, 不保四海, 諸侯不仁, 不保社稷, 卿大夫不仁, 不保宗廟, 士庶人不仁, 不保四體. 今惡死亡而樂不仁, 是猶惡醉而强酒."

•

맹자가 말했다. "삼대가 천하를 얻은 것은 어질었기 때문이고, 천하를 잃은 것은 어질지 못했기 때문이다. 나라가 무너지고 일어남, 존속되고 멸망하는 것 또한 그러하다. 천자가 어질지 못하면 사해를 지키지 못하고, 제후가 어질지 못하면 사직을 지키지 못하고, 경과 대부가 어질지 못하면 종묘를 지키지 못하고, 선비와 백성들이 어질지 못하면 몸을 지키지 못한다. 지금 죽어 없어지는 것은 싫어하면서도 어질지 못한 것을 즐기고 있으니, 이는 취하기 싫으면서도 억지로 술을 마시는 것과 같다."

이루 상 4

孟子曰, "愛人不親, 反其仁, 治人不治, 反其智, 禮人不答, 反其敬. 行有不得者, 皆反求諸己, 其身正而天下歸之.《詩》云, '永言配命, 自求多福.'"

•

맹자가 말했다. "사람을 사랑해도 가까워지지 않으면 내 자신의 어짊에 대해 돌아보고, 사람을 다스려도 다스려지지 않으면 내 자신의 지혜로움에 대해 돌아보고, 사람을 예의로 대해도 답례하지 않으면, 내 자신의 공경함에 대해 돌아보아야 한다. 행하고도 얻지 못하는 것은 모두 자기에게서 돌이켜 구해야 하니, 자신이 바르면 천하가 자기에게 돌아온다.《시경》에서, '영원히 하늘의 명을 따르겠다고 다짐하면, 저절로 많은 복을 구할 것이다'라고 했다."

이루 상 5

孟子曰, "人有恒言, 皆曰, '天下國家.' 天下之本在國, 國之本在家, 家之本在身."

•

맹자가 말했다. "사람들이 늘 하는 말이 있으니, 모두가 '천하, 나라, 집안'을 말한다. (그런데) 천하의 근본은 나라에 있고, 나라의 근본은 집안에 있고, 집안의 근본은 자신에게 있다."

이루 상 6

孟子曰, "爲政不難, 不得罪於巨室. 巨室之所慕, 一國慕之, 一國之所慕, 天下慕之, 故沛然德教溢乎四海."

•

맹자가 말했다. "정치하기는 어렵지 않으니, 큰 벼슬을 하고 있는 집안[巨室][6]에 죄를 짓지 않아야 한다. 큰 벼슬을 하고 있는 집안이 바라는 것은 온 나라가 바라고, 온 나라가 바라는 것은 천하가 바라기 때문에 덕행과 교화가 성대하게 사해에 흘러넘칠 것이다."

6 후한(後漢) 대의 조기(趙岐)는 '현명한 경대부의 집안'을 가리킨다고 했지만, '당시 가장 유력한 집안' 정도로 이해하면 될 듯하다.

이루 상 7

孟子曰, "天下有道, 小德役大德, 小賢役大賢, 天下無道, 小役大, 弱役强. 斯二者, 天也. 順天者存, 逆天者亡. 齊景公曰, '旣不能令, 又不受命, 是絶物也.' 涕出而女於吳. 今也小國師大國而恥受命焉, 是猶弟子而恥受命於先師也. 如恥之, 莫若師文王. 師文王, 大國五年, 小國七年, 必爲政於天下矣.《詩》云, '商之孫子, 其麗不億. 上帝旣命, 侯于周服. 侯服于周, 天命靡常. 殷士膚敏, 祼將于京.' 孔子曰, '仁不可爲衆也. 夫國君好仁, 天下無敵.' 今也欲無敵於天下而不以仁, 是猶執熱而不以濯也.《詩》云, '誰能執熱, 逝不以濯?'"

•

맹자가 말했다. "천하에 도가 있으면 덕이 작은 사람이 덕이 큰 사람에게 부림을 당하고, 현명함이 작은 사람이 현명함이 큰 사람에게 부림을 당한다. 천하에 도가 없으면 작은 사람이 큰 사람에게 부림을 당하고, 약한 사람이 강한 사람에게 부림을 당한다. 이 두 가지는 하늘의 뜻이다. 하늘의 뜻에 따르는 자는 존속하고, 하늘의 뜻을 거스르는 자는 멸망한다. 제경공이, '이미 명령할 수도 없는데, 또한 (남의) 명령을 받지도 않는다면, 이는 관계를 단절하는 것이다'라고 하면서 눈물을 흘리면서 오나라에 딸을 시집보냈다. 지금 작은 나라가 큰 나라를 섬기면서 명령을 받는 것을 부끄러워하니, 이는 제자이면서 스승에게 명령 받기를 부끄러워하는 것과 같다. 만약 (그렇게 명령을 받는 것이 부끄럽다면) 문왕을 본받는 것 만한 것이 없다. 문왕을 본받으면 대국은 오 년, 소국은 칠 년이면 반드시 천하에서 정치를 하게 된다.

《시경》에서, '상나라의 자손은 그 수가 적지 않았지만[其麗不億], 상제가 이미 명령하니, 주나라에 복종하는구나. 주나라에 복종하는 것을 보니, 천명은 늘 거기에 있는 것이 아니네. 은나라 선비들은 아름답고 민첩하니, (주나라) 수도로 와 제삿술을 따르네'라고 했다. 공자께서는 '어짊은 무리가 많다고 해도 어찌 할 수 없다. 나라의 임금이 어짊을 좋아하면 천하에 적이 없다'라고 하셨다. 지금 천하에 적이 없기를 바라면서 어짊을 행하려 하지 않으니, 뜨거운 것을 잡고도 물로 씻어내지 않는 것과 같다. 《시경》에서, '누가 뜨거운 것을 잡고도 물로 씻어내지 않겠는가?'라고 했다."

이루 상 8

孟子曰, "不仁者可與言哉? 安其危而利其菑, 樂其所以亡者. 不仁而可與言, 則何亡國敗家之有? 有孺子歌曰, '滄浪之水淸兮, 可以濯我纓, 滄浪之水濁兮, 可以濯我足.' 孔子曰, '小子聽之! 淸斯濯纓, 濁斯濯足矣, 自取之也.' 夫人必自侮, 然後人侮之, 家必自毁, 而後人毁之, 國必自伐, 而後人伐之. 〈太甲〉曰, '天作孼, 猶可違, 自作孼, 不可活.' 此之謂也."

•

맹자가 말했다. "어질지 못한 자와 함께 말할 수 있겠는가? (그는) 위태로움을 편안히 여기고 재앙을 이롭게 여겨서 망하게 되는 것을 즐긴다. 어질지 못해도 함께 말할 수 있다면, 어찌 나라가 망하고 집안이 무너지는 일이 있게 되겠는가? 어린 아이들의 노래 중에, '창랑의 물이 맑으면 내 갓끈을 빨면 되고, 창랑의 물이 흐리면 내 발을 씻으면 된다'라는 것이 있었다. 공자께서는 '얘들아, 저것을 들어 보아라. 맑으면 갓끈을 빨고 탁하면 발을 씻는다고 하니, 본래 그것에 맞게 취하는 것[7]이다'라고 하셨다. 사람은 반드시 스

7 '스스로 그것을 자초했다는 의미'로 해석할 수 있다.

스스로 업신여긴 후에야 남이 그를 업신여기고, 집안은 반드시 스스로 허문 후에야 남이 그것을 허물고, 나라는 반드시 스스로 친 뒤에야 남이 그것을 친다. 〈태갑〉에서, '하늘이 내린 재앙은 오히려 피할 수 있지만, 스스로 만든 재앙은 살 길이 없다'[8]라고 했으니, 이것을 말한다."

8 〈공손추 상 4〉에도 동일한 부분을 인용했다.

이루 상 9

孟子曰, “桀紂之失天下也, 失其民也, 失其民者, 失其心也. 得天下有道, 得其民, 斯得天下矣, 得其民有道, 得其心, 斯得民矣, 得其心有道, 所欲與之聚之, 所惡勿施, 爾也. 民之歸仁也, 猶水之就下獸之走壙也. 故爲淵敺魚者, 獺也, 爲叢敺爵者, 鸇也, 爲湯武敺民者, 桀與紂也. 今天下之君有好仁者, 則諸侯皆爲之敺矣. 雖欲無王, 不可得已. 今之欲王者, 猶七年之病求三年之艾也. 苟爲不畜, 終身不得. 苟不志於仁, 終身憂辱, 以陷於死亡. 《詩》云, ‘其何能淑, 載胥及溺.’ 此之謂也.”

•

맹자가 말했다. “걸과 주가 천하를 잃은 것은 백성들을 잃어서고, 백성들을 잃은 것은 그 마음을 잃어서다. 천하를 얻음에는 방도가 있으니 그 백성들을 얻으면 천하를 얻고, 그 백성들을 얻음에는 방도가 있으니 그 마음을 얻으면 백성들을 얻으며, 그 마음을 얻음에는 방도가 있으니 바라는 것을 주어 모이게 하고, 싫어하는 것을 시행하지 않아야 한다. 백성들이 어짊으로 귀의하는 것은 물이 아래로 내려가고 짐승이 들로 달려가는 것과 같다. 그러므로 못에 물고기를 몰아넣은 것은 수달이고, 풀숲에 참새를 몰아넣은 것은 새

매[鸇]이며, 탕왕과 무왕에게 백성들을 몰아준 자는 걸과 주다.

이제 천하의 임금 가운데 어짊을 좋아하는 자가 있으면 제후들이 모두 그를 위해 백성들을 몰아줄 것이니, 비록 왕이 될 마음이 없더라도 어쩔 수 없을 것이다. 지금 왕이 되려는 자들은 칠 년 묵힌 병을 고치려고 삼 년 된 쑥을 구하려는 것과 같다. 만약 비축해 놓지 않는다면 죽을 때까지 얻지 못할 것이다. 진실로 어짊에 뜻을 두지 않는다면 죽을 때까지 근심하고 치욕을 당하다가 죽음에 빠질 것이다. 《시경》에서, '그들이 어찌 잘 될 수 있겠는가? 곧 서로 빠져 죽을 것이다'라고 했으니, 이것을 말한다."

이루 상 10

孟子曰, "自暴者, 不可與有言也, 自棄者, 不可與有爲也. 言非禮義, 謂之自暴也, 吾身不能居仁由義, 謂之自棄也. 仁, 人之安宅也, 義, 人之正路也. 曠安宅而弗居, 舍正路而不由, 哀哉!"

•

맹자가 말했다. "스스로를 함부로 하는 자[自暴者]와는 함께 말할 수 없고, 스스로를 버리는 자[自棄者]와는 함께 일할 수 없다. 말하는 것이 예의에 어긋날 때 스스로를 함부로 한다고 말하고, 내 자신은 어질게 살거나 의를 따를 수 없다고 여기는 것을 스스로를 버린다고 말한다. 어짊은 사람의 편안한 집이고, 의로움은 사람의 올바른 길이다. 편안한 집을 비워두고 살지 않으며, 바른 길을 버려두고 따라가지 않으니, 슬프구나."

이루 상 11

孟子曰, "道在爾而求諸遠, 事在易而求諸難, 人人親其親, 長其長而天下平."

•

맹자가 말했다. "도는 가까이에 있는데 멀리서 구하고, 일은 쉬운 데 있는데 어려운 데서 구한다. 사람마다 그 어버이를 가까이 하고 그 어른을 어른으로 모셔야 천하가 평안해진다."

이루 상 12

孟子曰, "居下位而不獲於上, 民不可得而治也. 獲於上有道, 不信於友, 弗獲於上矣. 信於友有道, 事親弗悅, 弗信於友矣. 悅親有道, 反身不誠, 不悅於親矣. 誠身有道, 不明乎善, 不誠其身矣. 是故誠者, 天之道也, 思誠者, 人之道也. 至誠而不動者, 未之有也, 不誠, 未有能動者也."

•

맹자가 말했다. "아랫자리에 있으면서 윗사람에게 신뢰를 얻지 못하면 백성들을 다스릴 수가 없다. 윗사람에게 신뢰를 얻을 방도가 있으니, 벗에게 신뢰를 얻지 못하면 윗사람에게 신뢰를 얻지 못한다. 벗에게 신뢰를 얻을 방도가 있으니, 어버이를 섬기면서 기쁘게 해드리지 못하면 벗에게 신뢰를 얻지 못한다. 어버이를 기쁘게 해드릴 방도가 있으니 자신을 돌이켜보아 성실하지 못하다면 어버이를 기쁘게 해드릴 수 없다. 자신을 성실하게 할 방도가 있으니, 선함에 대해 분명히 알지 못하면 그 자신을 성실하게 할 수 없다. 이래서 성실한 것은 하늘의 도이고, 성실하려고 생각하는 것은 사람의 도다. 지극히 성실하면서 감동시키지 못하는 자는 있지 않았으며, 성실하지 못하면서 감동시킬 수 있는 자도 있지 않았다."

이루 상 13

孟子曰, "伯夷辟紂, 居北海之濱, 聞文王作, 興曰, '盍歸乎來! 吾聞西伯善養老者.' 太公辟紂, 居東海之濱, 聞文王作, 興曰, '盍歸乎來! 吾聞西伯善養老者.' 二老者, 天下之大老也, 而歸之, 是天下之父歸之也. 天下之父歸之, 其子焉往? 諸侯有行文王之政者, 七年之內, 必爲政於天下矣."

•

맹자가 말했다. "백이가 주紂를 피해 북쪽 바닷가에 살다가 문왕이 일어났다는 말을 듣고 흥이 나서 '어찌 돌아가지 않겠는가? 나는 서백[9]이 노인을 잘 봉양한다고 들었다'라고 했다. 태공이 주를 피해 동쪽 바닷가에 살다가 문왕이 일어났다는 것을 듣고 흥이 나서 '어찌 돌아가지 않겠는가? 나는 서백이 노인을 잘 봉양한다고 들었다'라고 했다.

두 노인은 천하의 위대한 노인인데도 그에게 귀의했으니, 이는 천하의 아버지가 문왕에게 귀의한 것이다. 천하의 아버지가 그에게 귀의했으니, 그 자식들이 어디로 가겠는가? 제후 가운데 문왕

9 문왕.

의 정치를 시행하는 자가 있다면, 칠 년 안에 반드시 천하에서 정치를 할 것이다."

이루 상 14

孟子曰, "求也爲季氏宰, 無能改於其德, 而賦粟倍他日. 孔子曰, '求非我徒也, 小子鳴鼓而攻之可也.' 由此觀之, 君不行仁政而富之, 皆棄於孔子者也, 況於爲之强戰? 爭地以戰, 殺人盈野, 爭城以戰, 殺人盈城, 此所謂率土地而食人肉, 罪不容於死. 故善戰者服上刑, 連諸侯者次之, 辟草萊, 任土地者次之."

•

맹자가 말했다. "구[10]는 계씨[11]의 재상이 되어서도 계씨가 덕을 행하도록 고쳐주지 못했고 세곡을 다른 때보다 배로 거두니, 공자께서 '염구는 나의 무리가 아니니, 너희들은 북을 치며 그를 공박해도 된다'라고 하셨다. 이것으로 살펴보면, 임금이 어진 정치를 행하지 않는데 그를 부유하게 하면 모두 공자에게 버림받을 자였으니, 하물며 그를 위해 억지로 전쟁을 하는 것은 어떻겠는가? 땅을 뺏기 위해 전쟁을 하면 죽은 사람들이 들에 가득하고, 성을 뺏기 위해 전쟁을 하면 죽은 사람들이 성에 가득하니, 이것이 땅을 얻

10 공자의 제자인 염구(冉求)로 자는 자유(子有)다.

11 춘추시대 노나라의 실권자인 계강자(季康子)다.

기 위해서 사람 고기를 먹는다고 하는 것이며, 그 죄가 죽음으로도 용서되지 않는다. 그래서 전쟁을 잘하는 자는 최고의 형벌을 받아야 하고, 제후와 연횡하는 자는 그 다음의 형벌을 받아야 하고, 풀밭을 개간하여 토지를 빌려주는 자가 그 다음 형벌을 받아야 한다."

이루 상 15

孟子曰, "存乎人者, 莫良於眸子. 眸子不能掩其惡. 胸中正, 則眸子瞭焉, 胸中不正, 則眸子眊焉. 聽其言也, 觀其眸子, 人焉廋哉?"

•

맹자가 말했다. "사람을 살펴보는 데 눈동자보다 좋은 것이 없다. 눈동자는 그 악함을 가릴 수 없다. 가슴속이 바르면 눈동자가 밝고, 가슴속이 바르지 않으면 눈동자가 흐릿하다. 그 말을 들어보고 그 눈동자를 살펴보면 사람이 어떻게 숨길 수 있겠는가?"

이루 상 16

孟子曰, "恭者不侮人, 儉者不奪人. 侮奪人之君, 惟恐不順焉, 惡得爲恭儉? 恭儉豈可以聲音笑貌爲哉?"

•

맹자가 말했다. "공손한 사람은 남을 업신여기지 않고, 검소한 사람은 남의 것을 빼앗지 않는다. 남을 업신여기고 남의 것을 빼앗는 임금은 오직 순종하지 않을 것만 두려워하니, 어찌 공손하고 검소할 수 있겠는가? 공손함과 검소함을 어찌 목소리나 웃는 모습으로 할 수 있겠는가?"

이루 상 17

淳于髡曰, "男女授受不親, 禮與?"

孟子曰, "禮也."

曰, "嫂溺, 則援之以手乎?"

曰, "嫂溺不援, 是豺狼也. 男女授受不親, 禮也, 嫂溺, 援之以手者, 權也."

曰, "今天下溺矣, 夫子之不援, 何也?"

曰, "天下溺, 援之以道, 嫂溺, 援之以手, 子欲手援天下乎?"

•

순우곤[12]이 말했다. "남녀가 (물건을) 친히 주고받지 않는 것이 예의입니까?"

맹자가 말했다. "예의다."

(순우곤이) 말했다. "형수가 물에 빠졌으면 손으로 구원해도 됩니까?"

(맹자가) 말했다. "형수가 물에 빠졌는데 구원하지 않으면 이는 승냥이다. 남녀가 주고받기를 친히 하지 않는 것은 예의이고, 형수가

12 제나라 사람으로 제나라와 양나라에서 벼슬을 했다.

물에 빠졌으면 손으로 구원하는 것은 권도다."

(순우곤이) 말했다. "지금 천하가 물에 빠졌는데, 선생께서 구원하지 않는 것은 어째서입니까?"

(맹자가) 말했다. "천하가 물에 빠졌으면 도로 구원하고, 형수가 물에 빠졌으면 손으로 구원하는 것이니, 그대는 손으로 천하를 구원하려고 하는가?"

이루 상 18

公孫丑曰, "君子之不敎子, 何也?"

孟子曰, "勢不行也. 敎者必以正, 以正不行, 繼之以怒. 繼之以怒, 則反夷矣. '夫子敎我以正, 夫子未出於正也.' 則是父子相夷也. 父子相夷, 則惡矣. 古者易子而敎之. 父子之間不責善. 責善則離, 離則不祥莫大焉."

•

공손추가 말했다. "군자가 자식을 가르치지 않는 것은 어째서입니까?"

맹자가 말했다. "상황이 그렇게 할 수 없어서다. 가르치는 것은 반드시 올바르게 해야 하는데, 올바르게 되지 않으면 그것에 따라 화를 내게 된다. 그것에 따라 화를 내게 되면 도리어 마음이 다치게 된다. '아버지는 올바르게 가르친다고 하면서 아버지의 행위는 올바른 데서 나오지 않는구나!'라고 하게 된다. 이는 부모와 자식이 서로 마음을 다치게 한다. 부모와 자식이 서로 마음을 다치게 하는 것은 나쁜 일이다. 옛날에는 자식을 바꿔서 가르쳤다. 부모와 자식 사이는 더 잘하라고 꾸짖지 않는다. 더 잘하라고 꾸짖으면 거리가 생기고, 거리가 생기면 이보다 더 크게 안 좋은 것이 없다."

이루 상 19

孟子曰, "事, 孰爲大? 事親爲大. 守, 孰爲大? 守身爲大. 不失其身而能事其親者, 吾聞之矣. 失其身而能事其親者, 吾未之聞也. 孰不爲事? 事親, 事之本也. 孰不爲守? 守身, 守之本也. 曾子養曾晳, 必有酒肉. 將徹, 必請所與. 問有餘, 必曰, '有.' 曾晳死, 曾元養曾子, 必有酒肉. 將徹, 不請所與. 問有餘, 曰, '亡矣.' 將以復進也. 此所謂養口體者也. 若曾子, 則可謂養志也. 事親若曾子者, 可也."

•

맹자가 말했다. "누구를 섬기는 것이 중요한가? 어버이를 섬기는 것이 가장 중요하다. 누구를 지키는 것이 중요한가? 자신을 지키는 것이 중요하다. 그 자신을 잃지 않으면서 그 어버이를 섬길 수 있는 자는 내가 들어보았지만, 그 자신을 잃었으면서 그 어버이를 섬길 수 있는 자는 내가 듣지 못했다. 누구든 섬기지 않겠는가라고 하겠지만, 어버이를 섬김은 섬김의 근본이고, 누구든 지키지 않겠는가라고 하겠지만, 자신을 지킴이 지킴의 근본이다.

증자가 증석을 봉양할 때 반드시 술과 고기를 마련했는데, 치우면서 반드시 누구에게 주어야 하는지 물었으며, (증석이) 남은 것이 있느냐고 물으면 반드시 있다고 말했다. 증석이 죽고 증원이 증자를 봉양할 때, 반드시 술과 고기를 마련했는데, 치우면서 누구에게 주어야 하는지 묻지 않았으며, (증자가) 남은 것이 있느냐고 물으면 없다고 말했으니, 장차 다시 올리려고 했던 것이다. 이것이 입과 육체만 봉양한다는 것이다. 증자같이 해야 곧 부모의 뜻을 봉양한다고 말할 만하다. 어버이를 섬김은 증자같이 하는 것이 옳다."

이루 상 20

孟子曰, “人不足與適也, 政不足間也, 唯大人爲能格君心之非. 君仁, 莫不仁, 君義, 莫不義, 君正, 莫不正. 一正君而國定矣.”

•

맹자가 말했다. “사람마다 일일이 지적하기에는 부족하며, 정치에 일일이 간여하기에도 부족하다. 오직 대인이어야 임금의 그릇된 마음을 바로잡을 수 있다. 임금이 어질면 어질지 않을 수 없고, 임금이 의로우면 의롭지 않을 수 없고, 임금이 바르면 바르지 않을 수 없으니, 한 번 임금이 바르게 되면 나라가 안정된다.”

이루 상 21

孟子曰, "有不虞之譽, 有求全之毁."

•

맹자가 말했다. "바라지도 않았는데 영예를 얻기도 하고, 완전함을 추구했다가 비난을 받기도 한다."

이루 상 22

孟子曰, "人之易其言也, 無責耳矣."

•

맹자가 말했다. "사람이 말을 쉽게 하는 것은 책임감이 없어서다."

이루 상 23

孟子曰, "人之患在好爲人師."

•

맹자가 말했다. "사람들의 근심은 남의 스승이 되는 것을 좋아하는 데 있다."

이루 상 24

樂正子從於子敖之齊. 樂正子見孟子, 孟子曰, "子亦來見我乎?"

曰, "先生何爲出此言也?"

曰, "子來幾日矣?"

曰, "昔者."

曰, "昔者, 則我出此言也, 不亦宜乎?"

曰, "舍館未定."

曰, "子聞之也, 舍館定, 然後求見長者乎?"

曰, "克有罪."

•

악정자[13]가 자오[14]를 따라 제나라에 갔다. 악정자가 맹자를 뵈었는데, 맹자가 말했다. "그대도 또한 나를 보러 왔는가?"

(악정자가) 말했다. "선생님께서는 어찌 이렇게 말씀을 하십니까?"

(맹자가) 말했다. "그대가 온 지 며칠 되었는가?"

(악정자가) 말했다. "오래되었습니다."

13 맹자의 제자. 〈양혜왕 하 16〉에 등장했다.

14 제나라의 신하 왕환(王驩)의 자(字).

(맹자가) 말했다. "오래되었으니, 내가 이렇게 말하는 것도 마땅하지 않은가?"

(악정자가) 말했다. "머물 곳을 정하지 못해서 그랬습니다."

(맹자가) 말했다. "그대도 들었을 것인데, 머물 곳을 정하고 나서야 어른을 찾아뵙는가?"

(악정자가) 말했다. "제가 잘못했습니다."

이루 상 25

孟子謂樂正子曰, "子之從於子敖來, 徒餔啜也. 我不意子學古之道而以餔啜也."

•

맹자가 악정자에게 말했다. "그대는 자오를 따라와서 그저 먹고 마시기만 한다. 나는 그대가 옛날의 도를 배웠으면서도 먹고 마시기만 하리라고는 생각하지 못했다."

이루 상 26

孟子曰, “不孝有三, 無後爲大. 舜不告而娶, 爲無後也, 君子以爲猶告也.”

•

맹자가 말했다. “불효에는 세 가지가 있으니, 후사가 없는 것이 가장 중대하다. 순임금이 알리지 않고 장가든 것은 후사가 없어서였으니,[15] 군자들은 아뢴 것이나 같다고 여겼다.”

15 후사가 없기 때문에 장가든 것이라는 의미다.

이루 상 27

孟子曰, "仁之實, 事親是也, 義之實, 從兄是也. 智之實, 知斯二者弗去是也, 禮之實, 節文斯二者是也. 樂之實, 樂斯二者, 樂則生矣, 生則惡可已也? 惡可已, 則不知足之蹈之手之舞之."

•

맹자가 말했다. "어짊[仁]의 실상은 어버이를 섬기는 것이고, 의로움[義]의 실상은 형을 따르는 것이다. 지혜로움[智]의 실상은 이 두 가지를 알고 버리지 않는 것이다, 예의[禮]의 실상은 이 두 가지를 절도가 있게 꾸미는 것이다. 음악[樂]의 실상은 이 두 가지를 즐기는 것인데, 즐거우면 생기가 도니, 생기가 돌면 어찌 그만둘 수 있겠는가? 어찌 그만둘 수 있겠는가 하는 경지에 이르면, 모르는 사이에 발이 굴러지고 손이 춤추게 된다."

이루 상 28

孟子曰, "天下大悅而將歸己, 視天下悅而歸己, 猶草芥也, 惟舜爲然. 不得乎親, 不可以爲人, 不順乎親, 不可以爲子. 舜盡事親之道, 而瞽瞍厎豫, 瞽瞍厎豫而天下化, 瞽瞍厎豫而天下之爲父子者定, 此之謂大孝."

•

맹자가 말했다. "천하 사람들이 크게 기뻐하면서 장차 자기에게 귀의하려고 하는데, 천하가 기뻐하면서 자기에게 귀의하려는 것을 보고도 지푸라기처럼 여긴 것은 오직 순임금이 그러했다. 어버이의 마음을 얻지 못하면 사람이 될 수 없고, 어버이의 뜻을 따르지 않으면 자식이 될 수 없다. 순임금은 어버이 섬기는 도를 다하여 고수[16]를 기쁨에 이르게 했는데, 고수가 기쁨에 이르게 되자 천하가 교화되었으며, 고수가 기쁨에 이르게 되자 천하의 부모 자식인 자들이 안정되었으니, 이것을 위대한 효도라고 하는 것이다."

16 순임금의 아버지였는데, 아주 못나고 못된 사람이었다.

08

이루 하
離婁下

이루 하 1

孟子曰, "舜生於諸馮, 遷於負夏, 卒於鳴條, 東夷之人也. 文王生於岐周, 卒於畢郢, 西夷之人也. 地之相去也, 千有餘里, 世之相後也, 千有餘歲. 得志行乎中國, 若合符節. 先聖後聖, 其揆一也."

•

맹자가 말했다. "순임금은 제풍[1]에서 태어나 부하[2]로 옮겨갔다가 명조[3]에서 죽었으니, 동이東夷 사람이다. 문왕은 기주[4]에서 태어나 필영[5]에서 죽었으니, 서이西夷 사람이다. 지리적으로는 서로 거리가 천여 리이고, 세대로는 서로 뒤이은 것이 천여 년이다. (그러나) 중국에서 뜻대로 실행한 것은 부절[6]이 들어맞은 것 같았다. 앞의 성인이나 뒤의 성인이나 그 법도는 하나였다."

1 지금의 산둥 지역.

2 지금의 산시 지역.

3 지금의 산둥 지역.

4 지금의 산시 지역.

5 지금의 산시 지역.

6 약속이나 증명을 나중에 확인하기 위해 쪼개어 나눠가진 대나무다.

이루 하 2

子產聽鄭國之政, 以其乘輿濟人於溱洧.

孟子曰, "惠而不知爲政. 歲十一月, 徒杠成, 十二月, 輿梁成, 民未病涉也. 君子平其政, 行辟人可也. 焉得人人而濟之? 故爲政者, 每人而悅之, 日亦不足矣."

•

자산[7]이 정鄭나라의 정치를 맡았을 때, 자기 수레를 가지고 진수[溱]와 유수[洧]에서 사람들을 건너가게 해주었다.

맹자가 말했다. "은혜롭기는 했지만 정치에 대해서는 알지 못한 것이다. 해마다 십일월에는 건너갈 작은 다리를 만들어주고, 십이월에는 수레가 지나갈 다리를 만들어주면 백성들이 물 건너가는 것을 괴로워하지 않는다. 군자가 그 정치를 공평하게 하면 사람들을 비키라고 하면서 다녀도 된다. 어찌 사람마다 건너가게 해줄 수 있겠는가? 그래서 정치를 하는 사람이 사람마다 기쁘게 해주려고 하다 보면 날마다 해도 부족할 것이다."

7 정나라 재상으로《논어》〈공야장(公冶長)〉에 나온다.

이루 하 3

孟子告齊宣王曰, "君之視臣如手足, 則臣視君如腹心, 君之視臣如犬馬, 則臣視君如國人, 君之視臣如土芥, 則臣視君如寇讎."
王曰, "禮爲舊君有服, 何如斯可爲服矣?"
曰, "諫行言聽, 膏澤下於民, 有故而去, 則君使人導之出疆, 又先於其所往, 去三年不反, 然後收其田里. 此之謂三有禮焉. 如此, 則爲之服矣. 今也爲臣, 諫則不行, 言則不聽, 膏澤不下於民, 有故而去, 則君搏執之, 又極之於其所往, 去之日, 遂收其田里. 此之謂寇讎. 寇讎, 何服之有?"

•

맹자가 제나라 선왕에게 알려주었다. "임금이 신하를 자기의 손발처럼 본다면, 신하는 임금을 자기의 배와 심장처럼 볼 것이고, 임금이 신하를 개나 말처럼 본다면, 신하는 임금을 나라의 보통 사람처럼 볼 것이고, 임금이 신하를 흙이나 지푸라기처럼 본다면, 신하는 임금을 적이나 원수처럼 볼 것입니다."

제나라 선왕이 말했다. "의례에 보면 돌아가신 임금을 위해 상복을 입는다고 하는데, 어떻게 하면 (백성들이) 이렇게 상복을 입게 할 수 있습니까?"

(맹자가) 말했다. "간언하면 시행하고 받아들여 은택이 백성들에게 내려가게 하고, 까닭이 있어 떠나게 되면 임금이 사람을 시켜 국경을 나갈 수 있게 인도하고, 또한 그가 가는 곳에 먼저 그에 대해 알려주고 떠난 지 삼 년이 되었어도 돌아오지 않고 나서야 그의 땅과 집을 거둬들입니다. 이것이 세 번의 예의가 있다고 하는 것이니, 이와 같이 해준다면 그 임금을 위해 상복을 입을 것입니다. 이제 신하가 되어 간언이 시행되고 받아들여지지 않아서 은택이 백성들에게 내려가지 않고, 까닭이 있어 떠나게 되도 임금이 그를 붙잡아 두고, 또한 그가 가려는 곳까지 힘들게 하고, 떠나는 날에 바로 그의 땅과 집을 거둬들입니다. 이것은 도적이나 원수로 여기게 하는 것입니다. 도적이나 원수가 어찌 그 사람을 위해 상복을 입을 수 있겠습니까?"

이루 하 4

孟子曰, "無罪而殺士, 則大夫可以去, 無罪而戮民, 則士可以徙."

•

맹자가 말했다. "죄가 없는데 선비를 죽인다면, 대부는 관직을 떠나야 하고, 죄가 없는데 백성들을 죽인다면 선비는 거처를 옮겨야 한다."

이루 하 5

孟子曰, "君仁, 莫不仁, 君義, 莫不義."

•

맹자가 말했다. "임금이 어질면 어질지 않은 사람이 없게 되고, 임금이 의로우면 의롭지 않은 사람이 없게 된다."

이루 하 6

孟子曰, "非禮之禮, 非義之義, 大人弗爲."

•

맹자가 말했다. "참된 예의가 아닌 예의와 참된 의로움이 아닌 의로움을 큰 인물[大人]은 행하지 않는다."

이루 하 7

孟子曰, "中也養不中, 才也養不才, 故人樂有賢父兄也. 如中也棄不中, 才也棄不才, 則賢不肖之相去, 其間不能以寸."

•

맹자가 말했다. "올바른 사람이 올바르지 않은 사람을 길러주고[中也養不中], 재주 있는 사람이 재주 없는 사람을 길러주기 때문에[才也養不才] 사람들은 현명한 아버지와 형이 있는 것을 즐거워한다. 만약 올바른 사람이 올바르지 않은 사람을 버려두고, 재주 있는 사람이 재주 없는 사람을 버려두면 현명한 사람과 못난 사람의 거리는 한 치[寸]의 간격도 못 될 것이다."

이루 하 8

孟子曰, "人有不爲也, 而後可以有爲."

•

맹자가 말했다. "사람은 하지 않는 것이 있은 후에야 할 것이 있을 수 있다."

이루 하 9

孟子曰, “言人之不善, 當如後患何?”

•

맹자가 말했다. “남의 좋지 않은 점을 말하다가 나중에 있을 걱정을 어찌 감당하겠는가?”

이루 하 10

孟子曰, "仲尼不爲已甚者."

•

맹자가 말했다. "공자께서는 너무 심한 것은 하지 않으셨다."

이루 하 11

孟子曰, "大人者, 言不必信, 行不必果, 惟義所在."

•

맹자가 말했다. "큰 인물은 말을 반드시 믿으라고 하지도 않고, 행동도 반드시 결과를 내라고 하지도 않고, 오직 의로움이 있는 곳인지만 따진다."

이루 하 12

孟子曰, "大人者, 不失其赤子之心者也."

•

맹자가 말했다. "큰 인물은 어린아이 때의 마음을 잃지 않는 사람이다."

이루 하 13

孟子曰, "養生者不足以當大事, 惟送死可以當大事."

•

맹자가 말했다. "산 사람을 봉양하는 것은 큰일[大事]에 해당한다고 하기에 부족하고, 오직 죽은 사람을 보내는 것이 큰일에 해당한다고 할 수 있다."

이루 하 14

孟子曰, "君子深造之以道, 欲其自得之也. 自得之, 則居之安, 居之安, 則資之深, 資之深, 則取之左右逢其原, 故君子欲其自得之也."

•

맹자가 말했다. "군자가 법도에 따라 깊이 있게 실천하는 것은 스스로 그것을 터득하기 위해서이다. 스스로 그것을 터득하면 거처하기에 편안하고, 거처하기에 편안하면 바탕이 깊어지며, 바탕이 깊어지면 여기저기에서 행동을 취할 때마다 그 근본과 만나게 된다. 그러므로 군자는 스스로 터득하려고 하는 것이다."

이루 하 15

孟子曰, "博學而詳說之, 將以反說約也."

•

맹자가 말했다. "널리 배우고 상세하게 설명하는 것은 도리어 설명을 간략하게 하기 위해서다."

이루 하 16

孟子曰, "以善服人者, 未有能服人者也, 以善養人, 然後能服天下. 天下不心服而王者, 未之有也."

•

맹자가 말했다. "선함으로 남을 복종시키려는 사람 가운데 남을 복종시킬 수 있는 사람이 있지 않으니, 선함으로 남을 길러주고 나서야 천하를 복종시킬 수 있다. 천하가 마음으로 복종하지 않았는데도 왕이 된 사람은 있지 않았다."

이루 하 17

孟子曰, "言無實不祥. 不祥之實, 蔽賢者當之."

•

맹자가 말했다. "말 자체에는 상서롭지 않음이 없다. 실제로 상서롭지 않은 것은 현명함을 덮어버리는 것이 그에 해당한다."

이루 하 18

徐子曰, "仲尼亟稱於水, 曰, '水哉水哉!' 何取於水也?"
孟子曰, "原泉混混, 不舍晝夜, 盈科而後進, 放乎四海. 有本者如是, 是之取爾. 苟爲無本, 七八月之間雨集, 溝澮皆盈, 其涸也, 可立而待也. 故聲聞過情, 君子恥之."

•

서자[8]가 말했다. "공자께서 자주 물에 대해 칭찬하면서 '물이여, 물이여!'라고 하셨는데, 물에서 무엇을 취하셨습니까?"

맹자가 말했다. "근본이 있는 샘물은 계속 솟아나 밤낮으로 멈추지 않아 구덩이를 가득 채우고 나서 나아가 사해로 방류된다. 근본이 있는 것은 이와 같으니, 이것을 취하신 것이다. 만약 근본이 없다면, 칠팔월 사이에 빗물이 모여 도랑이 모두 가득 채워지지만, 그것이 마르기까지는 서서 기다릴 수도 있다.[9] 그래서 명성과 소문이 실제[情]보다 지나치면 군자는 부끄러워한다."

8 맹자의 제자인 서벽(徐辟)이다.

9 서서 기다릴 수 있을 만큼 금방 마른다는 의미다.

이루 하 19

孟子曰, "人之所以異於禽獸者幾希, 庶民去之, 君子存之. 舜明於庶物, 察於人倫, 由仁義行, 非行仁義也."

•

맹자가 말했다. "사람이 금수와 다른 것은 거의 드문데, 일반 백성들은 그것을 버리고, 군자는 그것을 보존한다. 순임금은 여러 사물에 밝았으며, 인륜에 대해 살폈으며, 어짊과 의로움에 따라 행동한 것이지, 어짊과 의로움을 실행하고자 했던 것이 아니다."

이루 하 20

孟子曰, "禹惡旨酒而好善言. 湯執中, 立賢無方. 文王視民如傷, 望道而未之見. 武王不泄邇, 不忘遠. 周公思兼三王, 以施四事, 其有不合者, 仰而思之, 夜以繼日, 幸而得之, 坐以待旦."

•

맹자가 말했다. "우임금은 맛있는 술을 싫어하고 착한 말을 좋아했다. 탕왕은 중도를 지켰으며, 현명한 사람을 조정에 세우는 데 거침이 없었다. 문왕은 백성들을 다친 사람처럼 보았고, 도를 바라보면서도 아직 보지 못한 것처럼 했다. 무왕은 가까운 사람을 함부로 대하지 않았고, 멀리 있는 사람을 잊지 않았다. 주공은 세 왕의 태도를 겸비해 네 가지 일을 시행했는데, 들어맞지 않는 것이 있으면 우러러 생각하기를 밤과 낮을 이어가며 했으며, 다행히 들어맞는 것을 얻으면[幸而得之] 앉아서 새벽이 되기를 기다렸다."

이루 하 21

孟子曰, "王者之迹熄而《詩》亡, 《詩》亡然後《春秋》作. 晉之《乘》, 楚之《檮杌》, 魯之《春秋》, 一也. 其事則齊桓晉文, 其文則史. 孔子曰, '其義則丘竊取之矣.'"

•

맹자가 말했다. "왕들의 흔적이 사라지니 《시경》이 없어졌고, 《시경》이 없어지고 나니 《춘추》가 지어졌다. 진나라의 《승》[10]과 초나라의 《도올》[11]과 노나라의 《춘추》는 마찬가지다. 그 일은[12] 제나라 환공, 진나라 문공의 일이요, 그 글은 역사다[其文則史]. 공자께서는 '그 의로움은 내가 몰래 취했다'라고 하셨다."

---

10 진나라 역사서.

11 흉악한 사람이라는 뜻인데, 여기서는 초나라의 흉악한 일을 기록한 역사서를 가리킨다.

12 '《춘추》의 내용'으로 읽을 수 있다.

이루 하 22

孟子曰, "君子之澤五世而斬, 小人之澤五世而斬. 予未得爲孔子徒也, 予私淑諸人也."

•

맹자가 말했다. "군자의 은택도 다섯 세대면 끊어지고, 소인의 은택도 다섯 세대면 끊어진다. 내가 공자의 제자가 될 수는 없었지만,[13] 내 개인적으로는 여러 사람에게 배웠다."

13 맹자(기원전 372년?~289년?)는 공자(기원전 551년?~479년?)가 죽은 지 백여 년이 지난 후 태어났다.

이루 하 23

孟子曰, "可以取, 可以無取, 取傷廉, 可以與, 可以無與, 與傷惠, 可以死, 可以無死, 死傷勇."

•

맹자가 말했다. "가져도 될 것 같고 갖지 않아도 될 것 같은데 가지면 청렴함을 손상시키며, 주어도 될 것 같고 주지 않아도 될 것 같은데 주면 은혜를 손상시키며, 죽어도 될 것도 같고 죽지 않아도 될 것도 같은데 죽으면 용기를 손상시킨다."

이루 하 24

逢蒙學射於羿, 盡羿之道, 思天下惟羿爲愈己, 於是殺羿.

孟子曰, "是亦羿有罪焉."

公明儀曰, "宜若無罪焉."

曰, "薄乎云爾, 惡得無罪? 鄭人使子濯孺子侵衛, 衛使庾公之斯追之. 子濯孺子曰, '今日我疾作, 不可以執弓, 吾死矣夫!' 問其僕曰, '追我者誰也?' 其僕曰, '庾公之斯也.' 曰, '吾生矣.' 其僕曰, '庾公之斯, 衛之善射者也, 夫子曰吾生, 何謂也?' 曰, '庾公之斯學射於尹公之他, 尹公之他學射於我. 夫尹公之他, 端人也, 其取友必端矣.' 庾公之斯至, 曰, '夫子何爲不執弓?' 曰, '今日我疾作, 不可以執弓.' 曰, '小人學射於尹公之他, 尹公之他學射於夫子. 我不忍以夫子之道反害夫子. 雖然, 今日之事, 君事也, 我不敢廢.' 抽矢, 扣輪, 去其金, 發乘矢而後反."

•

봉몽이 예[14]에게 활쏘기를 배웠는데, 활쏘기의 방도를 다 배우고 나서 천하에 오직 예만이 자기보다 낫다고 생각했고, 이 때문에 예

14 하(夏)나라 제후국인 유궁국(有窮國)의 군주로 활을 잘 쏘았다.

를 죽였다.

맹자가 말했다. "이 또한 예에게 죄가 있다."

공명의가 말했다. "마땅히 죄가 없는 듯하다."

(맹자가) 말했다. "적다고 말할 수는 있겠지만, 어찌 죄가 없다고 하겠는가? 정나라 사람들이 자탁유자[15]에게 위나라를 침략하게 하였는데, 위나라에서는 유공지사에게 그를 추격하게 했다. 자탁유자가 말했다. '오늘 나는 병이 나서 활을 잡을 수 없으니, 나는 죽겠구나!' 그의 하인에게 물었다. '나를 추격하는 자가 누구인가?' 하인이 말했다. '유공지사입니다.' (자탁유자가) 말했다. '나는 살았구나.' (하인이) 말했다. '유공지사는 위나라에서 활을 잘 쏘는 자입니다. 어르신께서 오늘 살았다고 하시는 것은 무슨 말입니까?' (자탁유자가) 말했다. '유공지사는 윤공지타에게 활쏘기를 배웠는데, 윤공지타는 나에게 활쏘기를 배웠다. 윤공지타는 바른 사람이니, 그가 취한 벗도 반드시 바를 것이다.' 유공지사가 이르러서 말했다. '선생은 어찌 하여 활을 잡지 않습니까?' 자탁유자가 말했다. '오늘 내가 병이 나서 활을 잡을 수 없습니다.' 유공지사가 말했다. '소인은 윤공지타에게 활쏘기를 배웠는데, 윤공지타는 선생께 활쏘기를 배웠습니다. 나는 차마 선생의 방도로 도리어 선생을 해칠 수 없습니다. 비록 그렇더라도 오늘의 일은 임금의 일이니, 내가 감히 그

15 정나라의 대부.

만둘 수는 없습니다.' 화살을 뽑아 수레바퀴에 두드려 그 화살촉을 제거하고 네 발을 쏘고 나서 돌아갔다."

이루 하 25

孟子曰, "西子蒙不潔, 則人皆掩鼻而過之. 雖有惡人, 齊戒沐浴, 則可以祀上帝."

•

맹자가 말했다. "서자[16]같은 미인도 더러운 것을 뒤집어쓰면 사람들이 모두 코를 막고 지나친다. 비록 추악한 사람이라도 목욕재계를 하면 상제에게 제사지낼 수 있다."

16 월나라의 절세미인 서시.

이루 하 26

孟子曰, "天下之言性也, 則故而已矣. 故者以利爲本. 所惡於智者, 爲其鑿也. 如智者若禹之行水也, 則無惡於智矣. 禹之行水也, 行其所無事也. 如智者亦行其所無事也, 則智亦大矣. 天之高也, 星辰之遠也, 苟求其故, 千歲之日至, 可坐而致也."

•

맹자가 말했다. "천하에서 본성을 말한다면 옛 것을 따를 뿐이다. 옛 것은 순조로움을 근본으로 삼는다. 지혜로운 자를 미워하는 것은 너무 따지기 때문이다. 만약 지혜로운 자가 우임금이 물이 흘러갈 수 있게 한 것처럼 한다면 지혜로움을 미워할 것이 없다. 우임금이 물이 흘러갈 수 있게 한 것은 억지로 일을 만들지 않음을 실행한 것이다. 지혜로운 자도 억지로 일을 만들지 않음을 실행한다면, 지혜로움이 또한 커질 것이다. 하늘이 높고 별들은 멀리 있지만, 진실로 그 옛 것에서 찾아본다면, 천년 뒤의 동짓날도 앉아서 헤아릴 수 있다."

이루 하 27

公行子有子之喪, 右師往弔. 入門, 有進而與右師言者, 有就右師之位而與右師言者.
孟子不與右師言, 右師不悅曰, "諸君子皆與驩言, 孟子獨不與驩言, 是簡驩也."
孟子聞之, 曰, "禮, 朝廷不歷位而相與言, 不踰階而相揖也. 我欲行禮, 子敖以我爲簡, 不亦異乎?"

•

공행자[17]가 아들 상을 당하자 우사[18]가 조문하러 갔다. 문에 들어서자 달려나와 우사와 말하려는 자가 있었고, 우사의 자리로 좇아가 우사와 말하려는 자도 있었다.

맹자는 우사와 말하지 않았는데, 우사가 언짢아하며 말했다. "여러 군자들은 모두 나와 말하려고 하는데, 맹자만 유독 나와 함께 말하려고 하지 않으니, 이는 나를 업신여기는 것이다."

맹자가 그것을 듣고 말했다. "예에 따르면 조정에서는 자리를

17 제나라 대부.

18 제나라의 벼슬 이름으로 이때의 우사는 왕환이었다.

넘어 서로 이야기하지 않고, 섬돌을 넘어 서로 읍하지 않는다. 나는 예를 행하려고 했는데, 자오[19]는 내가 업신여겼다고 여기니, 또한 이상하지 아니한가?"

19 왕환.

이루 하 28

孟子曰, "君子所以異於人者, 以其存心也. 君子以仁存心, 以禮存心. 仁者愛人, 有禮者敬人. 愛人者, 人恒愛之, 敬人者, 人恒敬之. 有人於此, 其待我以橫逆, 則君子必自反也, 我必不仁也, 必無禮也, 此物奚宜至哉? 其自反而仁矣, 自反而有禮矣, 其橫逆由是也, 君子必自反也, 我必不忠. 自反而忠矣, 其橫逆由是也, 君子曰, '此亦妄人也已矣. 如此, 則與禽獸奚擇哉? 於禽獸又何難焉?' 是故君子有終身之憂, 無一朝之患也. 乃若所憂則有之, 舜, 人也, 我, 亦人也. 舜爲法於天下, 可傳於後世, 我由未免爲鄕人也, 是則可憂也. 憂之如何? 如舜而已矣. 若夫君子所患則亡矣. 非仁無爲也, 非禮無行也. 如有一朝之患, 則君子不患矣."

•

맹자가 말했다. "군자가 보통 사람들과 다른 것은 그 마음을 보존하기 때문이다. 군자는 어짊으로 마음을 보존하고, 예의로 마음을 보존한다. 어진 사람은 남을 사랑하고, 예의가 있는 사람은 남을 공경한다. 남을 사랑하는 사람은 남이 항상 그를 사랑하고, 남을 공경하는 사람은 남이 항상 그를 공경한다.

여기 어떤 사람이 있는데, 자신을 함부로 대한다면 군자는 반드시 스스로 반성하여 '내가 반드시 어질지 못하고, 반드시 예의가 없어서이니, 이러한 일이 어찌 일어날 수 있겠는가'라고 생각한다. 스스로 반성해 봐도 어질고 스스로 반성해 봐도 예의가 있었는데 이와 같이 함부로 대한다면, 군자는 반드시 스스로 반성하면서 '내가 반드시 충실하지 못해서이다[我必不忠]'라고 생각한다. 스스로 반성해 봐도 충실했는데 이와 같이 함부로 대한다면, 군자는 '이 또한 망령된 사람[妄人]일 뿐이구나. 이와 같다면 금수와 어찌 구별되겠는가? 금수에게 또 무엇을 꾸짖겠는가?'라고 말한다.

이래서 군자는 죽을 때까지 할 근심은 있어도 하루아침의 걱정거리는 없다. 근심할 것 같으면 있기는 있는데, '순임금도 사람이고 나 또한 사람인데, 순임금은 천하에 법도가 되어 후세 전해질 수 있었는데, 나는 아직 동네 사람을 면하지 못했다'와 같은 것이니, 이는 근심할 만하다. 근심이 된다면 어떻게 해야 하는가? 순임금과 같이 해야 할 뿐이다. 군자의 걱정거리 같은 것은 없다. 어질지 않으면 하지 않고, 예의가 아니면 하지 않는다. 만약 하루아침에 걱정거리가 생긴다고 해도 군자는 걱정하지 않는다."

이루 하 29

禹稷當平世, 三過其門而不入, 孔子賢之.
顔子當亂世, 居於陋巷, 一簞食, 一瓢飮. 人不堪其憂, 顔子不改其樂, 孔子賢之.
孟子曰, "禹稷顔回同道. 禹思天下有溺者, 由己溺之也, 稷思天下有饑者, 由己饑之也, 是以如是其急也. 禹稷顔子易地則皆然. 今有同室之人鬪者, 救之, 雖被髮纓冠而救之, 可也. 鄕鄰有鬪者, 被髮纓冠而往救之, 則惑也, 雖閉戶可也."

•

우임금과 직[20]이 평안한 세상이 되었어도 세 번이나 자기 집의 문을 지나가면서 들어가지 않았는데, 공자께서는 그들을 현명하다고 여기셨다.

안자[21]는 어지러운 세상을 만나서도 누추한 골목에서 거처하며 한 그릇의 밥과 한 바가지의 물을 마셨다. 사람들은 그 근심을 감당하지 못해도, 안자는 그 즐거움을 바꾸려 하지 않았는데, 공자께

20 후직(后稷).

21 공자의 제자 안회(顔回).

서는 그를 현명하다고 여기셨다.

맹자가 말했다. "우임금과 직과 안회는 도가 같았다. 우임금은 천하에 물에 빠진 자가 있으면 자기 때문에 빠진 것처럼 여겼고, 직은 천하에 굶주린 자가 있으면 자기 때문에 굶주리는 것처럼 여겼으니, 그래서 그와 같이 서둘렀다. 우임금과 직과 안자는 처지를 바꾸어도 모두 그렇게 했을 것이다. 지금 같은 집안의 사람 중에 싸우는 자가 있어서 그를 구원하기 위해 비록 풀어헤쳐진 머리에 갓끈만 묶은 채로 그를 구원해도 될 것이다. (그러나) 마을의 이웃 중에 싸우는 자가 있어서 풀어헤쳐진 머리에 갓끈만 묶은 채로 그를 구원한다면 정신이 나간 것[惑]이니, 비록 문을 닫고 있어도 된다."

이루 하 30

公都子曰, "匡章, 通國皆稱不孝焉, 夫子與之遊, 又從而禮貌之, 敢問何也?"

孟子曰, "世俗所謂不孝者五, 惰其四支, 不顧父母之養, 一不孝也, 博奕好飮酒, 不顧父母之養, 二不孝也, 好貨財, 私妻子, 不顧父母之養, 三不孝也. 從耳目之欲, 以爲父母戮, 四不孝也, 好勇鬪狠, 以危父母, 五不孝也. 章子有一於是乎? 夫章子, 子父責善而不相遇也. 責善, 朋友之道也, 父子責善, 賊恩之大者. 夫章子, 豈不欲有夫妻子母之屬哉? 爲得罪於父, 不得近, 出妻屛子, 終身不養焉. 其設心以爲不若是, 是則罪之大者, 是則章子已矣."

•

공도자가 말했다. "광장[22]을 온 나라에서 모두 불효하다고 말하는데, 선생님은 그와 교유하시고 또한 예의를 갖추고 공경하시니, 감히 묻건대 어째서입니까?"

맹자가 말했다. "세속에서 불효라고 말하는 것은 다섯 가지인

22 제나라 장수로 〈등문공 하 10〉에서 맹자와 진중자에 대해 이야기한 인물이다.

데, 그 사지를 게을리하여 부모의 봉양을 돌아보지 않음이 첫째 불효이고, 장기나 바둑을 두며 술 마시기를 좋아해 부모의 봉양을 돌아보지 않음이 둘째 불효이고, 재물을 좋아하며 아내와 자식만 아끼면서 부모의 봉양을 돌아보지 않음이 셋째 불효이고, 귀와 눈이 바라는 것만 따르면서 부모를 욕되게 하는 것이 넷째 불효이고, 용맹스럽게 싸우는 것을 좋아해 부모를 위태롭게 하는 것이 다섯째 불효이다. 광장이 여기에 해당되는 것이 하나라도 있는가? 광장은 아버지와 아들이 착한 일을 하라고 꾸짖다가 서로 맞지 않은 것이다. 착한 일을 하라고 꾸짖는 것은 친구 사이의 도리이니, 아버지와 아들 사이에 착한 일을 하라고 꾸짖는 것은 은혜를 크게 해친 것이다. 광장이 어찌 부부나 모자 같은 가족이 있기를 바라지 않겠는가? 아버지에게 죄를 지어 가까이 할 수 없게 되자, 아내를 내보내고 자식을 멀리하며 죽을 때까지 봉양을 받지 않았다. 그 마음이라도 이와 같이 하지 않는다면 이는 죄가 크다고 생각했으니, 이것이 바로 광장이라는 사람이다."

이루 하 31

曾子居武城, 有越寇.

或曰, “寇至, 盍去諸?”

曰, “無寓人於我室, 毁傷其薪木.”

寇退, 則曰, “修我牆屋, 我將反.”

寇退, 曾子反. 左右曰, “待先生如此其忠且敬也, 寇至, 則先去以爲民望, 寇退, 則反, 殆於不可.”

沈猶行曰, “是非汝所知也. 昔沈猶有負芻之禍, 從先生者七十人, 未有與焉.”

子思居於衛, 有齊寇.

或曰, “寇至, 盍去諸?”

子思曰, “如伋去, 君誰與守?”

孟子曰, “曾子子思同道. 曾子, 師也, 父兄也, 子思, 臣也, 微也. 曾子子思易地則皆然.”

•

증자가 무성에 거처할 때 월나라 군이 침입했다.

누군가가 말했다. “적군이 이르렀는데, 어찌 떠나시지 않습니까?”

(증자가) 말했다. "(내가 떠나면) 내 집에 사람이 들어와 그 풀과 나무가 다치지 않게 하라."

적군이 물러가자 곧 말했다. "나의 담장과 지붕을 수선하라. 나는 장차 돌아갈 것이다."

적군이 물러가자 증자가 돌아왔다. 좌우에 있는 사람들이 말했다. "선생을 이와 같이 충성스럽고 공경하게 모셨는데, 적군들이 이르자 먼저 떠나시어 백성들이 바라보게 하셨고, 적군이 물러가자 돌아오셨으니, 아마도 옳지 않은 듯합니다."

심유행[23]이 말했다. "이는 그대들이 알만 한 일이 아니다. 옛날에 우리 집안이 부추負芻가 일으킨 난을 당한 적이 있는데, (우리 집안에) 선생을 따르는 자가 일흔이나 되었어도 (난을 진압하는 데) 관여하지 않으셨다."

자사가 위나라에 거처할 때 제나라 군이 침입했다. 누군가가 말했다. "적군이 이르렀는데, 어찌 떠나지 않으십니까?"

자사가 말했다. "내가 떠나면 임금은 누구와 함께 나라를 지키겠는가?"

맹자가 말했다. "증자와 자사는 도가 같다. 증자는 스승이며 부형이었고, 자사는 신하이며 미천했다. 증자와 자사가 처지를 바꾸었어도 다 그렇게 했을 것이다."

---

23 증자의 제자.

이루 하 32

儲子曰, "王使人瞯夫子, 果有以異於人乎?"

孟子曰, "何以異於人哉? 堯舜與人同耳."

•

저자[24]가 말했다. "왕이 사람을 시켜 선생을 엿보게 했는데, 과연 다른 사람들과 다른 점이 있습니까?"

맹자가 말했다. "무엇이 다른 사람과 다르겠습니까? 요임금과 순임금도 다른 사람과 같았을 뿐입니다."

24 제나라 사람.

이루 하 33

齊人有一妻一妾而處室者, 其良人出, 則必饜酒肉而後反. 其妻問所與飮食者, 則盡富貴也. 其妻告其妾曰, "良人出, 則必饜酒肉而後反, 問其與飮食者, 盡富貴也, 而未嘗有顯者來, 吾將瞯良人之所之也." 蚤起, 施從良人之所之, 徧國中無與立談者. 卒之東郭墦間之祭者, 乞其餘, 不足, 又顧而之他, 此其爲饜足之道也. 其妻歸, 告其妾曰, "良人者, 所仰望而終身也, 今若此." 與其妾訕其良人, 而相泣於中庭, 而良人未之知也, 施施從外來, 驕其妻妾.

由君子觀之, 則人之所以求富貴利達者, 其妻妾不羞也, 而不相泣者, 幾希矣.

•

제나라에 아내 하나와 첩 하나를 두고 집에 거처하는 자가 있었는데, 그 남편은 나가면 반드시 술과 고기를 배불리 먹고 나서 돌아왔다. 그 처가 누구와 먹고 마셨는지 물었는데, 모두 부귀한 사람들이었다. 그 처가 첩에게 알려주었다. "남편이 나가면 반드시 술과 고기를 배불리 먹고 나서 돌아오는데, 함께 먹고 마시는 자에 대해 물어보니, 모두 부귀한 사람들이었다. 그러나 일찍이 훌륭한 사람들이 집에 온 적이 있지 않았으니, 내가 장차 남편이 가는 곳을 엿보겠다." 아침 일찍 일어나 남편이 가는 곳을 따라가보니, 나라 안을 두루 다니면서도 그와 함께 서서 말하는 자가 없었다. 마침내 동쪽 성곽 무덤 사이에 제사하는 자에게 가서 남은 것을 구걸하고, 부족하면 또 둘러보며 다른 곳으로 가니, 이것이 배불리 얻어먹는 방도였다. 그 처가 돌아와서 그 첩에게 알려주며 말했다. "남편이란 우러러보면서 죽을 때까지 살아야 할 사람인데, 지금 이와 같다." 그 첩과 함께 남편을 헐뜯으며 뜰 안에서 울고 있었는데, 남편은 그것을 알지 못하고 의기양양하게 밖에서 돌아와 그 처첩에게 잘난 척하였다.

군자의 입장에서 본다면, 부귀와 출세를 구하는 자들 가운데 그 처첩이 부끄러워하지 않고 서로 울지 않을 자가 거의 드물 것이다.

09

만장 상
萬章上

만장 상 1

萬章問曰, "舜往于田, 號泣于旻天, 何爲其號泣也?"
孟子曰, "怨慕也."
萬章曰, "'父母愛之, 喜而不忘, 父母惡之, 勞而不怨.' 然則舜怨乎?"
曰, "長息問於公明高曰, '舜往于田, 則吾旣得聞命矣, 號泣于旻天, 于父母, 則吾不知也.' 公明高曰, '是非爾所知也.' 夫公明高以孝子之心, 爲不若是恝, 我竭力耕田, 共爲子職而已矣, 父母之不我愛, 於我何哉?

•

만장[1]이 물었다. "순이 밭에 가서 하늘에 대고 울부짖었다고 하는데, 어찌 하여 울부짖었습니까?"

맹자가 대답했다. "원망하면서도 사모했기 때문이다."

만장이 말했다. "부모가 사랑하시면 기뻐하면서 잊지 않으며, 부모가 미워하시면 노력하면서 원망하지 않는다고 하는데, 그런데도 순임금은 원망했습니까?"

1 맹자의 제자로 〈등문공 하 5〉에 나온다.

(맹자가) 말했다. "장식[2]이 공명고[3]에게 '순임금이 밭에 갔다는 것은 내가 이미 가르침을 들었지만, 하늘과 부모에 대해 울부짖었다는 것은 내가 알지 못했습니다'라고 하자, 공명고는 '이것은 네가 알 것이 아니다'라고 했다. 공명고는 효자의 마음은 이와 같이 걱정이 없을 수 없다고 하면서 나는 힘을 다해 밭을 갈며 공손히 자식의 직분을 할 뿐인데, 부모께서 나를 사랑하지 않음이 나에게 무슨 상관인가라고 생각한 것이다.

帝使其子九男二女, 百官牛羊倉廩備, 以事舜於畎畝之中, 天下之士多就之者. 帝將胥天下而遷之焉. 爲不順於父母, 如窮人無所歸. 天下之士悅之, 人之所欲也, 而不足以解憂. 好色, 人之所欲, 妻帝之二女, 而不足以解憂. 富, 人之所欲, 富有天下, 而不足以解憂. 貴, 人之所欲, 貴爲天子, 而不足以解憂. 人悅之好色富貴, 無足以解憂者, 惟順於父母可以解憂. 人少, 則慕父母, 知好色, 則慕少艾, 有妻子, 則慕妻子, 仕則慕君, 不得於君則熱中. 大孝終身慕父母. 五十而慕者, 予於大舜見之矣."

•

2 공명고의 제자.

3 장식의 스승으로 증자의 제자였다.

요임금이 아홉 아들과 두 딸, 여러 관리들, 소와 양, 창고를 갖추어 밭이랑 가운데 있는 순임금을 섬기게 하니, 천하의 선비들 대부분이 그에게 나아갔다. 요임금은 장차 천하의 인심을 살펴 임금의 자리를 (순에게) 옮겨주려 했다. 그래도 순임금은 부모와의 사이가 순조롭지 못했던 것을 궁핍한 사람이 돌아갈 곳이 없는 것과 같이 여겼다.

천하의 선비들이 좋아함은 사람들이 바라는 것이지만, 근심을 풀기에는 부족했다. 아름다운 여인은 사람들이 바라는 것이지만, 요임금의 두 딸을 아내로 삼았어도 근심을 풀기에는 부족했다. 부유함은 사람들이 바라는 것이지만, 천하를 소유했어도 근심을 풀기에는 부족했다. 귀함은 사람들이 바라는 것이지만, 귀하게 천자가 되었어도 근심을 풀기에는 부족했다. 사람들의 좋아함, 좋은 여색, 부유함, 귀함은 근심을 풀기에는 부족한 것이었고 오직 부모와의 사이가 순조로워야 근심을 풀 수 있었다.

사람들이 어려서는 부모를 사모하다가 아름다운 여인에 대해 알게 되면 어리고 예쁜 여자를 사모하고, 처자가 있게 되면 처자를 사모하고, 벼슬을 하면 임금을 사모하고, 임금에게 총애를 얻지 못하면 가슴속에 열이 난다. 큰 효는 죽을 때까지 부모를 사모하는 것이다. 오십 세까지도 부모를 사모하는 것을 나는 위대한 순임금에게서 보았다."

만장 상 2

萬章問曰, "《詩》云, '娶妻如之何? 必告父母. 信斯言也, 宜莫如舜. 舜之不告而娶, 何也?"
孟子曰, "告則不得娶. 男女居室, 人之大倫也. 如告, 則廢人之大倫, 以懟父母, 是以不告也."
萬章曰, "舜之不告而娶, 則吾既得聞命矣, 帝之妻舜而不告, 何也?"
曰, "帝亦知告焉則不得妻也."

•

만장이 물었다. "《시경》에서, '아내를 맞이하려면 어떻게 해야 하는가? 반드시 부모께 아뢰어야 한다'고 했으니, 이 말을 믿는다면, 마땅히 순임금과 같아서는 안 됩니다. 순임금은 아뢰지도 않고 장가를 들었으니, 어째서입니까?"

맹자가 말했다. "아뢰었다면 장가들지 못했을 것이다. 남녀가 함께 방에 거처하는 것은 사람의 큰 윤리이다. 아뢰었다면 사람의 큰 윤리를 폐하여 부모를 탓하였을 것이니, 이래서 아뢰지 않았던 것이다."

만장이 말했다. "순임금이 고하지 않고 장가를 든 것은 제가 이미 가르침을 들었는데, 요임금이 순임금에게 딸을 시집보내면서

(순임금의 부모에게) 아뢰지 않은 것은 어째서입니까?"

(맹자가) 말했다. "요임금 또한 아뢰면 시집보낼 수 없음을 알았기 때문이다."

萬章曰, "父母使舜完廩, 捐階, 瞽瞍焚廩. 使浚井, 出, 從而揜之. 象曰, '謨蓋都君咸我績, 牛羊父母, 倉廩父母, 干戈朕, 琴朕, 弤朕, 二嫂使治朕棲.' 象往入舜宮, 舜在牀琴. 象曰, '鬱陶思君爾.' 忸怩. 舜曰, '惟兹臣庶, 汝其于予治.' 不識舜不知象之將殺己與?"

曰, "奚而不知也? 象憂亦憂, 象喜亦喜."

曰, "然則舜僞喜者與?"

曰, "否. 昔者有饋生魚於鄭子産, 子産使校人畜之池. 校人烹之, 反命曰, '始舍之, 圉圉焉, 少則洋洋焉, 攸然而逝.' 子産曰, '得其所哉! 得其所哉!' 校人出, 曰, '孰謂子産智? 予旣烹而食之, 曰, 得其所哉, 得其所哉.' 故君子可欺以其方, 難罔以非其道. 彼以愛兄之道來, 故誠信而喜之, 奚僞焉?"

•

만장이 말했다. "부모가 순에게 창고를 완성하라고 시키고는 사다리를 치우고, 고수瞽瞍[4]는 창고에 불을 질렀습니다. 우물을 파라고 시키고 순임금이 나오려고 하자 흙을 덮으려고 했습니다. 상象[5]이

'도군都君[6]을 덮어버리자고 꾀를 낸 것은 모두 나의 공적이니, 소와 양은 부모가 차지하고, 창고는 부모가 차지하며, 방패와 창은 내가 차지하고, 비파는 내가 차지하고, 활은 내가 차지하고, 두 형수는 내 집을 다스리게 하겠다'고 했습니다. 상이 순임금의 궁으로 들어갔는데, 순임금은 침상에서 비파를 타고 있었습니다. 상이 '사무치도록 도군을 생각했습니다'라고 하면서 부끄러워했습니다. 순임금이 '여기 여러 신하들이 있으니, 너는 내게 와서 다스리라'라고 했습니다. 모르겠습니다만, 순임금은 상이 장차 자기를 죽이려 했던 것을 알지 못했습니까?"

(맹자가) 말했다. "어찌 알지 못했겠는가? 상이 근심하면 또한 근심하고, 상이 기뻐하면 또한 기뻐했다."

(만장이) 말했다. "그렇다면 순임금은 거짓으로 기뻐한 사람입니까?"

(맹자가) 말했다. "아니다. 옛날에 살아 있는 물고기를 정나라 자산에게 선물한 사람이 있어서 자산이 연못 관리하는 사람에게 그것을 기르게 했는데, 연못 관리하는 사람이 삶아 먹고 돌아와 '처음에 그것을 놓아주었더니 비실비실했는데, 조금 있다가 팔팔해

4 순임금의 아버지.

5 순임금의 이복동생.

6 순임금의 다른 이름.

져 천천히 가버렸습니다'라고 보고했다. 자산이 '그 살 곳을 얻었구나, 그 살 곳을 얻었구나'라고 했다. 연못 관리하는 사람이 나와서 '누가 자산을 지혜롭다고 하는가? 내가 이미 물고기를 삶아먹었는데, 자산은 그 살 곳을 얻었다고 하는구나'라고 했다. 그래서 군자는 술책으로는 속일 수 있지만, 도가 아닌 것으로는 속이기 어렵다. 저 상은 형을 사랑하는 도리를 가지고 왔다. 그래서 진실로 믿고 기뻐하신 것이니, 어찌 거짓이었겠는가?"

만장 상 3

萬章問曰, "象日以殺舜爲事, 立爲天子則放之, 何也?"
孟子曰, "封之也, 或曰放焉."
萬章曰, "舜流共工于幽州, 放驩兜于崇山, 殺三苗于三危, 殛鯀于羽山, 四罪而天下咸服, 誅不仁也. 象至不仁, 封之有庳. 有庳之人奚罪焉? 仁人固如是乎, 在他人則誅之, 在弟則封之?"
曰, "仁人之於弟也, 不藏怒焉, 不宿怨焉, 親愛之而已矣. 親之, 欲其貴也, 愛之, 欲其富也. 封之有庳, 富貴之也. 身爲天子, 弟爲匹夫, 可謂親愛之乎?"
"敢問或曰放者, 何謂也?"
曰, "象不得有爲於其國, 天子使吏治其國而納其貢稅焉, 故謂之放. 豈得暴彼民哉? 雖然, 欲常常而見之, 故源源而來, '不及貢, 以政接于有庳.' 此之謂也."

•

만장이 물었다. "상이 날마다 순임금을 죽이는 것으로 일을 삼았는데, (순임금이) 천자로 옹립되어 곧 그를 추방한 것은 어째서입니까?"

맹자가 말했다. "그를 (제후로) 봉해준 것인데, 누군가 추방했다고 말한 것이다."

만장이 말했다. "순임금이 공공[7]을 유주에 유배하고, 환두[8]를 숭산으로 추방하고, 삼묘[9]를 삼위에서 죽이고, 곤[10]을 우산에서 죽였는데,[11] (이렇게) 넷을 벌하자 천하가 모두 복종했으니, 어질지 않은 자를 처벌했기 때문입니다. 상이 지극히 어질지 않은데도 유비有庳에 봉해주었으니, 유비의 사람들은 무슨 죄가 있습니까? 어진 사람도 진실로 이와 같습니까? 다른 사람들은 베어 죽이고, 아우는 봉해줍니까?"

(맹자가) 말했다. "어진 사람은 아우에 대해 노여움을 품지 않고 원망을 묵히지 않으며, 그를 아끼고 사랑할 뿐이다. 그를 아끼는 것[親]은 그가 귀해지기를 바라는 것이고, 그를 사랑함[愛]은 그가 부유해지기를 바라는 것이다. 그를 유비에 봉해준 것은 그가 부유하고 귀해지게 한 것이다. 자신은 천자가 되었는데 아우가 필부가 된다면 그를 아끼고 사랑한다고 할 수 있겠는가?"

(만장이 말했다.) "감히 묻건대 누군가 추방했다고 말한 것은 무엇을 말합니까?"

---

7 전설의 인물로 요임금의 신하. 관직명이라는 설도 있다.

8 요임금과 순임금 때 신하.

9 하나라에 복종하지 않은 부족.

10 순임금 때 치수를 했으나 실패했다.

11 공공, 환두, 삼묘, 곤은 요순 때의 대표 악인으로 불린다.

(맹자가) 말했다. "상이 그 나라에서 정치를 하지 못해서 천자가 관리를 시켜 그 나라를 다스리게 하고 그 공물과 세금을 납부하게 했기 때문에 추방했다고 한 것이다. 어찌 저 백성들을 포악하게 할 수 있었겠는가? 비록 그렇지만 늘 그를 만나려고 했기 때문에 계속해서 오게 했으니, '조공할 때가 되지 않아서 정치적인 일로 유비의 임금을 접견했다'라고 한 것은 이것을 말하는 것이다."

만장 상 4

咸丘蒙問曰, "語云, '盛德之士, 君不得而臣, 父不得而子.' 舜南面而立, 堯帥諸侯北面而朝之, 瞽瞍亦北面而朝之. 舜見瞽瞍, 其容有蹙. 孔子曰, '於斯時也, 天下殆哉, 岌岌乎!' 不識此語誠然乎哉?"

孟子曰, "否, 此非君子之言, 齊東野人之語也. 堯老而舜攝也. 堯典曰, '二十有八載, 放勳乃徂落, 百姓如喪考妣, 三年, 四海遏密八音.' 孔子曰, '天無二日, 民無二王.' 舜既爲天子矣, 又帥天下諸侯以爲堯三年喪, 是二天子矣."

•

함구몽[12]이 물었다. "옛말에 '덕이 성대한 선비는 임금이 신하로 삼을 수 없고, 아버지가 아들로 삼을 수 없다'고 했습니다. 순임금이 남쪽을 보고 서 있는데[舜南面而立],[13] 요임금이 제후를 거느리고 북쪽을 바라보며 조회했고, 고수 또한 북쪽을 바라보며 조회했습니다. 순임금이 고수를 보고 그 용안에 찌푸림이 있었습니다. 공자께

12 맹자의 제자로 노나라 사람.

13 남면(南面)은 임금이 되어 나라를 다스린다는 의미다.

서 '이 시기에 천하가 위태로워 급급했도다'라고 하셨으니,[14] 모르겠지만 이 말은 진실로 그러했습니까?"

맹자가 말했다. "아니다. 이것은 군자의 말이 아니라 제나라 동쪽 야인들의 말이다. 요임금이 늙어서 순임금이 섭정한 것이다. 〈요전〉[15]에서 '이십팔 년 만에 방훈[16]이 늙어 세상을 떠나니 백성들이 부모를 잃은 듯이 삼년상을 치렀고, 온 세상에서 모든 음악[八音][17]을 금하였다'고 했다. 공자께서는 '하늘에는 두 해가 없고 백성들에게는 두 임금이 없다'라고 하셨다. 순임금이 이미 천자가 되었으니, 또한 천하의 제후를 거느리고 요임금을 위해 삼년상을 치렀다면 이는 천자가 둘이 되는 것이다."

咸丘蒙曰, "舜之不臣堯, 則吾旣得聞命矣. 《詩》云, '普天之下, 莫非王土, 率土之濱, 莫非王臣.' 而舜旣爲天子矣. 敢問瞽瞍之非臣, 如何?"

曰, "是詩也, 非是之謂也, 勞於王事而不得養父母也. 曰, '此莫

---

14 공자가 순임금이 요임금과 아버지 고수를 신하로 삼았다는 이야기를 듣고 했다는 말을 인용한 것이다.

15 《서경》〈우서(虞書)〉의 편명.

16 요임금.

17 실, 돌, 쇠, 대나무, 박, 흙, 가죽, 나무에서 나오는 소리를 말한다.

非王事, 我獨賢勞也.' 故說《詩》者, 不以文害辭, 不以辭害志. 以意逆志, 是爲得之. 如以辭而已矣. 〈雲漢〉之詩曰, '周餘黎民, 靡有孑遺.' 信斯言也, 是周無遺民也. 孝子之至, 莫大乎尊親, 尊親之至, 莫大乎以天下養. 爲天子父, 尊之至也, 以天下養, 養之至也. 《詩》曰, '永言孝思, 孝思維則.' 此之謂也. 《書》曰, '祗載見瞽瞍, 夔夔齊栗, 瞽瞍亦允若.' 是爲父不得而子也?"

•

함구몽이 말했다. "순임금이 요임금을 신하로 삼지 않았다는 것은 제가 이미 가르침을 들었습니다. 《시경》에서, '온 하늘의 아래가 임금의 영토가 아님이 없으며, 온 땅의 끝까지 왕의 신하가 아님이 없다'라고 했으며, 순임금은 이미 천자가 되었습니다. 감히 묻건대 고수를 신하로 삼지 않은 것은 어째서입니까?"

(맹자가) 말했다. "이 시는 이것을 말한 것이 아니라, 왕의 일이 힘에 겨워 부모를 봉양하지 못했다는 것이다. 그래서 '이것은 왕의 일이 아닐 수 없지만, 나만 유독 어질다 하여 힘겹구나'라고 했던 것이다. 그래서 시를 설명하는 자는 글로 말을 해치지 말아야 하고 [不以文害辭] 말로 뜻을 해치지 말아야 한다[不以辭害志]. 의미로 그 뜻을 헤아려야 그것을 얻을 수 있다. 만약 글로만 얻는다면, 〈운한〉[18] 이라는 시에서 '주나라의 살아남은 백성들도 남을 사람이 없겠구

18 《시경》〈대아(大雅)〉편에 있는 시.

나'라고 말했는데, 이 말을 믿는다면 주나라에는 살아남은 백성이 없다고 해야 할 것이다.

효자의 지극함은 어버이를 높이는 것보다 큰 것이 없고, 어버이를 높이는 것의 지극함은 천하를 가지고 받들어 보살피는 것보다 큰 것이 없다. 천자의 아버지가 되었으니 높임의 지극함이며, 천하를 가지고 받들어 보살폈으니 받들어 보살핌의 지극함이었다.《시경》에서, '항상 효도하고 사모했으니, 효도하고 사모함이 법칙이 되는구나'라고 했는데, 이것을 말하는 것이다.

《서경》에서는, '(순임금이) 공경하면서 처음으로 고수를 보게 되었는데 조심하며 두려워했으니, 고수 또한 (순임금을) 믿고 따랐다'라고 했다. 이것이 아버지가 아들로 삼을 수 없다[19]는 것이다."

19 '비록 고수가 순임금의 아버지라 할지라도 그를 아들로 대할(삼을) 수 없다'는 의미로도 해석할 수 있다.

만장 상 5

萬章曰, "堯以天下與舜, 有諸?"

孟子曰, "否. 天子不能以天下與人."

"然則舜有天下也, 孰與之?"

曰, "天與之."

"天與之者, 諄諄然命之乎?"

曰, "否. 天不言, 以行與事示之而已矣."

曰, "以行與事示之者, 如之何?"

曰, "天子能薦人於天, 不能使天與之天下, 諸侯能薦人於天子, 不能使天子與之諸侯, 大夫能薦人於諸侯, 不能使諸侯與之大夫. 昔者, 堯薦舜於天, 而天受之, 暴之於民, 而民受之, 故曰, 天不言, 以行與事示之而已矣."

•

만장이 말했다. "요임금이 천하를 순임금에게 주었다고 하는데, 그런 일이 있습니까?"

맹자가 말했다. "아니다. 천자는 천하를 남에게 줄 수 없다."

(만장이 말했다.) "그렇다면 순임금이 천하를 소유한 것은 누가 준 것입니까?"

(맹자가) 말했다. "하늘이 주었다."

(만장이 말했다.) "하늘이 주었다는 것은 말로 정성스럽게 타이르듯 명한 것입니까?"

(맹자가) 말했다. "아니다. 하늘은 말을 하지 않고 행실과 일로 그것을 보여줄 뿐이다."

(만장이) 말했다. "행실과 일로 그것을 보여준다는 것은 어떤 것입니까?"

(맹자가) 말했다. "천자는 하늘에 인재를 천거할 수 있지만, 하늘을 시켜 그에게 천하를 주도록 할 수는 없고, 제후는 천자에게 인재를 천거할 수 있지만, 천자를 시켜 그에게 제후를 주도록 할 수는 없고, 대부는 제후에게 인재를 천거할 수는 있지만, 제후를 시켜 그에게 대부를 주도록 할 수는 없다. 옛날에 요임금이 하늘에 순임금을 천거하자 하늘이 그를 받아들였고, 백성들에게 드러내자 백성들이 그를 받아들였다. 그래서 하늘은 말을 하지 않고 행실과 일로 그것을 보여줄 뿐이라고 말하는 것이다."

曰, "敢問薦之於天, 而天受之, 暴之於民, 而民受之, 如何?"

曰, "使之主祭, 而百神享之, 是天受之, 使之主事, 而事治, 百姓安之, 是民受之也. 天與之, 人與之, 故曰, 天子不能以天下與人. 舜相堯二十有八載, 非人之所能爲也, 天也. 堯崩, 三年之喪畢,舜避堯之子於南河之南, 天下諸侯朝覲者, 不之堯之子而之舜, 訟獄者, 不之堯之子而之舜, 謳歌者, 不謳歌堯之子而謳歌舜, 故曰, 天也. 夫然後之中國, 踐天子位焉. 而居堯之宮, 逼堯之子, 是簒也, 非天與也. 〈太誓〉曰, '天視自我民視, 天聽自我民聽.' 此之謂也."

•

(만장이) 말했다. "감히 묻건대 하늘에 그를 천거하자 하늘이 그를 받아들이고, 백성들에게 그를 드러내자 백성들이 그를 받아들였다는 것은 어떻게 된 것입니까?"

(맹자가) 말했다. "그에게 제사를 주관하게 하여 온갖 신들이 흠향[享]했으니, 이는 하늘이 그를 받아들인 것이고, 일을 주관하게 하여 일이 다스려지자 백성들이 그것을 편안히 여겼으니, 이는 백성들이 그를 받아들인 것이다. 하늘이 주고 사람들이 주었기 때문에 천자는 천하를 남에게 줄 수 없다고 말하는 것이다. 순임금이 요임금의 재상을 이십팔 년 했는데, 사람이 할 수 있는 것이 아니었으니, 하늘이 한 것이다. 요임금이 붕어하고 삼년상을 마치고 순임금이 요임금의 아들을 피해 남하의 남쪽에 있었는데, 천하의 제후로서 조회하려는 자들이 요임금의 아들에게 가지 않고 순임금에게 갔으며, 옥사를 송사하려는 자들이 요임금의 아들에게 가지 않고 순임금에게 갔으며, 덕을 노래하려는 자들이 요임금의 아들을 노래하지 않고 순임금을 노래했다. 그래서 하늘이 한 것이라고 하는

것이다. 그런 다음에 도읍으로 가서 천자의 자리에 올랐다. 요임금의 궁에 거처하면서 요임금의 아들을 핍박했다면, 이는 찬탈이지 하늘이 준 것이 아니다. 〈태서〉에서 '하늘의 살펴봄은 우리 백성들의 살펴봄에서 시작되며, 하늘의 들어봄은 우리 백성들의 들어봄에서 시작된다'라고 했는데, 이것을 말하는 것이다."

만장 상 6

萬章問曰, "人有言, '至於禹而德衰, 不傳於賢, 而傳於子.' 有諸?"

孟子曰, "否. 不然也. 天與賢, 則與賢, 天與子, 則與子. 昔者, 舜薦禹於天, 十有七年, 舜崩, 三年之喪畢, 禹避舜之子於陽城. 天下之民從之, 若堯崩之後不從堯之子而從舜也. 禹薦益於天, 七年, 禹崩, 三年之喪畢, 益避禹之子於箕山之陰. 朝覲訟獄者不之益而之啓, 曰, '吾君之子也.' 謳歌者不謳歌益而謳歌啓, 曰, '吾君之子也.' 丹朱之不肖, 舜之子亦不肖. 舜之相堯禹之相舜也, 歷年多, 施澤於民久. 啓賢, 能敬承繼禹之道. 益之相禹也, 歷年少, 施澤於民未久. 舜禹益相去久遠, 其子之賢不肖, 皆天也, 非人之所能爲也. 莫之爲而爲者, 天也, 莫之致而至者, 命也.

•

만장이 물었다. "사람들이 '우임금에 이르러 덕이 쇠하여 현명한 사람에게 전해주지 않고 아들에게 전해주었다'라고 말하는데, 그런 일이 있습니까?"

맹자가 말했다. "아니다. 그렇지 않다. 하늘이 현명한 사람에게 전해주도록 하면 현명한 사람에게 전해주고, 하늘이 아들에게 전해주도록 하면 아들에게 전해주었다. 옛날에 순임금이 우임금을 하늘에 천거했는데, 십칠 년 만에 순임금이 붕어하고 삼년상이 끝나자 우임금은 순임금의 아들을 피해 양성에 있었다. 천하의 백성들이 그를 따랐는데, 요임금이 붕어하고 나서 요임금의 아들을 따르지 않고 순임금을 따랐던 것과 같았다. 우임금이 익을 하늘에 천거했는데, 칠 년 만에 우임금이 붕어하고 삼년상이 끝나자 익은 우임금의 아들을 피해 기산의 북쪽에 있었다. 조회하고 송사하려는 자들이 익에게 가지 않고 계[20]에게 가서 '우리 임금의 아들이다'라고 했다. 덕을 노래하려는 자들도 익을 노래하지 않고 계를 노래하면서 '우리 임금의 아들이다'라고 했다.

단주[21]가 불초하고 순임금의 아들 또한 불초했다. 순임금은 요임금의 재상으로, 우임금은 순임금의 재상으로 여러 해를 거치면서 백성들에게 은택을 베푼 지 오래되었고, 계는 현명하여 우임금의 도를 공경히 승계할 수 있었다. 익은 우임금의 재상이 된 지가 몇 해 못 되서 백성들에게 은택을 베푼 것이 오래되지 못했다. 순임금, 우임금, 익이 재상을 지낸 시간에 차이도 있고, 그 아들의 현명함과 불초함은 모두 천성인 것이니, 사람이 할 수 있는 것이 아니다. 그렇게 되려고 하지 않아도 되는 것이 천성이고, 그렇게 끌

20 우임금의 아들.

21 요임금의 아들.

어들이려고 하지 않아도 다가오는 것은 운명이다.

匹夫而有天下者, 德必若舜禹, 而又有天子薦之者. 故仲尼不有天下. 繼世以有天下, 天之所廢, 必若桀紂者也. 故益伊尹周公不有天下. 伊尹相湯以王於天下, 湯崩, 太丁未立, 外丙二年, 仲壬四年. 太甲顚覆湯之典刑, 伊尹放之於桐, 三年, 太甲悔過, 自怨自艾, 於桐處仁遷義, 三年, 以聽伊尹之訓己也, 復歸于亳. 周公之不有天下, 猶益之於夏伊尹之於殷也. 孔子曰, '唐虞禪夏后殷周繼, 其義一也.'"

•

보통의 사내로서 천하를 소유하는 자는 덕이 반드시 순임금이나 우임금과 같아야 하고, 또한 천자가 그를 천거해 줌이 있어야 한다. 그래서 공자께서는 천하를 소유하지 못하신 것이다. 세대를 이어 천하를 소유하려 하는데 하늘이 그만두게 하는 것은 반드시 걸이나 주와 같은 자들이다. 그래서 익과 이윤과 주공이 천하를 소유하지 못한 것이다.

이윤이 탕왕의 재상이 되어 (탕왕이) 천하에 왕이 되게 했는데, 탕왕이 붕어하고 나서 태정[22]은 왕위에 서보지도 못했고, 외병[23]은 이 년, 중임[24]은 사 년을 했다. 태갑[25]이 탕왕의 법도와 형벌을 무너뜨리자 이윤이 (태갑을) 동桐 땅에 삼 년 동안 추방했는데, 태갑이 잘못을 뉘우치고 스스로를 탓하고 스스로를 다스려 동 땅에서 어질게 처신하고 의롭게 바뀌었다. 삼 년 동안 이윤이 자기에게 가르친 것을 잘 받아들여 다시 박亳으로 돌아오게 되었다. 주공이 천하를 소유하지 못함은 하나라에서 익이 처했던 것과 은나라에서 이윤이 처했던 것과 같다. 공자께서는 '요임금과 순임금은 선위하였고, 하나라 다음에 은나라와 주나라는 자손이 계승했는데, 그 의로움은 같다'라고 하셨다."

22 탕왕의 아들.

23 탕왕의 아우.

24 탕왕의 아우.

25 태정의 아들.

만장 상 7

萬章問曰, "人有言, '伊尹以割烹要湯' 有諸?"

孟子曰, "否. 不然. 伊尹耕於有莘之野, 而樂堯舜之道焉. 非其義也, 非其道也, 祿之以天下, 弗顧也, 繫馬千駟, 弗視也. 非其義也, 非其道也, 一介不以與人, 一介不以取諸人. 湯使人以幣聘之, 囂囂然曰, '我何以湯之聘幣爲哉? 我豈若處畎畝之中, 由是以樂堯舜之道哉?' 湯三使往聘之, 旣而幡然改曰, '與我處畎畝之中, 由是以樂堯舜之道, 吾豈若使是君爲堯舜之君哉? 吾豈若使是民爲堯舜之民哉? 吾豈若於吾身親見之哉? 天之生此民也, 使先知覺後知, 使先覺覺後覺也. 予天民之先覺者也, 予將以斯道覺斯民也. 非予覺之, 而誰也?'

•

만장이 물었다. "사람들이 '이윤은 요리하는 것으로 탕왕에게 관심을 끌었다'라고 말하는데, 그런 일이 있었습니까?"

맹자가 말했다. "아니다. 그렇지 않다. 이윤이 유신 땅의 들판에서 밭을 갈면서 요순의 도를 즐겼다. 그 의로움이 아니고 그 도리가 아니면, 천하를 녹봉으로 주어도 돌아보지 않았고, 사 천 마리의 사마[26]를 끌어다 놓아도 쳐다보지 않았으며, 그 의로움이 아니고 그 도리가 아니면 지푸라기 하나라도 남에게 주지 않았고, 지푸라기 하나라도 남에게서 취하지 않았다.

탕왕이 사람을 시켜 폐백을 갖춰 초빙했는데, 이윤이 담담하게 '내가 어찌 탕왕이 초빙하는 폐백을 쓰겠는가? 내가 어찌 밭 가운데 거처하면서 이대로 요순의 도를 즐기는 것만 하겠는가?'라고 했다. 탕왕이 세 번이나 사람을 보내 초빙하자 드디어 선뜻 마음을 고쳐 '내가 밭 가운데 머물면서 이대로 요순의 도를 즐기기는 것이, 내가 어찌 이 임금을 요순과 같은 임금이 되게 하는 것만 같겠으며, 내가 어찌 이 백성을 요순의 백성이 되게 하는 것만 같겠으며, 내가 어찌 내 자신이 친히 그것을 보는 것만 같겠는가? 하늘이 이 백성을 낳고서 먼저 알게 된 사람에게 나중에 알 사람을 깨우쳐주고, 먼저 깨달은 사람이 나중에 깨달을 사람을 깨우쳐주게 하셨다. 나는 하늘이 낳은 백성 가운데 먼저 깨달은 자이니, 나는 장차 이 도로 이 백성을 깨우칠 것이다. 내가 그들을 깨우치지 않는다면 누가 하겠는가?'라고 했다.

思天下之民匹夫匹婦有不被堯舜之澤者, 若己推而內之溝中. 其自任以天下之重如此, 故就湯而說之以伐夏救民. 吾未聞枉己而

26 수레를 끄는 네 마리의 말.

正人者也, 況辱己以正天下者乎? 聖人之行不同也. 或遠, 或近, 或去, 或不去, 歸潔其身而已矣. 吾聞其以堯舜之道要湯, 未聞以割烹也. 〈伊訓〉曰, '天誅造攻自牧宮, 朕載自亳.'"

•

(이윤은) 천하의 백성들을 생각하면서 보통의 남자와 여자라도 요임금과 순임금의 은택을 입지 못하는 자가 있으면, 자기가 도랑 가운데에 밀어넣은 것처럼 여겼다. 스스로 천하에 대한 책임을 이와 같이 무겁게 여겼다. 그래서 탕왕에게 나아가 설득하여 하나라를 정벌하고 백성들을 구제했다. 나는 자기를 굽혀 남을 바로잡았다는 자는 듣지 못했으니, 하물며 자기를 욕되게 하여 천하를 바로잡게 하는 자가 있겠는가? 성인의 행동은 같지 않다. 누군가는 멀리 있고 누군가는 가까이 있으며, 누군가는 떠나고 누군가는 떠나지 않지만 그 자신을 깨끗이 하는 것으로 귀결될 뿐이다. 나는 요순의 도를 가지고 탕왕에게 요구했다는 말을 들었어도 요리하는 것으로 관심을 끌었다는 말은 듣지 못했다. 〈이훈〉[27]에서, '하늘이 벌주고 공격하도록 한 것은 목궁[28]에서 시작되었는데, 나는 박에서 (탕왕을 돕는 것으로) 시작했었다'라고 했다."

27 《서경》〈상서〉의 편명.

28 걸(桀)이 살던 하나라의 궁 이름.

만장 상 8

萬章問曰, "或謂孔子於衛主癰疽, 於齊主侍人瘠環, 有諸乎?" 孟子曰, "否, 不然也, 好事者爲之也. 於衛主顏讎由. 彌子之妻與子路之妻, 兄弟也. 彌子謂子路曰, '孔子主我, 衛卿可得也.' 子路以告. 孔子曰, '有命.' 孔子進以禮, 退以義, 得之不得曰'有命'. 而主癰疽與侍人瘠環, 是無義無命也. 孔子不悅於魯衛, 遭宋桓司馬將要而殺之, 微服而過宋. 是時孔子當阨, 主司城貞子, 爲陳侯周臣. 吾聞觀近臣, 以其所爲主, 觀遠臣, 以其所主. 若孔子主癰疽與侍人瘠環, 何以爲孔子?"

•

만장이 물었다. "누군가가 '공자께서 위나라에서는 옹저[29]의 집에 머무르셨고, 제나라에서는 내시 척환의 집에 머무르셨다'고 하는데, 그런 일이 있었습니까?"

맹자가 말했다. "아니다. 그렇지 않다. 일 만들기 좋아하는 자들이 그렇게 여겼다. 위나라에서는 안수유[30]의 집에 머물렀는데, 미

29 종기를 고치는 의원.

30 위나라의 대부.

자[31]의 아내가 자로의 아내와 형제였다. 미자가 자로에게 '공자가 내 집에 머문다면 위나라의 경 벼슬을 얻을 수 있다'라고 했다. 자로가 이를 고하자 공자께서 '천명에 달려 있다'라고 하셨다. 공자께서 나아가실 때 예의[禮]로 하고, 물러나실 때 의로움[義]으로 하셔서 얻고 얻지 못함을 '천명에 달려 있다[有命]'라고 하신 것이다. 만약 옹저와 내시 척환의 집에 머물렀다면, 이는 의로움[義]도 없고 천명[命]도 없는 것이다.

공자께서 노나라와 위나라에서 기쁘지 않으셨는데, 송나라 환사마[32]가 공자를 기다렸다가 죽이려 하자 미천한 옷으로 송나라를 지나가셨다. 이때 공자께서 곤경을 당하면서 진후陳侯인 주周의 신하였던 사성정자의 집에 머무르셨다.

내가 듣건대 임금 가까이 있는 신하[近臣]를 살필 때는 그의 집에 머무는 사람을 보고, 멀리서 온 신하[遠臣]를 살필 때는 그가 머무는 집을 본다고 했다. 만약 공자께서 옹저와 내시 척환의 집에 머무르셨다면 어찌 공자가 되실 수 있었겠는가?"

31 위나라 영공의 신하.

32 《논어》〈술이(述而)〉에서 공자를 위협했던 환퇴(桓魋)를 가리킨다.

만장 상 9

萬章問曰, "或曰, '百里奚自鬻於秦養牲者五羊之皮, 食牛以要秦穆公.' 信乎?"

孟子曰, "否, 不然, 好事者爲之也. 百里奚, 虞人也. 晉人以垂棘之璧與屈産之乘, 假道於虞以伐虢. 宮之奇諫, 百里奚不諫. 知虞公之不可諫而去之秦, 年已七十矣, 曾不知以食牛干秦穆公之爲汙也, 可謂智乎? 不可諫而不諫, 可謂不智乎? 知虞公之將亡而先去之, 不可謂不智也. 時擧於秦, 知穆公之可與有行也而相之, 可謂不智乎? 相秦而顯其君於天下, 可傳於後世, 不賢而能之乎? 自鬻以成其君, 鄕黨自好者不爲, 而謂賢者爲之乎?"

•

만장이 물었다. "누군가가 '백리해[33]는 스스로를 진나라의 희생[34]을 기르는 자에게 양 가죽 다섯 장에 팔고, 소를 기르면서 진 목공秦穆公에게 등용되기를 요구했다고 하는데, 믿을 만합니까?"

맹자가 말했다. "아니다. 그렇지 않다. 일 만들기 좋아하는 자들

33 우나라 사람으로 진(秦)나라 목공(穆公)을 도와 그가 춘추오패 중 하나가 되게 했다.

34 제물로 쓸 가축.

이 그렇게 여겼다. 백리해는 우虞나라 사람이다. 진나라 사람들이 수극[35]에서 난 벽옥과 굴屈에서 태어난 말을 바치면서 우나라에게 길을 빌려 괵虢나라를 정벌하려고 했는데, 궁지기[36]는 간했지만 백리해는 간하지 않았다.

우공이 간할 수 없는 사람임을 알고 진나라로 떠났으니, 나이가 이미 일흔이었다. 일찍이 소를 기르면서 진 목공에게 등용되기를 요구하는 것이 더러운 것임을 알지 못했다면, 지혜롭다고 할 수 있겠는가? 간할 수 없어서 간하지 않았으니, 지혜롭지 않다고 할 수 있겠는가? 우공이 장차 멸망할 것을 알고 먼저 떠났으니, 지혜롭지 않다고 할 수 있겠는가? 당시 진나라에 천거되었는데, 목공이 함께 도를 행할 만하다는 것을 알고 그를 도왔으니, 지혜롭지 않다고 할 수 있겠는가? 진나라를 도와 그 임금을 천하에 돋보이게 하여 후세에도 전해지게 할 수 있었으니, 현명하지 않고서 그렇게 할 수 있었겠는가? 자신을 팔아서 그 임금이 무엇인가를 이루게 하는 것은 시골의 자기 잘난 맛에 사는 자들도 하지 않는데, 현명한 사람이 그것을 했다고 할 수 있겠는가?"

35 아름다운 옥이 생산되는 진나라의 지역.

36 우나라의 현인.

10

만장 하
萬章下

만장 하 1

孟子曰, "伯夷, 目不視惡色, 耳不聽惡聲. 非其君, 不事, 非其民, 不使. 治則進, 亂則退. 橫政之所出, 橫民之所止, 不忍居也. 思與鄉人處, 如以朝衣朝冠坐於塗炭也. 當紂之時, 居北海之濱, 以待天下之淸也. 故聞伯夷之風者, 頑夫廉, 懦夫有立志.

•

맹자가 말했다. "백이는 눈으로는 나쁜 색을 보지 않고, 귀로는 나쁜 소리를 듣지 않았다. 그 임금이 아니면 섬기지 않았고, 그 백성이 아니면 부리지 않았다. 다스려지면 나아가고 어지러우면 물러났다. 멋대로 하는 정치가 나오는 곳과 멋대로 사는 백성들이 머무는 곳에서는 차마 살지 못했다. 시골의 무례한 사람들과 함께 거처하는 것을 조의와 조관을 갖추고 진흙탕과 숯덩이 위에 앉아 있는 것처럼 생각했다. 주紂의 시대에는 북쪽의 바닷가에 거처하면서 천하가 맑아지기를 기다렸다. 그래서 백이의 풍모를 들은 자들 가운데 완고한 사내들은 청렴해지고 나약한 사내들은 의지가 확립될 수 있었다.

伊尹曰, '何事非君? 何使非民?' 治亦進, 亂亦進, 曰, '天之生斯民也, 使先知覺後知, 使先覺覺後覺. 予, 天民之先覺者也. 予將以此道覺此民也.' 思天下之民匹夫匹婦有不與被堯舜之澤者, 若己推而內之溝中, 其自任以天下之重也. 柳下惠不羞汙君, 不辭小官. 進不隱賢, 必以其道. 遺佚而不怨, 阨窮而不憫. 與鄕人處, 由由然不忍去也. '爾爲爾, 我爲我, 雖袒裼裸裎於我側, 爾焉能浼我哉?' 故聞柳下惠之風者, 鄙夫寬, 薄夫敦. 孔子之去齊, 接淅而行, 去魯, 曰, '遲遲吾行也', 去父母國之道也. 可以速而速, 可以久而久, 可以處而處, 可以仕而仕, 孔子也."

•

이윤은 '누구를 섬기든 임금이 아니겠으며, 누구를 부리든 백성이 아니겠는가?'라고 하면서 다스려져도 나아가고 어지러워도 또한 나아갔고, '하늘이 이 백성을 낳았으니, 먼저 안 사람들에게 나중에 안 사람들을 깨우쳐주게 하고, 먼저 깨달은 사람들에게 나중에 깨달은 사람을 깨우쳐주게 한 것이다. 나는 하늘이 낳은 백성들 가운데 먼저 깨달은 사람이다. 내가 장차 이 도를 가지고 이 백성들을 깨우칠 것이다'라고도 했다. 천하의 백성들 가운데 필부필부라도 요순의 은택을 입지 못한 자가 있으면, 자기가 밀어서 도랑에 빠뜨린 것처럼 여겼으니, 그 스스로 천하의 중요한 임무를 맡았던 것이다.

유하혜는 더러운 임금을 부끄러워하지 않고 작은 관직도 사양하지 않았다. 나아가면 현명함을 숨기지 않았고, 반드시 (올바른) 그 도리를 따랐다. 버려져도 원망하지 않고 곤궁해도 괴로워하지 않았다. 고을 사람들과 사는 곳에서도 유유하게 있으며[由由然] 차마 떠나지 않았다. '너는 너고 나는 나니, 비록 내 옆에서 웃통을 벗고 발가벗는다 해도 네가 어찌 나를 더럽힐 수 있겠는가'라고 했다. 그래서 유하혜의 풍모를 들은 자들 가운데 인색한 사내들은 너그러워지고 각박한 사내들은 돈독해졌다.

공자께서 제나라를 떠나실 때는 쌀을 불리다가 가버리셨고, 노나라를 떠나실 때는 '더디고 더딘 내 걸음아'라고 하셨으니, 이는 어버이의 나라를 떠나는 도리다. 빨리 갈 만하면 빨리 가고, 오래 있을 만하면 오래 있었고, 거처할 만하면 거처하고, 벼슬할 만하면 벼슬했던 분이 공자다."

孟子曰, "伯夷, 聖之淸者也, 伊尹, 聖之任者也, 柳下惠, 聖之和者也, 孔子, 聖之時者也. 孔子之謂集大成. 集大成也者, 金聲而玉振之也. 金聲也者, 始條理也, 玉振之也者, 終條理也. 始條理者, 智之事也, 終條理者, 聖之事也. 智, 譬則巧也, 聖, 譬則力也. 由射於百步之外也, 其至, 爾力也, 其中, 非爾力也."

•

맹자가 말했다. "백이는 성인 가운데 맑은 사람이고, 이윤은 성인

가운데 책임감 있는 사람이고, 유하혜는 성인 가운데 친화력이 있는 사람이고, 공자는 성인 가운데 때를 잘 맞추는 사람이다. 공자를 '모아서 크게 이루었다[集大成]'고 한다. 모아서 크게 이루었다는 것은 쇠로 소리를 내고 옥으로 그것을 정돈하는 것이다. 쇠로 소리를 내는 것은 연주를 시작하는 것이고, 옥으로 떨치는 것은 연주를 마치는 것이다. 연주를 시작하는 것은 지혜의 사항이고, 연주를 마치는 것은 성인의 사항이다. 지혜는 비유하자면 기교이고, 성인은 비유하자면 힘이다. 활을 백보 밖에서 쏘는 것과 같으니, 화살을 다다르게 하는 것은 너의 힘이지만, 과녁에 맞추는 것은 너의 힘이 아니다."

만장 하 2

北宮錡問曰, "周室班爵祿也, 如之何?"

孟子曰, "其詳不可得而聞也. 諸侯惡其害己也, 而皆去其籍, 然而軻也嘗聞其略也. 天子一位, 公一位, 侯一位, 伯一位, 子男同一位, 凡五等也. 君一位, 卿一位, 大夫一位, 上士一位, 中士一位, 下士一位, 凡六等. 天子之制, 地方千里, 公侯皆方百里, 伯七十里, 子男五十里, 凡四等. 不能五十里, 不達於天子, 附於諸侯, 曰附庸. 天子之卿受地視侯, 大夫受地視伯, 元士受地視子男.

•

북궁기[1]가 물었다. "주나라 왕실이 작위와 녹봉을 나눈 것은 어떠했습니까?"

맹자가 말했다. "그 상세함은 듣지 못했습니다. 제후들이 자기에게 해되는 것이 싫어서 모두 그 전적[籍]을 없애버렸지만, 나는 일찍이 그 대략을 들었습니다.

(작위는) 천자天子가 한 자리, 공公이 한 자리, 후侯가 한 자리, 백伯

1 위(衛)나라 사람으로 맹자의 제자는 아닌 듯하다.

이 한 자리, 자子와 남男이 똑같이 한 자리로 무릇 다섯 등급입니다. (봉록은) 군君이 한 자리, 경卿이 한 자리, 대부大夫가 한 자리, 상사上士가 한 자리, 중사中士가 한 자리, 하사下士가 한 자리로 모두 여섯 등급입니다. 천자가 다스리는 땅은 사방으로 천 리, 공과 후는 모두 사방 백 리, 백은 칠십 리, 자와 남은 오십 리로 모두 네 등급입니다. 오십 리가 되지 못하면 천자에게 도달하지 못하고 제후에게 붙으니, '부용附庸'이라고 합니다. 천자의 경卿은 땅을 받을 때 후에 맞추어 땅을 받고, 대부는 땅을 받을 때 백에 맞추어 땅을 받고, 원사元士는 땅을 받을 때 자와 남에 맞추어 땅을 받습니다.

大國地方百里, 君十卿祿, 卿祿四大夫, 大夫倍上士, 上士倍中士, 中士倍下士, 下士與庶人在官者同祿, 祿足以代其耕也. 次國地方七十里, 君十卿祿, 卿祿三大夫, 大夫倍上士, 上士倍中士, 中士倍下士, 下士與庶人在官者同祿, 祿足以代其耕也. 小國地方五十里, 君十卿祿, 卿祿二大夫, 大夫倍上士, 上士倍中士, 中士倍下士, 下士與庶人在官者同祿, 祿足以代其耕也. 耕者之所獲, 一夫百畝, 百畝之糞, 上農夫食九人, 上次食八人, 中食七人, 中次食六人, 下食五人. 庶人在官者, 其祿以是爲差."

•

큰 나라는 땅이 사방 백 리인데, 군은 경의 녹봉의 열 배이고, 경의 녹봉은 대부의 네 배이고, 대부는 상사의 두 배이고, 상사는 중사의 두 배이고, 중사는 하사의 두 배이고, 하사는 서인으로 관직에 있는 자와 녹봉이 같으니, 녹봉은 그들이 경작하는 것을 대체할 만했습니다. 다음가는 나라는 땅이 사방 칠십 리인데, 군은 경의 녹봉의 열 배이고, 경의 녹봉은 대부의 세 배이고, 대부는 상사의 두 배이고, 상사는 중사의 두 배이고, 하사는 서인으로 관직에 있는 자와 녹봉이 같으니, 녹봉은 그들이 경작하는 것을 대체할 만했습니다. 작은 나라는 땅이 사방 오십 리인데, 군은 경의 녹봉의 열 배이고, 경의 녹봉은 대부의 두 배이고, 대부는 상사의 두 배이고, 상사는 중사의 두 배이고, 중사는 하사의 두 배이고, 하사는 서인으로 관직에 있는 자와 녹봉이 같으니, 녹봉이 그들이 경작하는 것을 대체할 만했습니다.

경작하는 사람이 수확한 것은 한 사내마다 백 무였으니, 백 무에 거름을 주면서 상위의 농부는 아홉 명을 먹이고, 상위의 농부 다음은 여덟 명을 먹이고, 중간 농부는 일곱 명을 먹이고, 중간 농부 다음은 여섯 명을 먹이고, 하위 농부는 다섯 명을 먹이는데, 서인으로 관직에 있는 자들은 그 녹봉을 이에 따라 차등을 두었습니다."

만장 하 3

萬章問曰, "敢問友."

孟子曰, "不挾長, 不挾貴, 不挾兄弟而友. 友也者, 友其德也, 不可以有挾也. 孟獻子, 百乘之家也, 有友五人焉, 樂正裘牧仲, 其三人則予忘之矣. 獻子之與此五人者友也, 無獻子之家者也. 此五人者, 亦有獻子之家, 則不與之友矣. 非惟百乘之家爲然也, 雖小國之君亦有之. 費惠公曰, '吾於子思, 則師之矣, 吾於顔般, 則友之矣, 王順長息則事我者也.'

•

만장이 물었다. "감히 벗을 사귐에 대해 묻겠습니다."

맹자가 말했다. "나이를 따지지 않고, 귀함을 따지지 않고, 형제를 따지지 않고 벗하는 것이다. 벗이라는 것은 그 덕을 벗하는 것이지 다른 것이 있어서는 안 된다. 맹헌자[2]는 수레가 백 대나 되는 집안이었는데, 다섯 사람의 벗이 있었으니, 악정구와 목중이 있었고, 나머지 세 사람은 내가 잊어버렸다. 맹헌자는 이 다섯 사람과 벗을 했는데, 맹헌자의 집안을 내세우지 않았다. 이 다섯 사람들

2 노나라의 경(卿)으로 현인으로 알려져 있다.

또한 헌자의 집안을 따지고 있었다면 그들과 함께 벗을 하지 않았을 것이다. 오직 수레가 백 대나 되는 집안만 그러했던 것이 아니라, 비록 작은 나라의 임금이라고 하더라도 또한 그러한 것이 있었다. 비費나라 혜공이 '나는 자사는 스승으로 모셨고, 나는 안반은 벗으로 사귀었는데, 왕순과 장식은 나를 섬기는 자들이었다'라고 했다.

非惟小國之君爲然也, 雖大國之君亦有之. 晉平公之於亥唐也, 入云則入, 坐云則坐, 食云則食, 雖蔬食菜羹, 未嘗不飽, 蓋不敢不飽也. 然終於此而已矣. 弗與共天位也, 弗與治天職也, 弗與食天祿也, 士之尊賢者也, 非王公之尊賢也. 舜尚見帝, 帝館甥于貳室, 亦饗舜, 迭爲賓主, 是天子而友匹夫也. 用下敬上, 謂之貴貴, 用上敬下, 謂之尊賢. 貴貴尊賢, 其義一也."

•

오직 작은 나라의 임금만 그러한 것이 아니라, 비록 큰 나라의 임금이라고 하더라도 또한 그러한 것이 있었다. 진晉나라 평공은 해당[3]을 대하면서 그가 들어오라고 하면 들어가고 앉으라고 하면 앉았으며, 먹으라고 하면 먹었으니, 비록 거친 밥과 채소 국이라

3 진나라의 현인.

하더라도 일찍이 먹지 않은 적이 없었는데, 감히 배불리 먹지 않을 수가 없었던 것이다. 그러나 여기에서 끝났을 뿐이었다. 천자가 준 작위를 함께하지 않았으며, 천자가 준 관직을 함께하지 않았으며, 천자가 준 녹봉을 함께 먹지 않았으니, 선비로서 현명한 사람을 높였던 것이지, 왕공으로서 현명한 사람을 높였던 것이 아니다.

순임금이 요임금을 뵈었는데, 요임금은 사위인 순임금을 별궁에 머물게 하면서 또한 순임금에게 잔치를 베풀어 번갈아 빈객과 주인이 되었으니, 이는 천자가 필부와 벗한 것이다.

아랫사람으로서 윗사람을 공경하는 것을 귀한 사람을 귀하게 대하는 것이라고 하고, 윗사람으로서 아랫사람을 공경하는 것을 현명한 사람을 존중하는 것이라고 한다. 귀한 사람을 귀하게 대하는 것이나 현명한 사람을 존중하는 것은 그 뜻이 같다."

만장 하 4

萬章問曰, "敢問交際何心也."

孟子曰, "恭也."

曰, "'却之, 却之爲不恭', 何哉?"

曰, "尊者賜之, 曰其所取之者, 義乎不義乎, 而後受之, 以是爲不恭. 故弗却也."

曰, "請無以辭却之, 以心却之, 曰其取諸民之不義也, 而以他辭無受, 不可乎?"

曰, "其交也以道, 其接也以禮, 斯孔子受之矣."

萬章曰, "今有禦人於國門之外者, 其交也以道, 其餽也以禮, 斯可受禦與?"

曰, "不可. 〈康誥〉曰, '殺越人于貨, 閔不畏死, 凡民罔不譈.' 是不待敎而誅者也. 殷受夏, 周受殷, 所不辭也, 於今爲烈, 如之何其受之?"

•

만장이 물었다. "감히 묻건대 교제는 어떤 마음으로 합니까?"

맹자가 말했다. "공경함으로 한다[恭也]."

(만장이) 말했다. "'(예물을) 사절했는데, 그 사절함이 공경스럽지 않

다'고 하는 것은 어째서입니까?"

(맹자가) 말했다. "존귀한 사람이 주었는데, '그것을 받는 것이 의로운지 의롭지 않은지'를 따지고 나서 받는다면, 이것은 공경스럽지 않다고 여긴다. 그래서 사절하지 않아야 하는 것이다."

(만장이) 말했다. "청컨대 말로 사절하지 않고 마음으로 사절하면서 '그 백성들에게서 가져간 것이 의롭지 않았다'라고 생각하고, 다른 말로 구실을 삼아 받지 않으면 안 됩니까?"

(맹자가) 말했다. "그 사귐이 도리에 따르고 그 접대함이 예의에 맞으면 이는 공자께서도 받으셨다."

만장이 말했다. "지금 나라의 문 밖에서 사람을 막는 자가 있는데, 그 사귐이 도리에 따르고 그 주는 것이 예의에 맞기만 하면, 이렇게 사람을 막고 벌어들인 것[4]을 받아도 됩니까?"

(맹자가) 말했다. "안 된다. 〈강고〉[5]에서, '사람을 재화 때문에 죽이고도 뻔뻔하게 죽음을 두려워하지 않는다면, 모든 백성들이 원망하지 않음이 없다'라고 했으니, 이는 교지를 기다리지 않고 죽여야 할 놈이다. (그러한 도리와 예의를) 은나라는 하나라에서 물려받았고, 주나라는 은나라에서 물려받았으니, 더 말할 것이 없다. 지금도 뚜렷하니, 어찌 그것을 받을 수 있겠는가?"

---

4 '사람을 막고 빼앗은 것'으로 이해할 수 있다.

5 《서경》〈주서(周書)〉의 편명.

曰, "今之諸侯取之於民也, 猶禦也. 苟善其禮際矣, 斯君子受之, 敢問何說也?"

曰, "子以爲有王者作, 將比今之諸侯而誅之乎? 其敎之不改而後誅之乎? 夫謂非其有而取之者盜也, 充類至義之盡也. 孔子之仕於魯也, 魯人獵較, 孔子亦獵較. 獵較猶可, 而況受其賜乎?"

曰, "然則孔子之仕也, 非事道與?"

曰, "事道也."

"事道奚獵較也?"

曰, "孔子先簿正祭器, 不以四方之食供簿正."

曰, "奚不去也?"

曰, "爲之兆也. 兆足以行矣, 而不行, 而後去, 是以未嘗有所終三年淹也. 孔子有見行可之仕, 有際可之仕, 有公養之仕. 於季桓子, 見行可之仕也, 於衛靈公, 際可之仕也, 於衛孝公, 公養之仕也."

•

(만장이) 말했다. "지금 제후들이 백성들에게 (재물을) 취함이 사람을 막는 것과 같습니다. 만약 (제후들이) 그 예의에 맞는 교제를 잘한다면 이는 군자도 받는다고 하시니, 감히 묻건대 무슨 말입니까?"

(맹자가) 말했다. "그대는 제대로 된 왕이 나온다면 장차 지금의 제후들을 죽여야 한다고 생각하는가? 그들을 가르쳐 (이후에) 고쳐지지 않고 나서야 죽여야 하겠는가? 자기 것이 아닌 것을 취하는

자들을 도둑이라고 말하는데, 비슷한 것을 가지고 뜻을 지나치게 확대한 것이다. 공자께서 노나라에서 벼슬하실 때 노나라 사람들이 사냥한 짐승을 견주면[較][6] 공자께서도 사냥한 짐승을 견주셨다. 사냥한 짐승을 견주는 것도 하셨는데, 하물며 그 주는 것을 받은 것이야 어떻겠는가?"

(만장이) 물었다. "그렇다면 공자께서 벼슬하신 것은 도에 종사하신 것[7]이 아닙니까?"

(맹자가) 말했다. "도에 종사하신 것이다."

(만장이 말했다.) "도에 종사하시면서 어찌 사냥한 짐승을 견주셨습니까?"

(맹자가) 말했다. "공자께서 먼저 제기祭器들의 장부를 바로잡으셨는데, 사방에서 음식을 제공하지 않게 하여 장부를 바로잡으셨다."

(만장이) 말했다. "어찌하여 떠나지 않으셨습니까?"

(맹자가) 말했다. "도가 실행될 조짐을 보였기 때문인데, 조짐이 도가 실행되기에 충분했는데도 실행되지 않는 것을 보고 나서야 떠나셨다. 이래서 일찍이 삼 년을 지나도록 머물러 계신 곳이 있지

6 사냥한 짐승을 견준다는 것은 사냥한 짐승이 많은지 적은지를 비교했다는 의미로 볼 수 있다.

7 도에 종사한다는 것은 도를 행한다는 의미다.

않았다.[8] 공자께서는 도를 실행할 만해서 벼슬자리에 있기도 하셨으며, 임금과 교제를 할 만해서 벼슬자리에 있기도 하셨으며, 인재들을 양성할 만해서 벼슬에 있기도 하셨다. (공자께서는) 계환자[9]의 경우는 도를 실행할 만해서 벼슬하셨고, 위나라 영공의 경우는 임금과 교제를 할 만해서 벼슬하셨으며, 위나라 효공의 경우는 인재들을 양성할 만해서 벼슬하셨다."

8 이래서 한 곳에 삼 년을 머무르지 않았다.

9 노나라의 경으로 임금을 능가하는 힘을 가진 세도가였다.

만장 하 5

孟子曰, "仕非爲貧也, 而有時乎爲貧, 娶妻非爲養也, 而有時乎爲養. 爲貧者, 辭尊居卑, 辭富居貧. 辭尊居卑, 辭富居貧, 惡乎宜乎? 抱關擊柝. 孔子嘗爲委吏矣, 曰, '會計當而已矣.' 嘗爲乘田矣, 曰, '牛羊茁壯長而已矣.' 位卑而言高, 罪也, 立乎人之本朝, 而道不行, 恥也."

•

맹자가 말했다. "벼슬은 가난하기 때문에 하는 것은 아니지만, 때로는 가난하기 때문에 하기도 하고, 아내를 맞이하는 것은 집안 살림을 위해 하는 것은 아니지만, 때로는 집안 살림을 위해 하기도 한다. 가난하기 때문에 하는 자는 높은 자리를 사양하고 낮은 자리에 처하며, 부유함을 사양하고 가난함에 처해야 한다. 높은 자리를 사양하고 낮은 자리를 처하며, 부유함을 사양하고 가난함에 처하려면 어찌해야 마땅한가? 관문을 지키거나 야경꾼의 딱따기를 쳐야 한다.

공자께서 일찍이 창고를 지키는 관리가 되어서는 '회계를 정당하게 했을 뿐이다'라고 하셨고, 일찍이 가축을 기르는 관리가 되어서는 '소와 양을 잘 자라게 했을 뿐이다'라고 하셨다. 지위는 낮으면서 말은 높은 자리에 있는 것처럼 하는 것은 죄악이고, 사람이 조정에서 있으면서 도를 실행하지 않는 것은 수치다."

만장 하 6

萬章曰, "士之不託諸侯, 何也?"

孟子曰, "不敢也. 諸侯失國, 而後託於諸侯, 禮也, 士之託於諸侯, 非禮也."

萬章曰, "君餽之粟, 則受之乎?"

曰, "受之."

"受之何義也?"

曰, "君之於氓也, 固周之."

曰, "周之則受, 賜之則不受, 何也?"

曰, "不敢也."

曰, "敢問其不敢何也?"

曰, "抱關擊柝者, 皆有常職以食於上, 無常職而賜於上者, 以爲不恭也."

•

만장이 말했다. "선비가 제후에게 의탁하지 않는 것은 어째서입니까?"

맹자가 말했다. "감히 하지 못하는 것이다. 제후가 나라를 잃고 나서 제후에게 의탁하는 것은 예의[禮]지만, 선비가 제후에게 의탁하는 것은 예의가 아니다."

만장이 말했다. "임금이 주는 곡식은 받습니까?"

(맹자가) 말했다. "받는다."

(만장이 말했다.) "받는 것은 어떤 의로움[義]이 있어서입니까?"

(맹자가) 말했다. "임금이 백성들을 진실로 구휼하는 것이기 때문이다."

(만장이) 말했다. "구휼하면 받고 하사하면 받지 않는 것은 어째서입니까?"

(맹자가) 말했다. "감히 하지 못하는 것이다."

(만장이) 말했다. "감히 묻건대 그 감히 하지 못하는 것은 어째서입니까?"

(맹자가) 말했다. "관문을 지키고 야경꾼 딱따기를 치는 자들도 모두 늘 하는 직책이 있어서 위로부터 녹봉을 받는데, 늘 하는 직책이 없으면서 위로부터 하사받는 것은 공경스럽지 않기 때문이다."

曰, "君餽之, 則受之, 不識可常繼乎?"

曰, "繆公之於子思也, 亟問, 亟餽鼎肉, 子思不悅. 於卒也, 摽使者出諸大門之外, 北面稽首再拜而不受, 曰, '今而後知君之犬馬畜伋.' 蓋自是臺無餽也. 悅賢不能擧, 又不能養也, 可謂悅賢乎?"

曰, "敢問國君欲養君子, 如何斯可謂養矣?"

曰, "以君命將之, 再拜稽首而受. 其後廩人繼粟, 庖人繼肉, 不以君命將之. 子思以爲鼎肉使己僕僕爾亟拜也, 非養君子之道也. 堯之於舜也, 使其子九男事之, 二女女焉, 百官牛羊倉廩備, 以養舜於畎畝之中, 後擧而加諸上位, 故曰, 王公之尊賢者也."

•

(만장이) 말했다. "임금이 주면 받는다고 하는데, 모르겠지만 늘 계속 받아도 되겠습니까?"

(맹자가) 말했다. "목공이 자사에게 자주 안부를 묻고 자주 삶은 고기를 주었는데, 자사가 좋아하지 않았다. 마침내 사자에게 손짓하여 대문 밖으로 내보내고 북쪽으로 머리를 조아리며 두 번 절하고 (삶은 고기를) 받지 않으며 '지금에서야 임금께서 개나 말처럼 나를 길러주심을 알았습니다'라고 했으니, 이때부터 하급 관리들이 갖다주는 일이 없었다. 현명한 사람을 좋아하면서 등용하지 못하고 또 보살피지도 못한다면, 현명한 사람을 좋아한다고 할 수 있겠는가?"

(만장이) 말했다. "감히 묻건대 나라의 임금이 군자를 보살피고자 하면 어떻게 해야 보살핀다고 할 수 있습니까?"

(맹자가) 말했다. "임금의 명에 따라 장차 그것이 오면 두 번 절하고 머리를 조아리며 받는다. 그 다음에 창고 관리하는 사람이 곡식을 대주고 푸줏간 관리하는 사람이 고기를 대주면서 임금의 명에

의해 갖다주지 않아야 한다. 자사는 삶은 고기를 보내주어 자기를 자주 절하게 하는데, 이것은 군자를 보살피는 도리가 아니라고 여긴 것이다. 요임금은 순임금을 대하면서 아홉 아들이 그를 섬기게 했고, 두 딸을 시집보냈으며, 여러 관리들과 소와 양과 창고를 갖추어 순임금이 살고 있던 밭에서 보살펴주다가 나중에 불러들여 윗자리에 모셔다 놓았기 때문에 '왕공이 현명한 사람을 존중했던 것이다'라고 말하는 것이다."

만장 하 7

萬章曰, "敢問不見諸侯, 何義也?"

孟子曰, "在國曰市井之臣, 在野曰草莽之臣, 皆謂庶人. 庶人不傳質爲臣, 不敢見於諸侯, 禮也."

萬章曰, "庶人, 召之役, 則往役, 君欲見之, 召之, 則不往見之, 何也?"

曰, "往役, 義也, 往見, 不義也. 且君之欲見之也, 何爲也哉?"

曰, "爲其多聞也, 爲其賢也."

曰, "爲其多聞也, 則天子不召師, 而況諸侯乎? 爲其賢也, 則吾未聞欲見賢而召之也. 繆公亟見於子思, 曰, '古千乘之國以友士, 何如?' 子思不悅, 曰, '古之人有言曰, 事之云乎? 豈曰友之云乎?' 子思之不悅也, 豈不曰, '以位, 則子君也, 我臣也, 何敢與君友也? 以德, 則子事我者也, 奚可以與我友?' 千乘之君求與之友而不可得也, 而況可召與? 齊景公田, 招虞人以旌, 不至, 將殺之. 志士不忘在溝壑, 勇士不忘喪其元. 孔子奚取焉? 取非其招不往也."

曰, "敢問招虞人何以?"

曰, "以皮冠. 庶人以旃, 士以旂, 大夫以旌. 以大夫之招招虞人,虞人死不敢往, 以士之招招庶人, 庶人豈敢往哉? 況乎以不賢人之招招賢人乎? 欲見賢人而不以其道, 猶欲其入而閉之門也. 夫義, 路也, 禮, 門也. 惟君子能由是路, 出入是門也.《詩》云, '周道如底, 其直如矢, 君子所履, 小人所視.'"
萬章曰, "孔子, 君命召, 不俟駕而行, 然則孔子非與?"
曰, "孔子當仕有官職, 而以其官召之也."

•

만장이 말했다. "감히 묻건대 제후들을 만나시지 않는 것은 어떤 의로움이 있어서입니까?"

맹자가 말했다. "나라의 중심에 있는 자들을 시정의 신하라고 하고, 초야에 있는 자들을 초개의 신하라고 하는데, 모두 서인이라고 말한다. 서인은 (제후에게) 예물을 바치고 신하가 되지 않았으면 감히 제후를 만나지 않는 것이 예의다."

만장이 말했다. "서인은 불러서 역할을 맡기면 가서 역할을 해야 하는데, 임금이 보려고 해서 불러도 가서 뵙지 않는 것은 어째서입니까?"

(맹자가) 말했다. "가서 역할을 하는 것은 의로움이지만, 가서 뵙는 것은 의로움이 아니다. 또 임금이 보려고 하는 것은 무엇을 위해서겠는가?"

(만장이) 말했다. "그가 들은 것이 많고, 그가 현명하기 때문입니다."

(맹자가) 말했다. "그가 들은 것이 많기 때문이라면 (스승이라 할 수 있

는데) 천자도 스승을 부르지 않는데 하물며 제후는 어떻겠는가? 그가 현명하기 때문이라면 나는 현명한 사람을 만나보려고 불렀다는 말은 듣지 못했다. 옛날에 노나라 목공이 자주 자사를 만났는데, '옛날에 수레가 천 대나 되는 나라가 선비[士]와 벗한 것은 어떠했습니까?'라고 하자, 자사가 좋아하지 않으면서 '옛사람들이 선비를 섬긴다고 했던 말은 있었지요? 어찌 선비를 벗한다고 말하겠습니까?'라고 했다. 자사가 좋아하지 않았던 것은 어찌 '지위로는 그대는 임금이고 나는 신하이니, 내 어찌 감히 임금과 벗할 수 있으며, 덕으로는 그대는 나를 섬기는 자이니, 어찌 나와 벗할 수 있겠는가?'라고 말하는 것이 아니겠는가? 수레가 천 대나 되는 나라의 임금이 벗을 하려고 해도 할 수 없는데, 하물며 부를 수 있겠는가?

제나라 경공이 사냥하다가 사냥터 관리하는 사람을 깃발로 불렀는데 오지 않자 그를 죽이려고 했다. 공자께서 '뜻있는 선비는 도랑이나 구덩이에 시체로 던져질 각오를 잊지 않고, 용감한 선비는 그 머리를 잃을 각오를 잊지 않는다'라고 하셨다. 공자께서 무엇을 취하신 것이겠는가? 그 부른 방식이 그릇되었기에 가지 않았던 것을 취하신 것이다."

(만장이) 말했다. "감히 묻건대 사냥터 관리하는 사람을 부를 때는 무엇으로 합니까?"

(맹자가) 말했다. "가죽 관으로 한다. 서인은 전[10]으로 하고, 선비

는 기[11]로 하고, 대부는 정[12]으로 한다. 대부를 부르는 방식으로 사냥터 관리하는 사람을 불러서 그는 죽어도 감히 가지 못했던 것인데, 선비를 부르는 방식으로 서인을 부른다면, 그가 어찌 감히 가겠는가? 하물며 현명하지 않는 사람을 부르는 방식으로 현명한 사람을 부르면 어떻겠는가?

현명한 사람을 만나보려고 하면서 그 도리로 하지 않으면, 들어오라고 하면서 그 문을 닫는 것과 같다. 의로움은 길이고, 예의는 문이다. 오직 군자만이 이 길을 따를 수 있고, 이 문을 드나들 수 있다.《시경》에서, '주나라의 도는 숫돌과 같고, 그 곧음은 화살과 같다. 군자가 따르는 것이고, 소인들이 우러러 보는 것이다'라고 했다."

만장이 말했다. "공자께서 임금이 명하여 부르면 멍에 걸기를 기다리지 않고 가셨다고 하는데, 그렇다면 공자께서는 잘못하셨던 것입니까?"

(맹자가) 말했다. "공자께서 당시에 벼슬을 하셔서 관직이 있었는데, 그 관직에 맞게 불렀기 때문이다."

---

10 장식 없는 붉은 깃발.

11 용 두 마리를 그리고 깃대에 방울을 단 깃발.

12 새 깃털을 꽂은 깃발.

만장 하 8

孟子謂萬章曰, "一鄕之善士斯友一鄕之善士, 一國之善士斯友一國之善士, 天下之善士斯友天下之善士. 以友天下之善士爲未足, 又尙論古之人. 頌其詩, 讀其書, 不知其人, 可乎? 是以論其世也, 是尙友也."

•

맹자가 만장에게 말했다. "한 고을의 좋은 선비는 한 고을의 좋은 선비와 벗할 수 있고, 한 나라의 좋은 선비는 한 나라의 좋은 선비와 벗할 수 있으며, 천하의 좋은 선비는 천하의 좋은 선비와 벗할 수 있다. 천하의 좋은 선비와 벗하는 것으로도 만족스럽지 않다면, 또 옛 사람을 숭상하며 논의해야 한다. 그들의 시를 외우고, 그들의 글을 읽으면서도 그 사람들을 알지 못해서야 되겠는가? 이래서 그들의 시대를 논해야 하는 것이니, 이것이 (옛사람을) 숭상하며 벗하는 것이다."

만장 하 9

齊宣王問卿. 孟子曰, "王何卿之問也?"

王曰, "卿不同乎?"

曰, "不同. 有貴戚之卿, 有異姓之卿."

王曰, "請問貴戚之卿."

曰, "君有大過則諫, 反覆之而不聽, 則易位."

王勃然變乎色.

曰, "王勿異也. 王問臣, 臣不敢不以正對."

王色定, 然後請問異姓之卿.

曰, "君有過則諫, 反覆之而不聽, 則去."

•

제나라 선왕이 경卿에 대해 물었다. 맹자가 말했다. "왕께서는 어떤 경을 물으시는 것입니까?"

선왕이 말했다. "경은 다 같지 않습니까?"

(맹자가) 말했다. "다 같지는 않습니다. 왕과 친척이 되는 경이 있으며, 왕과 성씨가 다른 경이 있습니다."

선왕이 말했다. "청컨대 친척이 되는 경에 대해 묻겠습니다."

(맹자가) 말했다. "(친척이 되는 경은) 임금이 큰 허물이 있으면 간언하

고, 반복해도 듣지 않으면 임금 자리를 바꿔야 합니다."

선왕이 발끈하여 낯빛이 변했다.

(맹자가) 말했다. "왕께서는 괴이하게 여기지 마십시오. 왕께서 신에게 물어보시기에 신은 감히 올바로 대답하지 않을 수 없었습니다."

선왕은 낯빛이 안정되고 나서 성씨가 다른 경에 대해 물었다.

(맹자가) 말했다. "(성씨가 다른 경은) 임금이 허물이 있으면 간언하고 반복해도 듣지 않으면 떠나는 것입니다."

11

고자 상

告子上

고자 상 1

告子曰, "性猶杞柳也, 義猶桮棬也, 以人性爲仁義, 猶以杞柳爲桮棬."

孟子曰, "子能順杞柳之性而以爲桮棬乎? 將戕賊杞柳而後以爲桮棬也? 如將戕賊杞柳而以爲桮棬, 則亦將戕賊人以爲仁義與? 率天下之人而禍仁義者, 必子之言夫!"

•

고자[1]가 말했다. "본성은 버드나무와 같고, 의로움은 나무그릇과 같으니, 사람의 본성을 가지고 어짊과 의로움을 행하는 것은 버드나무로 나무그릇을 만드는 것과 같습니다."

맹자가 말했다. "그대는 버드나무의 본성을 따르면서 나무그릇을 만들 수 있겠습니까? 버드나무의 본성을 해치고 나서야 나무그릇을 만들겠지요? 버드나무를 해쳐서 나무그릇을 만든다면, 또한 사람을 해쳐서 어짊과 의로움을 행하겠지요? 천하의 사람들을 이끌고 어짊과 의로움에 화를 입히는 것은 반드시 그대의 말일 것입니다."

1 제(齊)나라 사상가. 맹자와 동시대 인물이다.

고자 상 2

告子曰, "性猶湍水也, 決諸東方則東流, 決諸西方則西流. 人性之無分於善不善也, 猶水之無分於東西也."

孟子曰, "水信無分於東西, 無分於上下乎? 人性之善也, 猶水之就下也. 人無有不善, 水無有不下. 今夫水, 搏而躍之, 可使過顙, 激而行之, 可使在山. 是豈水之性哉? 其勢則然也. 人之可使爲不善, 其性亦猶是也."

•

고자가 말했다. "본성은 여울물과 같으니, 동쪽을 터주면 동쪽으로 흐르고, 서쪽을 터주면 서쪽으로 흐릅니다. 사람의 본성은 선함[善]과 선하지 않음[不善]의 구분이 없는데, 물에 동쪽과 서쪽의 구분이 없는 것과 같습니다."

맹자가 말했다. "물은 진실로 동쪽과 서쪽의 구분이 없지만, 위와 아래의 구분도 없습니까? 사람 본성의 선함은 물이 아래로 내려가는 것과 같습니다. 사람은 선하지 않은 사람이 없으며, 물은 아래로 내려가지 않는 것이 없습니다. 지금 물을 내리쳐서 튀게 하면 이마를 넘어가게 할 수 있으며, 격렬하게 흘려보내면 산에도 고이게 할 수 있습니다. 이것이 어찌 물의 본성이겠습니까? 그 기세

[勢]가 그렇게 하는 것입니다. 사람이 선하지 않은 것을 하게 할 수 있는 것은 그 본성이 또한 이 물과 같기 때문입니다."

고자 상 3

告子曰, "生之謂性."

孟子曰, "生之謂性也, 猶白之謂白與?"

曰, "然."

"白羽之白也, 猶白雪之白, 白雪之白, 猶白玉之白與?"

曰, "然."

"然則犬之性猶牛之性, 牛之性猶人之性與?"

•

고자가 말했다. "타고나는 것을 본성이라고 합니다."

맹자가 말했다. "타고나는 것을 본성이라고 하는 것은 흰 것을 흰 것이라고 하는 것과 같습니까?"

(고자가) 말했다. "그렇습니다."

(맹자가) 말했다. "흰 깃털의 흼과 흰 눈의 흼이 같으며, 흰 눈의 흼과 흰 옥의 흼이 같습니까?"

(고자가) 말했다. "그렇습니다."

(맹자가 말했다.) "그렇다면 개의 본성은 소의 본성과 같고, 소의 본성은 사람의 본성과 같습니까?"

고자 상 4

告子曰, "食色, 性也. 仁, 內也, 非外也, 義, 外也, 非內也."

孟子曰, "何以謂仁內義外也?"

曰, "彼長而我長之, 非有長於我也, 猶彼白而我白之. 從其白於外也, 故謂之外也."

曰, "異於白馬之白也, 無以異於白人之白也, 不識長馬之長也, 無以異於長人之長與? 且謂長者義乎? 長之者義乎?"

曰, "吾弟則愛之, 秦人之弟則不愛也, 是以我爲悅者也, 故謂之內. 長楚人之長, 亦長吾之長, 是以長爲悅者也, 故謂之外也."

曰, "耆秦人之炙, 無以異於耆吾炙, 夫物則亦有然者也. 然則耆炙亦有外與?"

•

고자가 말했다. "먹는 것과 성교하는 것이 본성입니다. 어짊은 내면에 있고 외면에 있지 않습니다. 의로움은 외면에 있고 내면에 있지 않습니다."

맹자가 말했다. "어째서 어짊은 내면에 있고 의로움은 외면에 있다고 합니까?"

(고자가) 말했다. "저 사람이 나이를 먹어서 내가 그를 어른으로

대접하는 것이지, 나에게 어른으로 여기려는 마음이 있는 것은 아니니, 저것이 흰 것이라서 내가 그것을 흰 것이라고 하는 것과 같습니다. 그 흰 것은 밖에 드러난 것을 따른 것이기 때문에 외면에 있다고 말한 것입니다."

(맹자가) 말했다. "흰 말의 흼은 흰 사람의 흼과 다름이 없겠지만, 잘 몰라도 나이 먹은 말의 나이 먹음은 나이 먹은 사람의 나이 먹음과 다름이 없겠습니까? 또한 나이 먹은 것을 의로움이라고 합니까, 그를 어른으로 대접하는 것을 의로움이라고 합니까?"

(고자가) 말했다. "내 아우면 그를 사랑하고 진나라 사람의 아우면 사랑하지 않으니, 이는 나를 가지고 기쁨을 삼은 것이기에 내면에 있다고 말하는 것입니다. 초나라의 어른도 어른으로 여기고, 나의 어른도 어른으로 여기니, 이것은 어른을 가지고 기쁨을 삼은 것이기에 외면에 있다고 말하는 것입니다."

(맹자가) 말했다. "진나라 사람이 구운 고기를 좋아함이 내가 구운 고기를 좋아함과 다름이 없으니, 대체로 물건에는 또한 그러한 것이 있습니다. 그렇다면 구운 고기를 좋아함 또한 외면에 있다고 할 수 있겠습니까?"

고자 상 5

孟季子問公都子曰, "何以謂義內也?"

曰, "行吾敬, 故謂之內也."

"鄕人長於伯兄一歲, 則誰敬?"

曰, "敬兄."

"酌則誰先?"

曰, "先酌鄕人."

"所敬在此, 所長在彼, 果在外, 非由內也."

公都子不能答, 以告孟子. 孟子曰, "敬叔父乎? 敬弟乎? 彼將曰, '敬叔父.' 曰, '弟爲尸, 則誰敬?' 彼將曰, '敬弟.' 子曰, '惡在其敬叔父也?' 彼將曰, '在位故也.' 子亦曰, '在位故也. 庸敬在兄, 斯須之敬在鄕人.'"

季子聞之, 曰, "敬叔父則敬, 敬弟則敬, 果在外, 非由內也."

公都子曰, "冬日則飮湯, 夏日則飮水, 然則飮食亦在外也?"

•

맹계자[2]가 공도자에게 물었다. "어째서 의로움이 내면에 있다고

2 누구인지는 미상이지만 고자와 같은 계열의 학자로 보인다.

말하는가?"

(공도자가) 말했다. "나의 공경하는 마음을 행하기 때문에 내면에 있다고 말합니다."

(맹계자가 말했다.) "동네 사람이 만형보다 한 살 많으면 누구를 더 공경하겠는가?"

(공도자가) 말했다. "형을 더 공경할 것입니다."

(맹계자가 말했다.) "술을 따르면 누구에게 먼저 하겠는가?"

(공도자가) 말했다. "먼저 동네 사람에게 술을 따를 것입니다."

(맹계자가 말했다.) "공경하는 마음은 여기에 있어도, 어른 대접은 저기에 있으니, 결과적으로 의로움은 외면에 있는 것이지, 내면에서 나오는 것이 아니다."

공도자가 답변할 수 없어 맹자에게 아뢰었는데, 맹자가 말했다. "'숙부를 공경하겠는가, 아우를 공경하겠는가?'라고 물으면 그가 장차 '숙부를 공경할 것이다'고 할 것이다. '아우가 시동尸童[3]이 되면 누구를 공경하겠는가?'라고 말하면 그는 장차 '아우를 공경할 것이다'고 할 것이다. 그대가 '숙부를 공경할 것이라는 말은 어디로 갔는가?'라고 물으면, 그는 장차 '(아우가) 시동의 자리에 있기 때문이다'라고 할 것이니, 그대 또한 '(먼저 술을 따른 동네 사람이) 손님의 자리에 있기 때문이다. 평소의 공경함은 형에게 있고, 잠깐의 공경

3 제사를 지낼 때 신위(神位)에 앉히던 아이.

함은 고향 사람에게 있다'고 말하라."

맹계자가 그것을 듣고 말했다. "숙부를 공경하게 되면 공경하고, 아우를 공경하게 되면 아우를 공경하니, 결과적으로 (이는) 외면에 있는 것이고, 내면에서 나오는 것이 아니로다."

공도자가 말했다. "겨울날에는 끓인 물을 마시고, 여름날에는 찬물을 마시는데, 그렇다면 마시고 먹는 것도 외면에 있는 것이겠습니까?"

고자 상 6

公都子曰, "告子曰, '性無善無不善也.' 或曰, '性可以爲善, 可以爲不善, 是故文武興, 則民好善, 幽厲興, 則民好暴.' 或曰, '有性善, 有性不善, 是故以堯爲君而有象, 以瞽瞍爲父而有舜, 以紂爲兄之子且以爲君, 而有微子啓王子比干.' 今曰'性善', 然則彼皆非與?"

孟子曰, "乃若其情, 則可以爲善矣, 乃所謂善也. 若夫爲不善, 非才之罪也. 惻隱之心, 人皆有之, 羞惡之心, 人皆有之, 恭敬之心, 人皆有之, 是非之心, 人皆有之. 惻隱之心, 仁也, 羞惡之心, 義也, 恭敬之心, 禮也, 是非之心, 智也. 仁義禮智, 非由外鑠我也, 我固有之也, 弗思耳矣. 故曰, '求則得之, 舍則失之.' 或相倍蓰而無算者, 不能盡其才者也. 《詩》曰, '天生蒸民, 有物有則. 民之秉夷, 好是懿德.' 孔子曰, '爲此詩者, 其知道乎! 故有物必有則, 民之秉夷也, 故好是懿德.'"

•

공도자가 말했다. "고자가 '본성에는 선함도 선하지 않음도 없다'라고 했습니다. 누군가는 '본성은 선할 수도 있고, 선하지 않을 수도 있는데, 이래서 문왕과 무왕이 일어나면 백성들이 선함을 좋아하고, 유왕[4]과 여왕[5]이 일어나면 백성들이 포악함을 좋아한다'고 했습니다. 누군가는 '본성이 선한 사람도 있고, 본성이 선하지 않은 사람도 있는데, 이래서 요가 임금이 되었어도 상象과 같은 못된 동생이 있었고, 고수와 같은 못된 아버지를 두었어도 순임금 같은 자식이 있었으며, 주紂를 형의 아들이자 임금으로 두었던 미자계[6]와 왕자 비간[7]도 있었다'라고 했습니다. 지금 '본성이 선하다'고 말씀하시는데, 그렇다면 저들은 다 그릇되었습니까?"

맹자가 말했다. "그 실정을 볼 것 같으면 선하다고 할 수 있기에 선하다고 말했던 것이다. 선하지 않음을 행하는 것을 볼 것 같으면 재질의 잘못이 아니다. 안타까워하는 마음[惻隱之心]은 사람마다 모두 가지고 있고, 부끄러워하는 마음[羞惡之心]도 사람마다 모두 가지고 있으며, 조심스러워하는 마음[恭敬之心]도 사람마다 모두 가지고 있고, 옳고 그름을 가리는 마음[是非之心]도 사람마다 모두 가지고 있다. 안타까워하는 마음은 어짊이고, 부끄러워하는 마음은 의로움이며, 조심스러워하는 마음은 예의이며, 옳고 그름을 가리는 마음은 지혜이다. 어짊·의로움·예의·지혜는 외부로부터 나에게 들어오는 것이 아니라 내가 본래 가지고 있었던 것인데, 생각하

4 주나라 열두 번째 왕이다. 폭군으로 알려져 있으며 서주(西周)시대 마지막 왕이다.

5 주나라 열 번째 왕이다. 반란으로 체(彘) 땅으로 달아났다.

6 맹자는 주(紂)의 숙부로 보고 있으나 배다른 형이라는 설도 있다.

7 주(紂)의 숙부.

지 못하는 것일 뿐이다. 그래서 '구하면 얻고, 버려두면 잃는다'라고 하니, 때로는 서로 차이가 두 배 다섯 배가 되어 계산할 수 없게 되는 것은 그 (타고난) 재질을 다하지 못했기 때문이다.《시경》에서, '하늘이 여러 백성을 내시니, 사물이 있으면 (그 사물의) 법칙도 있다. 백성들이 떳떳함을 가지고서 이 아름다운 덕을 좋아한다'라고 했는데, 공자께서는 '이 시를 지은 자는 그 도를 아는구나. 그래서 사물이 있으면 반드시 법칙이 있고, 사람들이 떳떳함을 가져서 이 아름다운 덕을 좋아한다'라고 하셨다."

고자 상 7

孟子曰, "富歲, 子弟多賴, 凶歲, 子弟多暴, 非天之降才爾殊也, 其所以陷溺其心者然也. 今夫麰麥, 播種而耰之, 其地同, 樹之時又同, 浡然而生, 至於日至之時, 皆熟矣. 雖有不同, 則地有肥磽, 雨露之養人事之不齊也. 故凡同類者, 擧相似也, 何獨至於人而疑之? 聖人, 與我同類者. 故龍子曰, '不知足而爲屨, 我知其不爲蕢也.' 屨之相似, 天下之足同也.

•

맹자가 말했다. "풍년에는 자제들이 많이 느긋해지지만, 흉년에는 자제들이 많이 사나워지니, 하늘이 내린 재질이 다른 것이 아니라, 그 마음이 빠져든 것이 그렇기 때문이다. 지금 보리를 파종하고 흙으로 덮는데 그 땅이 같고 그 심은 때도 같으면 쑥쑥 자라서 하지 때에 이르면 모두 익을 것이다. 비록 수확이 같지 않을 수는 있겠지만, 땅에 비옥함과 척박함이 있을 수 있고, 비나 이슬이 길러주는 것이나 사람이 가꾸는 일이 고르지 않기 때문이다.

그러므로 같은 부류인 것은 서로 거의 비슷하니, 어찌 유독 사람에게만 그것을 의심하겠는가? 성인도 나와 같은 부류인 것이다. 그래서 용자가 '누구 발인지 알지 못하고 신을 만들더라도 내가 삼태기를 만들지 않을 줄은 안다'라고 했으니, 신이 서로 비슷한 것은 세상의 발 모양이 어느 정도 같기 때문이다.

口之於味, 有同耆也, 易牙先得我口之所耆者也. 如使口之於味也, 其性與人殊, 若犬馬之與我不同類也, 則天下何耆皆從易牙之於味也. 至於味, 天下期於易牙, 是天下之口相似也. 惟耳亦然. 至於聲, 天下期於師曠, 是天下之耳相似也. 惟目亦然. 至於子都, 天下莫不知其姣也. 不知子都之姣者, 無目者也. 故曰, 口之於味也, 有同耆焉, 耳之於聲也, 有同聽焉, 目之於色也, 有同美焉. 至於心, 獨無所同然乎? 心之所同然者何也? 謂理也, 義也. 聖人先得我心之所同然耳. 故理義之悅我心, 猶芻豢之悅我口."

•

입이 맛을 보는데 같이 좋아하는 것이 있으니,[8] 역아[9]는 우리 입이 좋아하는 것을 먼저 터득한 자다. 만약 입이 맛을 보는데 그것을 느끼는 본성이 사람마다 다름이, 개나 말이 우리와 같은 부류가 아

8 사람들이 맛을 느낄 때는 공통의 기호가 있다는 의미.

9 제나라 환공의 요리사.

닌 것과 같은 정도라고 한다면,[10] 세상 모두가 어찌 역아가 맛에 대해 터득한 것을 따르겠는가? 맛에 대해 세상 모두가 역아처럼 되기를 기대하니, 이는 세상 모두의 입맛이 서로 비슷하기 때문이다. 귀 또한 그러하다. 소리를 듣는데 세상이 사광[11]이 되기를 기대하니, 이는 세상의 귀가 서로 비슷하기 때문이다. 눈도 또한 그러하다. 자도[12]를 보는데 세상에 그 아름다움을 알지 못하는 사람이 없으니, 자도의 아름다움을 알지 못하는 사람은 눈이 없는 사람이다.

그래서 '입이 맛을 보는 것에는 다 같이 좋아하는 것이 있고, 귀가 소리를 듣는 것에는 다 같이 들으려는 것이 있고, 눈이 색을 보는 것에는 다 같이 아름답게 여기는 것이 있다'고 하는 것이니, 마음에서만 유독 다 같이 그렇다고 하는 것이 없겠는가? 마음에서 다 같이 그렇다고 하는 것은 무엇이겠는가? 이치와 의로움을 말한다. 성인은 먼저 우리 마음이 다 같이 그렇다고 하는 것을 터득하셨다. 그래서 이치와 의로움이 우리 마음을 기쁘게 하는 것은 가축의 고기가 우리 입을 기쁘게 하는 것과 같다."

10 개나 말이 우리와 같은 부류가 아닌 것처럼 다르다면
11 진나라 평공의 악사.
12 옛날의 이름난 미인.

고자 상 8

孟子曰, "牛山之木嘗美矣, 以其郊於大國也, 斧斤伐之, 可以爲美乎? 是其日夜之所息, 雨雲之所潤, 非無萌蘖之生焉, 牛羊又從而牧之, 是以若彼濯濯也. 人見其濯濯也, 以爲未嘗有材焉, 此豈山之性也哉? 雖存乎人者, 豈無仁義之心哉? 其所以放其良心者, 亦猶斧斤之於木也, 旦旦而伐之, 可以爲美乎? 其日夜之所息, 平旦之氣, 其好惡與人相近也者幾希, 則其旦晝之所爲, 有梏亡之矣. 梏之反覆, 則其夜氣不足以存, 夜氣不足以存, 則其違禽獸不遠矣. 人見其禽獸也, 而以爲未嘗有才焉者, 是豈人之情也哉? 故苟得其養, 無物不長, 苟失其養, 無物不消. 孔子曰, '操則存, 舍則亡, 出入無時, 莫知其鄕, 惟心之謂與.'"

•

맹자가 말했다. "우산[13]의 나무들은 일찍이 아름다웠지만, 큰 나라의 교외에 있기에 사람들이 도끼와 자귀로 그것을 베어갔으니, 아름다울 수 있겠는가? 밤낮으로 숨 쉬고 비구름이 적셔주어서 싹이 자라는 것이 없지는 않았지만, 소와 양이 또 거기에서 방목되고 있

13 지금의 산동 지방의 남쪽 지역.

었기 때문에 저렇게 민둥민둥하게 되었다. 사람들은 그 민둥민둥한 것만 보고 일찍이 재목이 있은 적이 없다고 여기는데, 이것이 어찌 그 산의 본성이겠는가?

비록 사람에게 남겨진 것이라도 어찌 어질고 의로운 마음이 없겠는가? 그 양심을 놓아버리는 것이 또한 도끼와 자귀가 나무들을 아침마다 베어가는 것과 같으니, 어떻게 아름다울 수 있겠는가? 밤낮으로 숨 쉬는 것과 평탄한 아침의 기운을 가졌음에도 그 좋아하고 미워함이 서로 비슷한 사람이 거의 드무니, 그 낮에 하는 것이 그것을 얽어매고 없애서다. 얽어매고 없애기를 반복하다 보면 그 밤의 기운을 보존하기에 부족하고, 밤의 기운을 보존하기에 부족하면 금수와 거리가 멀지 않게 된다. 사람들이 그 금수 같은 것만 보고 일찍이 재질이 있지 않았다고 여기니, 이것이 어찌 사람의 본성[情]이겠는가?

그래서 진실로 그 길러질 힘을 얻으면 자라지 않을 물건이 없고, 진실로 그 길러질 힘을 잃으면 사라지지 않을 물건이 없다. 공자께서 '잡으면 보존되고 놓으면 잃으니, 나가고 들어옴이 정해진 때가 없으며 그 방향도 알 수 없는 것은 오직 사람의 마음을 말하는 것이다'라고 하셨다."

고자 상 9

孟子曰, "無或乎王之不智也. 雖有天下易生之物也, 一日暴之, 十日寒之, 未有能生者也. 吾見亦罕矣, 吾退而寒之者至矣, 吾如有萌焉何哉? 今夫奕之爲數, 小數也, 不專心致志, 則不得也. 奕秋, 通國之善奕者也. 使奕秋誨二人奕, 其一人專心致志, 惟奕秋之爲聽. 一人雖聽之, 一心以爲有鴻鵠將至, 思援弓繳而射之, 雖與之俱學, 弗若之矣. 爲是其智弗若與? 曰非然也."

•

맹자가 말했다. "왕이 지혜롭지 못한가 하는 의혹을 갖지 말아야 한다. 비록 천하에 자라기 쉬운 물건이 있다고 하더라도 하루만 빛을 쪼이고, 열흘 동안 차갑게 하면 자랄 수 있는 것이 있지 않다. 내가 임금을 만나는 것도 드물지만, 내가 물러나면 임금을 차갑게 만드는 자가 올 것이니, 싹이 있다고 해도 내가 어찌 하겠는가? 지금 바둑에서 두는 수는 사소한 수이지만, 마음을 오로지하고 뜻을 다하지 않으면 터득하지 못한다. 혁추는 나라를 통틀어 바둑을 잘 두는 자다. 혁추를 시켜 두 사람에게 바둑을 가르치게 할 때, 한 사람은 마음을 오로지하고 뜻을 다해 오직 혁추의 말만 듣는데, 다른 한 사람은 비록 혁추의 말은 듣고 있지만 마음 한편에서는 기러기와 고니가 날아오면 활과 주살을 당겨 그것을 쏠 것을 생각하고 있다면, 비록 앞의 사람과 함께 배웠다고 하더라도 그만 못할 것이다. 이것이 그 지혜가 그만 못해서이겠는가? 그렇지 않다고 말할 것이다."

고자 상 10

孟子曰, "魚我所欲也, 熊掌亦我所欲也, 二者不可得兼, 舍魚而取熊掌者也. 生亦我所欲也, 義亦我所欲也, 二者不可得兼, 舍生而取義者也. 生亦我所欲, 所欲有甚於生者, 故不爲苟得也, 死亦我所惡, 所惡有甚於死者, 故患有所不辟也. 如使人之所欲莫甚於生, 則凡可以得生者, 何不用也? 使人之所惡莫甚於死者, 則凡可以辟患者, 何不爲也? 由是則生而有不用也, 由是則可以辟患而有不爲也. 是故所欲有甚於生者, 所惡有甚於死者. 非獨賢者有是心也, 人皆有之, 賢者能勿喪耳. 一簞食, 一豆羹, 得之則生, 弗得則死, 嘑爾而與之, 行道之人弗受, 蹴爾而與之, 乞人不屑也. 萬鍾則不辨禮義而受之. 萬鍾於我何加焉? 爲宮室之美妻妾之奉所識窮乏者得我與? 鄕爲身死而不受, 今爲宮室之美爲之, 鄕爲身死而不受, 今爲妻妾之奉爲之, 鄕爲身死而不受, 今爲所識窮乏者得我而爲之, 是亦不可以已乎? 此之謂失其本心."

•

맹자가 말했다. "물고기도 내가 바라는 것이고, 곰발바닥 또한 내가 바라는 것인데, 두 가지를 함께 얻을 수 없다면 물고기를 버리고 곰발바닥을 취할 것이다. 삶 또한 내가 바라는 것이고 의로움

또한 내가 바라는 것인데, 두 가지를 함께 얻을 수 없다면 삶을 버리고 의로움을 취할 것이다.

삶 또한 내가 바라는 것이지만, 삶보다 더욱 바라는 것이 있기 때문에 구차하게 삶을 얻으려고 하지 않는다. 죽음도 내가 싫어하는 것이지만 죽음보다 더욱 싫어하는 것이 있기 때문에 환난을 당해도 피하지 않을 때가 있다.

가령 사람들이 삶보다 더 바라는 것이 없다면, 삶을 얻을 수 있는 것은 무엇이든 쓰지 않겠는가? 가령 사람들이 죽음보다 더 싫어하는 것이 없다면 죽음의 걱정을 피할 수 있는 것은 무엇이든 하지 않겠는가? 이렇게 하면 살 수 있는데도 쓰지 않는 것이 있고, 이렇게 하면 죽음의 걱정을 피할 수 있는데도 하지 않는 것이 있다.

그래서 사람은 삶보다 더욱 바라는 것이 있으며, 죽음보다 더 싫어하는 것이 있다. 유독 현명한 사람만 이 마음을 가지고 있는 것이 아니라 사람들은 모두 가지고 있는데, 현명한 사람은 잃지 않을 수 있을 뿐이다.

한 그릇의 밥과 한 그릇의 국을 얻으면 살고 얻지 못하면 죽더라도 꾸짖으면서 주면 길을 가던 사람도 받지 않으며, 발로 차서 주면 걸인이라도 달갑게 여기지 않는다. 만 종의 녹봉이라면 예의나 의로움을 따지지도 않고 받으니, 그 만 종의 녹봉이 나에게 무슨 보탬이 되겠는가? 집을 아름답게 짓고, 처첩을 먹여 살리고, 알고 지내는 궁핍한 자가 나에게 무언가를 얻어가게 하기 위해서인가?

지난번에는 자신을 위해서는 죽어도 받지 않다가 이제는 집을 아름답게 짓기 위해서 그것을 하며, 지난번에는 자신을 위해서는 죽어도 받지 않다가 처첩을 먹여 살리기 위해서 그 짓을 하며, 지난번에는 자신을 위해서는 죽어도 받지 않다가 이제 내가 알고 지내는 궁핍한 자가 나에게 무언가를 얻어가게 하기 위해서 그 짓을 하니, 이 또한 그만둘 수는 없겠는가? 이것을 '그 본래의 마음을 잃었다'라고 하는 것이다."

고자 상 11

孟子曰, "仁, 人心也, 義, 人路也. 舍其路而不由, 放其心而不知求, 哀哉! 人有雞犬放, 則知求之, 有放心而不知求. 學問之道無他, 求其放心而已矣."

•

맹자가 말했다. "어짊은 사람의 마음이고, 의로움은 사람의 길이다. 그 길을 버리고 따르지 않으며, 그 마음을 놓치고 찾을 줄을 모르니, 슬프구나. 사람들은 닭과 개를 놓치면 찾을 줄 아는데, 마음을 놓치고도 찾을 줄 모른다. 학문의 방도는 다른 것이 없으니, 그 놓친 마음을 찾는 것일 뿐이다."

고자 상 12

孟子曰, "今有無名之指屈而不信, 非疾痛害事也, 如有能信之者, 則不遠秦楚之路, 爲指之不若人也. 指不若人, 則知惡之, 心不若人, 則不知惡, 此之謂不知類也."

•

맹자가 말했다. "지금 넷째 손가락이 구부러져 펴지지 않는다고 해도 아프거나 일에 해가 되지는 않겠지만, 만약 그것을 펴줄 수 있는 자가 있다면 진나라와 초나라 사이의 길이라도 멀다고 하지 않을 것이니, 그 손가락이 남만 못하기 때문이다. 손가락이 남만 못하면 그것을 싫어할 줄 알면서 마음이 남만 못하면 싫어할 줄 모르니, 이것을 비교할 줄 모른다고 하는 것이다."

고자 상 13

孟子曰, "拱把之桐梓, 人苟欲生之, 皆知所以養之者, 至於身, 而不知所以養之者, 豈愛身不若桐梓哉? 弗思甚也."

•

맹자가 말했다. "한 아름이나 한 움큼의 오동나무와 가래나무를 사람들이 키우려고 할 때, 모두 그것을 기르는 것에 대해 아는데, 자신에 있어서는 수양하는 것에 대해 알지 못하니, 어찌 자신을 사랑함이 오동나무와 가래나무만 못하겠는가? 너무나도 생각을 하지 않는다."

고자 상 14

孟子曰, "人之於身也, 兼所愛. 兼所愛, 則兼所養也. 無尺寸之膚不愛焉, 則無尺寸之膚不養也. 所以考其善不善者, 豈有他哉? 於己取之而已矣. 體有貴賤, 有大小. 無以小害大, 無以賤害貴. 養其小者爲小人, 養其大者爲大人. 今有場師, 舍其梧檟, 養其樲棘, 則爲賤場師焉. 養其一指而失其肩背, 而不知也, 則爲狼疾人也. 飮食之人, 則人賤之矣, 爲其養小以失大也. 飮食之人, 無有失也, 則口腹豈適爲尺寸之膚哉?"

•

맹자가 말했다. "사람은 자기 몸에 대해서는 모든 것을 아낀다. 모든 것을 아끼기에 모든 것을 기르려고 한다. 한 자나 한 치의 살갗도 아끼지 않음이 없기에 한 자나 한 치의 살갗도 기르지 않음이 없다. 잘 기르고 못 기르고를 생각해볼 때 어찌 다른 것이 있겠는가? 자기에게 있을 뿐이다.

몸에는 귀하고 천한 것이 있으며, 크고 작은 것이 있다. 작은 것을 가지고 큰 것을 해치지 말아야 하고, 천한 것으로 귀한 것을 해치지 말아야 한다. 작은 것을 기르면 사소한 인물[小人]이 되고, 큰 것을 기르면 큰 인물[大人]이 된다.

지금 정원사가 오동나무와 가래나무를 버리고 대추나무와 가시나무를 기른다면 천박한 정원사가 될 것이다. 손가락 하나만 기르고 어깨와 등을 잃고도 알지 못한다면 이는 이리같이 의심하는 병에 걸린 사람[狼疾人]이 된다. 먹고 마시기만 하는 사람을 사람들이 천박하게 여기니, (그들이) 작은 것을 기르다가 큰 것을 잃기 때문이다. 먹고 마시기만 하는 사람이 잃는 것이 없다면, 그의 입이나 배가 어찌 한 자나 한 치의 살갗만을 위한 것이겠는가?"

고자 상 15

公都子問曰, "鈞是人也, 或爲大人, 或爲小人, 何也."

孟子曰, "從其大體爲大人, 從其小體爲小人."

曰, "鈞是人也, 或從其大體, 或從其小體, 何也?"

曰, "耳目之官不思, 而蔽於物. 物交物, 則引之而已矣. 心之官則思, 思則得之, 不思則不得也. 此天之所與我者. 先立乎其大者, 則其小者不能奪也. 此爲大人而已矣."

•

공도자가 물었다. "다 같은 사람인데 누군가는 큰 인물[大人]이 되고 누군가는 사소한 인물[小人]이 되는 것은 어째서입니까?"

맹자가 말했다. "그 큰 바탕을 따르면 큰 인물이 되고, 그 작은 바탕을 따르면 사소한 인물이 된다."

(공도자가) 말했다. "다 같은 사람인데, 누군가는 큰 바탕을 따르고 누군가는 작은 바탕을 따르는 것은 어째서입니까?"

(맹자가) 말했다. "귀와 눈이라는 기관은 생각하지 못해서 사물에 가려진다. 사물이 사물과 만나니 거기에 끌려갈 뿐이다. 마음이라는 기관은 생각을 하니, 생각하면 얻고 생각하지 못하면 얻지 못한다. 이것은 하늘이 나에게 부여해준 것이다. 먼저 큰 것을 확립한

다면 작은 것이 빼앗을 수 없을 것이다. 이것이 큰 인물이 되게 할 뿐이다."

고자 상 16

孟子曰, "有天爵者, 有人爵者. 仁義忠信, 樂善不倦, 此天爵也, 公卿大夫, 此人爵也. 古之人修其天爵, 而人爵從之. 今之人修其天爵, 以要人爵, 旣得人爵, 而棄其天爵, 則惑之甚者也, 終亦必亡而已矣."

•

맹자가 말했다. "하늘이 주는 작위가 있고 사람이 주는 작위가 있다. 어짊과 의로움, 충실함과 신뢰감을 가지고 선함을 즐거워하며 게을리하지 않는 것이 하늘이 주는 작위고, 공경이나 대부는 사람이 주는 작위다. 옛 사람들은 하늘이 주는 작위를 닦았는데 그러면 사람이 주는 작위가 그것에 따라왔다. 지금 사람들은 하늘이 주는 작위를 닦아서 사람이 주는 작위를 요구하고, 이미 사람이 주는 작위를 얻고 나서는 하늘의 준 작위를 버리니, 그 잘못됨이 심한 것이다. 끝내는 또한 반드시 망할 뿐이다."

고자 상 17

孟子曰, "欲貴者, 人之同心也. 人人有貴於己者, 弗思耳矣. 人之所貴者, 非良貴也. 趙孟之所貴, 趙孟能賤之.《詩》云, '旣醉以酒, 旣飽以德.' 言飽乎仁義也, 所以不願人之膏粱之味也. 令聞廣譽施於身, 所以不願人之文繡也."

•

맹자가 말했다. "귀해지려고 하는 것은 사람의 똑같은 마음이다. 사람마다 자기에게 귀함이 있는데도 생각하지 못할 뿐이다. 남이 귀하게 해준 것은 본래의 귀함이 아니다. 조맹[14]이 귀하게 해준 것은 조맹이 천하게도 할 수 있다.《시경》에서, '이미 술에 취하고, 이미 덕으로 배가 불렀다'라고 했으니, 어짊과 의로움으로 배부름을 말한 것인데, 이 때문에 다른 사람의 고기와 밥을 원하지 않는 것이다. 널리 알려진 명성과 영예가 자신에게 갖추어져 있기 때문에 다른 사람의 무늬 좋은 비단을 원하지 않는 것이다."

14 진(晉)나라의 세력가.

고자 상 18

孟子曰, "仁之勝不仁也, 猶水勝火. 今之爲仁者, 猶以一杯水救一車薪之火也, 不熄, 則謂之水不勝火. 此又與於不仁之甚者也. 亦終必亡而已矣."

•

맹자가 말했다. "어짊이 어질지 않음을 이기는 것은 물이 불을 이기는 것과 같다. 그런데 지금 어짊을 실행하는 자들은 오히려 한 잔의 물로 한 수레의 장작에 붙은 불을 끄려고 하다가 꺼지지 않았다고 곧 물이 불을 이기지 못한다고 말한다. 이것은 또한 어질지 않은 것보다 더 심한 것이다. 또한 끝내는 반드시 망할 뿐이다."

고자 상 19

孟子曰, "五穀者, 種之美者也, 苟爲不熟, 不如荑稗. 夫仁, 亦在乎熟之而已矣."

•

맹자가 말했다. "오곡은 종자로는 좋은 것이지만, 제대로 익지 않으면 피[荑稗]만도 못하다. 어짊 또한 그것을 익숙하게 하는 데 달려 있을 뿐이다."

고자 상 20

孟子曰, "羿之教人射, 必志於彀, 學者亦必志於彀. 大匠誨人必以規矩, 學者亦必規矩."

•

맹자가 말했다. "예가 사람에게 활쏘기를 가르칠 때 반드시 활을 당기는 것에만 뜻을 두게 했으니, 배우는 사람 또한 반드시 활을 당기는 것에만 뜻을 두는 것처럼 해야 한다. 큰 목수가 사람을 가르칠 때 반드시 그림쇠와 곱자를 가지고 했으니, 배우는 사람 또한 반드시 그림쇠와 곱자 같은 법도를 가지고 해야 한다."

12

고자 하

告子下

고자 하 1

任人有問屋廬子曰, "禮與食孰重?"

曰, "禮重."

"色與禮孰重?"

曰, "禮重."

曰, "以禮食, 則饑而死, 不以禮食, 則得食, 必以禮乎? 親迎, 則不得妻, 不親迎, 則得妻, 必親迎乎?"

屋廬子不能對, 明日之鄒以告孟子.

孟子曰, "於答是也, 何有? 不揣其本, 而齊其末, 方寸之木可使高於岑樓. 金重於羽者, 豈謂一鉤金與一輿羽之謂哉? 取食之重者與禮之輕者而比之, 奚翅食重? 取色之重者與禮之輕者而比之, 奚翅色重? 往應之曰, '紾兄之臂而奪之食, 則得食, 不紾, 則不得食, 則將紾之乎? 踰東家牆而摟其處子, 則得妻, 不摟, 則不得妻, 則將摟之乎?'"

•

임나라 사람이 옥려자[1]에게 물었다. "예의와 음식 중에 무엇이

1 맹자의 제자.

더 중요한가?"

(옥려자가) 답했다. "예의가 중요하다."

(임나라 사람이 물었다.) "여색과 예의 중에 무엇이 더 중요한가?"

(옥려자가) 답했다. "예의가 중요하다."

(임나라 사람이) 물었다. "예의에 따라 먹고 살려고 하면 굶어 죽지만 예의를 따르지 않고 먹고 살려고 하면 먹을 것을 얻을 수 있는데도 반드시 예의를 따를 것인가? 아내를 몸소 맞이하면[2] 아내를 얻을 수 없고, 몸소 맞이하지 않으면 아내를 얻을 수 있는데도 반드시 몸소 맞이할 것인가?"

옥려자가 대답하지 못하고 다음 날 추鄒나라에 가서 맹자에게 아뢰었다.

맹자가 말했다. "이것을 답하는 데 무슨 문제가 있겠는가? 그 근본을 헤아리지 않고 그 말단[末]만 맞추려 한다면 한 치의 나무가 누각보다 높아지게 할 수 있다. 쇠가 깃털보다 무겁다는 것이 어찌 쇠갈고리 하나와 깃털 한 수레를 가지고 말하는 것이겠는가? 음식의 중요함과 예의의 가벼움을 취해서 비교한다면 어찌 음식이 중요하지 않겠는가? 여색의 중요함과 예의의 가벼움을 취해서 비교한다면 어찌 여색이 중요하지 않겠는가? 가서 다음과 같이 답하라. '형의 팔을 비틀어 빼앗아 먹으면 밥을 먹을 수 있지만, 비틀지

2 신부의 집에 직접 가서 예식대로 신부를 맞아오는 것을 말한다.

않으면 밥을 먹을 수 없을 때 그 팔을 비틀겠는가? 동쪽 집 담을 넘어 그 집 처자를 끌어오면 아내를 얻을 수 있고 끌어오지 않으면 아내를 얻을 수 없을 때 그 처자를 끌어오겠는가?'"

고자 하 2

曹交問曰, "人皆可以爲堯舜, 有諸?"

孟子曰, "然."

"交聞文王十尺, 湯九尺, 今交九尺四寸以長, 食粟而已, 何如則可?"

曰, "奚有於是? 亦爲之而已矣. 有人於此, 力不能勝一匹雛, 則爲無力人矣, 今曰擧百鈞, 則爲有力人矣. 然則擧烏獲之任, 是亦爲烏獲而已矣. 夫人豈以不勝爲患哉? 弗爲耳. 徐行後長者謂之弟, 疾行先長者謂之不弟. 夫徐行者, 豈人所不能哉? 所不爲也. 堯舜之道, 孝弟而已矣. 子服堯之服, 誦堯之言, 行堯之行, 是堯而已矣. 子服桀之服, 誦桀之言, 行桀之行, 是桀而已矣."

曰, "交得見於鄒君, 可以假館, 願留而受業於門."

曰, "夫道若大路然, 豈難知哉? 人病不求耳. 子歸而求之, 有餘師."

•

조교[3]가 물었다. "사람은 모두 요순이 될 수 있다는데, 그렇습니

3 조(曹)나라 임금의 동생.

까?"

맹자가 말했다. "그렇습니다."

(조교가 말했다.) "제가 듣건대 문왕은 키가 십 척이고, 탕왕은 구 척이라는데, 지금 저도 구 척 사 촌이나 되면서 곡식만 축내고 있을 뿐이니 어찌해야 될까요?"

(맹자가) 말했다. "이것이 무슨 상관이 있습니까? 또한 그들처럼 해야 할 뿐입니다. 여기 어떤 사람이 있는데, 힘이 병아리 한 마리도 이길 수 없다면 힘이 없는 사람이 되는 것이고, 이제 삼천 근을 든다면 힘이 있는 사람이 되는 것입니다. 그러하니 오획[4]이 들었던 짐을 든다면 이 또한 오획이 되는 것일 뿐이니, 사람이 어찌 이겨내지 못할 것을 걱정하겠습니까? 하지 않는 것일 뿐입니다. 천천히 걸어서 어른보다 뒤에 가는 것을 공경스럽다고 하고, 빨리 걸어서 어른보다 앞서 가는 것을 공경스럽지 않다고 하니, 천천히 가는 것이 어찌 사람들이 할 수 없는 것이겠습니까? 하지 않는 것일 뿐입니다. 요임금과 순임금의 도는 효제일 뿐입니다. 그대가 요임금 같은 옷을 입고 요임금 같은 말을 하고, 요임금 같은 행동을 한다면 이는 요임금이 되는 것일 뿐이고, 그대가 걸 같은 옷을 입고 걸 같은 말을 하고, 걸 같은 행동을 한다면, 이는 걸이 되는 것일 뿐입니다."

4 고대에 힘이 세기로 이름난 장사.

(조교가) 말했다. "제가 추나라 임금을 뵙게 되면 관사를 빌릴 수 있을 것이니, 머물면서 문하에서 공부할 수 있게 해주시기 바랍니다."

(맹자가) 말했다. "도는 큰 길과 같으니, 어찌 알기 어렵겠습니까? 사람들의 병폐는 구하지 않는 것일 뿐입니다. 그대가 돌아가서 구해보면 남아 있는 스승이 있을 것입니다."

고자 하 3

公孫丑問曰, "高子曰, '〈小弁〉, 小人之詩也.'"

孟子曰, "何以言之?"

曰, "怨."

曰, "固哉! 高叟之爲詩也! 有人於此, 越人關弓而射之, 則己談笑而道之, 無他, 疏之也. 其兄關弓而射之, 則己垂涕泣而道之, 無他, 戚之也. 〈小弁〉之怨, 親親也. 親親, 仁也. 固矣夫, 高叟之爲詩也!"

曰, "〈凱風〉何以不怨?"

曰, "〈凱風〉, 親之過小者也, 〈小弁〉, 親之過大者也. 親之過大而不怨, 是愈疏也, 親之過小而怨, 是不可磯也. 愈疏, 不孝也, 不可磯, 亦不孝也. 孔子曰, '舜其至孝矣! 五十而慕.'"

•

공손추가 물었다. "'고자高子가 〈소변〉[5]은 소인배의 시다'라고 했습니다."

5 《시경》〈소아(小雅)〉편에 있는 시로 주 유왕(周幽王)이 새로 부인으로 얻은 포사의 아들을 태자로 삼으려고 하자, 본래의 태자였던 의구(宜臼)의 사부가 의구의 애통한 심정을 노래로 지은 것이라고 한다.

맹자가 말했다. "무엇 때문에 그렇게 말했는가?"

(공손추가) 말했다. "(부모를) 원망하기 때문이라고 했습니다."

(맹자가) 말했다. "고루하구나, 늙은 고씨의 시 해석이여! 여기 어떤 사람이 있는데, 월나라 사람이 활을 당겨 누군가를 쏘려고 하면 그는 웃으면서 그것을 말릴 것이니, 다른 것이 아니라 그와 소원하기 때문이다. 그 형이 활을 당겨 누군가를 쏘려고 하면 그는 눈물을 흘리면서 그것을 말릴 것이니, 다른 것이 아니라 그와 친하기 때문이다. 〈소변〉에서의 원망은 어버이를 친히 여긴 것이다. 어버이를 친히 여김은 어짊이다. 고루하구나, 늙은 고씨의 시 해석이여!"

(공손추가) 말했다. "〈개풍〉[6]은 어찌 하여 원망하지 않았습니까?"

(맹자가) 말했다. "〈개풍〉은 어버이의 과실이 작은 것이고, 〈소변〉은 어버이의 과실이 큰 것이다. 어버이의 과실이 큰데도 원망하지 않는다면, 이는 더욱 소원해지는 것이고, 어버이의 과실이 작은데도 원망한다면 이는 원만해질 수 없게 되니, 더욱 소원해지는 것도 불효고, 원만해질 수 없게 되는 것도 불효다. 공자께서는 '순임금은 지극한 효자로다! 쉰 살까지도 사모하셨다'라고 하셨다."

6 《시경》〈패풍(邶風)〉편에 있는 시로 아버지가 죽고 개가하려는 어머니를 자식들이 원망하지 않고 자신들의 효성이 부족하다고 반성한다는 내용이다.

고자 하 4

宋牼將之楚, 孟子遇於石丘.

曰, "先生將何之?"

曰, "吾聞秦楚構兵, 我將見楚王說而罷之. 楚王不悅, 我將見秦王說而罷之. 二王我將有所遇焉."

曰, "軻也請無問其詳, 願聞其指. 說之將如何?"

曰, "我將言其不利也."

•

송경이 초나라에 가다가 맹자를 석구에서 만났다.

(맹자가) 말했다. "선생은 어디를 가십니까?"

(송경이) 말했다. "진秦나라와 초나라가 병력을 구성하고 있다고 들었는데, 장차 초나라 왕을 만나서 설득하여 그것을 그만두게 하려고 합니다. 초나라 왕이 기뻐하지 않으면 나는 장차 진나라 왕을 만나서 설득하여 그것을 그만두게 할 것입니다. 두 왕 가운데 나와 뜻이 맞을 사람이 있을 것입니다."

(맹자가) 말했다. "제가 그 상세함은 묻지 않겠지만 그 요지를 듣기를 원합니다. 그들을 어떻게 설득하시겠습니까?"

(송경이) 말했다. "나는 그것이 이롭지 않다[不利]고 말할 것입니다."

曰, "先生之志則大矣, 先生之號則不可. 先生以利說秦楚之王, 秦楚之王悅於利, 以罷三軍之師, 是三軍之士樂罷而悅於利也. 爲人臣者懷利以事其君, 爲人子者懷利以事其父, 爲人弟者懷利以事其兄, 是君臣父子兄弟終去仁義, 懷利以相接, 然而不亡者, 未之有也. 先生以仁義說秦楚之王, 秦楚之王悅於仁義, 而罷三軍之師, 是三軍之士樂罷而悅於仁義也. 爲人臣者懷仁義以事其君, 爲人子者懷仁義以事其父, 爲人弟者懷仁義以事其兄, 是君臣父子兄弟去利, 懷仁義以相接也, 然而不王者, 未之有也. 何必曰利?"

•

(맹자가) 말했다. "선생의 뜻은 크지만, 선생의 구호[號]는 옳지 않습니다. 선생께서 이로움을 가지고 진나라와 초나라의 왕을 설득하면, 진나라와 초나라의 왕은 이로움이 좋아서 삼군의 장수들을 그만두게 하는 것이니, 이는 삼군의 군사들도 그만두기를 즐기면서 이익을 좋아하게 하는 것입니다. 신하가 되어 이로움을 생각하며 그 임금을 섬기고, 자식이 되어 이로움을 생각하며 그 부모를 섬기고, 아우가 되어 이로움을 생각하며 그 형을 섬긴다면 이는 군신, 부자, 형제가 마침내 어짊과 의로움을 버리고 이로움을 생각하며 서로를 접하는 것이니, 그렇게 하고도 망하지 않는 자는 있지 않았습니다.

선생께서 어짊과 의로움으로 진나라와 초나라의 왕을 설득하면 진나라와 초나라의 왕이 어짊과 의로움이 좋아서 삼군의 장수들을 그만두게 하는 것이니, 이는 삼군의 군사들도 그만두기를 즐기면서 어짊과 의로움을 좋아하게 하는 것입니다. 신하가 되어 어짊과 의로움을 생각하며 그 임금을 섬기고, 자식이 되어 어짊과 의로움을 생각하며 그 부모를 섬기고, 아우가 되어 어짊과 의로움을 생각하며 그 형을 섬긴다면, 이는 군신과 부자와 형제가 이로움을 버리고 어짊과 의로움을 생각하며 서로를 접하는 것이니, 그렇게 하고도 왕이 되지 못한 자는 있지 않았습니다. 하필이면 이로움을 말하십니까?"

고자 하 5

孟子居鄒, 季任爲任處守, 以幣交, 受之而不報, 處於平陸, 儲子爲相, 以幣交, 受之而不報.

他日, 由鄒之任, 見季子, 由平陸之齊, 不見儲子. 屋廬子喜曰, "連得間矣."

問曰, "夫子之任, 見季子, 之齊, 不見儲子, 爲其爲相與?"

曰, "非也. 《書》曰, '享多儀, 儀不及物曰不享, 惟不役志于享.' 爲其不成享也."

屋廬子悅. 或問之. 屋廬子曰, "季子不得之鄒, 儲子得之平陸."

•

맹자가 추나라에 거처할 때 계임[7]이 임任나라의 처수[8]가 되어 폐물을 보내 교류하려 했는데, 그것을 받기만 하고 보답하지 않았고, (제나라의) 평륙에 거처할 때 저자[9]가 (제나라의) 재상이 되어 폐물을 보내 교류하려 했는데, 그것을 받기만 하고 보답하지 않았다.

7 임나라 임금의 동생. 계자.

8 임금이 자리를 비웠을 때 임시로 정사를 다스리는 자.

9 제나라 재상을 지낸 인물.

다른 날 추나라에서 임나라로 가서는 계자를 만났고, 평륙에서 제나라로 가서는 저자를 만나지 않았다. 옥려자가 기뻐하며 말했다. "내가 배울 틈을 얻었다."[10]

(옥려자가) 물었다. "선생님께서 임나라에 가셔서는 계자를 만났지만, 제나라에 가셔서는 저자를 만나지 않으셨는데, 그가 재상이 되었기 때문입니까?"

(맹자가) 말했다. "아니다. 《서경》에서, '물건을 줄 때는 많은 예의가 있는데, 예의가 물건에 미치지 못하면 제대로 주지 않았다고 한다. 물건을 주는 데 정성을 다하지 않았기 때문이다'라고 했다. 그가 물건을 제대로 주지 못했기 때문이다."

옥려자가 기뻐했다. 누군가가 그것에 대해 물었다. 옥려자가 말했다. "계자는 추나라까지 갈 수 없었지만, 저자는 평륙까지 갈 수 있었기 때문이다."[11]

10 '내가 물어볼 틈을 얻었다'라는 의미로도 이해할 수 있다.

11 계임은 맹자가 추나라에 있을 때 이웃나라인 임나라의 처수를 하고 있어서 맹자를 만날 수 없었던 반면, 저자는 맹자가 제나라 평륙에 있을 때 제나라 재상을 하고 있었음에도 맹자를 만나지 않고 예물만 보낸 것을 이야기한다. 즉, 저자가 물건을 제대로 주지 못했다는 의미다.

고자 하 6

淳于髡曰, "先名實者, 爲人也, 後名實者, 自爲也. 夫子在三卿之中, 名實未加於上下而去之, 仁者固如此乎?"

孟子曰, "居下位, 不以賢事不肖者, 伯夷也, 五就湯, 五就桀者, 伊尹也, 不惡汙君, 不辭小官者, 柳下惠也. 三子者不同道, 其趨一也."

"一者何也?"

曰, "仁也. 君子亦仁而已矣. 何必同?"

曰, "魯繆公之時, 公儀子爲政, 子柳子思爲臣, 魯之削也滋甚, 若是乎, 賢者之無益於國也!"

曰, "虞 不用百里奚而亡, 秦穆公用之而霸. 不用賢則亡, 削何可得與?"

曰, "昔者王豹處於淇, 而河西善謳, 綿駒處於高唐, 而齊右善歌, 華周杞梁之妻善哭其夫而變國俗. 有諸內, 必形諸外. 爲其事而無其功者, 髡未嘗覩之也. 是故無賢者也, 有則髡必識之."

曰, "孔子爲魯司寇, 不用. 從而祭, 燔肉不至, 不稅冕而行. 不知者以爲爲肉也, 其知者以爲爲無禮也. 乃孔子則欲以微罪行, 不欲爲苟去. 君子之所爲, 衆人固不識也."

•

순우곤이 말했다. "명성과 실적을 앞세우는 사람은 남을 위하는 것이고, 명성과 실적을 뒤로 하는 사람은 스스로를 위하는 것입니다. 선생께서 삼경 가운데 계시면서[12] 명성과 실적이 위아래에 더해지지도 않았는데도 떠나시니, 어진 사람은 진실로 이와 같습니까?"

맹자가 말했다. "낮은 지위에 있으면서 현명함으로 못난 자를 섬기지 않았던 사람은 백이였고, 다섯 번 탕왕을 따르고 다섯 번 걸을 따랐던 사람은 이윤이었고, 더러운 임금을 싫어하지 않고 작은 벼슬도 사양하지 않은 사람은 유하혜였다. 세 선생은 길은 같지 않았지만 그 목적은 하나같았다."

(순우곤이 말했다.) "하나같았던 것은 무엇입니까?"

(맹자가) 말했다. "어짊이다. 군자는 또한 어질 뿐이다. 어찌 반드시 같아야만 하겠는가?"

(순우곤이) 말했다. "노나라 목공 때는 공의자[13]가 정치를 했고 자류[14]와 자사가 신하가 되었지만, 노나라는 더욱 심하게 쇠약해졌으니, 이와 같으니 현명한 사람은 나라에 이익이 됨이 없습니다."

---

12 이때 맹자는 제나라의 객경이었다.

13 노나라의 박사이자 재상.

14 공자의 제자, 안행(顔幸)인 듯하다.

(맹자가) 말했다. "우나라는 백리해를 쓰지 않아 망했고, 진나라 목공은 그를 써서 패자가 되었다. 현명한 사람을 쓰지 않으면 망하는 것이니, 어찌 쇠약해지는 것에 그치겠는가?"

(순우곤이) 말했다. "옛날에 왕표[15]가 기수에 살자 하서 지방이 노래를 잘하게 되었고, 면구[16]가 고당에 살자 제나라 서쪽이 노래를 잘 부르게 되었으며, 화주와 기량[17]의 아내가 죽은 남편을 위한 곡을 제대로 하자 나라의 풍속이 변했습니다. 안에 가지고 있으면 반드시 밖으로 드러납니다. 어떤 일을 하고도 그 공적이 없는 자를 저는 일찍이 보지 못했습니다. 이래서 현명한 사람이 없다고 하는 것이니, 있었다면 제가 반드시 그를 알았을 것입니다."

(맹자가) 말했다. "공자께서 노나라의 사구[18]가 되셨지만 (공자가) 쓰이지 않았다. 제사를 받들어 지냈는데도 제사 지냈던 고기가 (공자에게) 내려오지 않자 관을 벗지 않고 떠나셨다. 알지 못하는 자들은 고기 때문에 떠났다고 생각했지만, 아는 자들은 무례했기 때문이라고 생각했다. 공자께서 곧 미미한 잘못을 구실로 떠나려고 하신 것이지, 구차하게 떠나려고 하시지는 않으셨다. 군자가 하는 것을 보통의 사람들은 본래 알지 못한다."

15 위나라의 유명한 노래꾼.

16 제나라의 유명한 노래꾼.

17 화주와 기량 모두 제나라 사람으로 전쟁에 나갔다가 전사했다.

18 범죄를 담당하는 대부.

고자 하 7

孟子曰, "五霸者, 三王之罪人也, 今之諸侯, 五霸之罪人也, 今之大夫, 今之諸侯之罪人也. 天子適諸侯曰巡狩, 諸侯朝於天子曰述職. 春省耕而補不足, 秋省斂而助不給. 入其疆, 土地辟, 田野治, 養老尊賢, 俊傑在位, 則有慶, 慶以地. 入其疆, 土地荒蕪, 遺老失賢, 掊克在位, 則有讓. 一不朝, 則貶其爵, 再不朝, 則削其地, 三不朝, 則六師移之. 是故天子討而不伐, 諸侯伐而不討. 五霸者, 摟諸侯以伐諸侯者也, 故曰, 五霸者, 三王之罪人也.

•

맹자가 말했다. "오패라는 자들은 삼왕[19]에게 죄인이고,[20] 지금의 제후들은 오패에게 죄인이며, 지금의 대부들은 지금의 제후들에게 죄인이다.

천자가 제후국에 가는 것을 '순수'라고 하고, 제후가 천자를 뵙는 것을 '술직'이라고 한다. 봄에 경작을 살펴 부족한 것을 보충해주고, 가을에 수확을 살펴 부족한 것을 보조해준다. 그 제후의 경

19 하나라 우왕, 은나라 탕왕, 주나라 문왕.

20 오패, 즉 패권을 가진 제후들이 천자의 허락을 받지 않고 천자가 분봉한 다른 제후를 쳤기 때문이다.

계에 들어갔을 때 토지가 개간되어 있고, 밭과 들이 다스려져 있고, 노인을 봉양하고 현자를 존중하고 있고, 뛰어난 사람들이 벼슬자리에 있으면 상을 내리는데, 상은 토지로 내려준다. 그 경계에 들어갔을 때 토지는 황무지로 있고, 노인을 버리고 현자를 잃고 있으며, 못난 자들이 벼슬자리에 있으면 꾸짖는다. 한 번 천자를 뵈러 오지 않으면 그 작위를 낮추고, 두 번 뵈러 오지 않으면 그 토지를 빼앗고, 세 번 뵈러 오지 않으면 모든 군사를 동원해 그를 바꾼다. 이래서 천자는 죄를 묻기는 해도 직접 정벌에 나서지는 않고, 제후는 직접 정벌에 나서기는 해도 죄를 묻지는 않는다. 오패라는 자들은 제후를 끌어다가 제후를 정벌했던 자들이다. 그래서 오패라는 자들은 삼왕에게 죄인이라고 말한 것이다.

五霸, 桓公爲盛. 葵丘之會, 諸侯束牲載書而不歃血. 初命曰, 誅不孝, 無易樹子, 無以妾爲妻. 再命曰, 尊賢育才, 以彰有德. 三命曰, 敬老慈幼, 無忘賓旅. 四命曰, 士無世官, 官事無攝, 取士必得, 無專殺大夫. 五命曰, 無曲防, 無遏糴, 無有封而不告. 曰, 凡我同盟之人, 旣盟之後, 言歸于好. 今之諸侯皆犯此五禁, 故曰, 今之諸侯, 五霸之罪人也. 長君之惡其罪小, 逢君之惡其罪大. 今之大夫皆逢君之惡, 故曰, 今之大夫, 今之諸侯之罪人也."

•

오패 가운데 환공이 가장 세력이 컸다. 규구의 모임에서 제후들이 희생을 묶어 놓고 맹세의 글을 올렸지만 피를 마시지는 않았다. 처음으로 명하기를, '불효자를 베고, 세운 아들을 바꾸지 말고, 첩을 아내로 삼지 말라'라고 했다. 두 번째로 명하기를, '현자를 높이고 인재를 길러서 덕이 있는 이를 표창하라'라고 했다. 세 번째로 명하기를, '노인을 공경하고 어린아이를 사랑하며, 손님과 나그네를 잊지 마라'라고 했다. 네 번째로 명하기를, '선비는 관직을 세습하지 말고 관청의 일을 간섭하지 말고, 반드시 덕이 있는 선비를 뽑고 대부를 마음대로 죽이지 말라'고 했다. 다섯 번째로 명하기를, '제방을 구불구불하게 쌓지 말고, 쌀을 사들이는 것을 막지 말며, 제후에 봉해주면 아뢰지 않음이 없게 하라'라고 했다. 또한 '우리 동맹을 맺은 사람들은 동맹을 맺고 나서는 우호를 유지하도록 하라'라고 했는데, 지금의 제후들은 모두 이 다섯 가지 금지를 범하고 있다. 그래서 지금의 제후들은 오패에게 죄인이라고 말한 것이다.

임금의 악을 조장하는 것은 그 죄가 작지만, 임금의 악에 영합하는 것은 그 죄가 크다. 지금의 대부들은 모두 임금의 악에 영합하고 있다. 그래서 지금의 대부들은 지금의 제후들에게 죄인이라고 말한 것이다."

고자 하 8

魯欲使愼子爲將軍.

孟子曰, "不敎民而用之, 謂之殃民. 殃民者, 不容於堯舜之世. 一戰勝齊, 遂有南陽, 然且不可."

愼子勃然不悅曰, "此則滑釐所不識也."

曰, "吾明告子. 天子之地方千里, 不千里, 不足以待諸侯. 諸侯之地方百里, 不百里, 不足以守宗廟之典籍. 周公之封於魯, 爲方百里也, 地非不足, 而儉於百里. 太公之封於齊也, 亦爲方百里也, 地非不足也, 而儉於百里. 今魯方百里者五, 子以爲有王者作, 則魯在所損乎, 在所益乎? 徒取諸彼以與此, 然且仁者不爲, 況於殺人以求之乎? 君子之事君也, 務引其君以當道, 志於仁而已."

•

노나라가 신자愼子[21]를 장군으로 삼으려고 했다.

맹자가 말했다. "백성들을 가르치지 않고 쓰려는 것을 백성들에게 재앙을 내리는 것이라고 한다. 백성들에게 재앙을 내리는 자는

21 주자는 신자를 '노나라의 신하'라고 했다.

요임금과 순임금의 세대에서는 용납되지 않았다. 한 번 싸움으로 제나라를 이기고 마침내 남양을 가진다고 해도 그러한 것은 옳지 않다."

신자가 발끈하면서 언짢아하며 말했다. "이것은 제가 알 바가 아닙니다."

(맹자가) 말했다. "내가 분명히 그대에게 알려주겠다. 천자의 땅은 사방 천 리이니, 천 리가 못 되면 제후를 대접할 수 없고, 제후의 땅은 사방 백 리이니, 백 리가 못 되면 종묘의 제도를 지킬 수 없다. 주공을 노나라에 봉할 때 땅을 사방 백 리로 했으니, 땅이 부족하지 않았지만 백 리로 절제한 것이다. 태공을 제나라에 봉할 때 또한 땅을 사방 백 리로 했으니, 땅이 부족하지 않았지만 백 리로 절제한 것이다. 지금 노나라는 사방 백 리에 다섯 배이니, 그대가 생각하기에 왕이 될 자가 나온다면 (그가) 노나라의 땅을 덜어내겠는가, 더해주겠는가? 그저 저기에서 가져다가 여기에 주는 것은 어진 사람은 하지 않을 것인데, 하물며 사람을 죽이면서 그것을 추구하겠는가? 군자는 임금을 섬기는데 그 임금을 합당한 도로 이끌어 어짊에 뜻을 두도록 하는 데 힘쓸 뿐이다."

고자 하 9

孟子曰, "今之事君者曰, '我能爲君辟土地, 充府庫.' 今之所謂良臣, 古之所謂民賊也. 君不鄕道, 不志於仁, 而求富之, 是富桀也. '我能爲君約與國, 戰必克.' 今之所謂良臣, 古之所謂民賊也. 君不鄕道, 不志於仁, 而求爲之强戰, 是輔桀也. 由今之道, 無變今之俗, 雖與之天下, 不能一朝居也."

•

맹자가 말했다. "지금 임금을 섬기는 자들이 '나는 임금을 위해 토지를 개간하고, 창고를 채울 수 있다'라고 한다. 지금의 소위 '뛰어난 신하'라고 말하는 자들은 옛날에는 소위 '백성들의 도적'이라고 말할 자들이다. 임금이 도를 지향하지 않고 어짊에 뜻을 두지 않는데도 그가 부유해지기를 추구하니, 이는 걸桀을 부유하게 하는 것이다.

'나는 임금을 위해 다른 나라와 맹약하고 전쟁을 하면 반드시 이긴다'라고 한다. 지금의 소위 '뛰어난 신하'라고 하는 자들은 옛날에는 소위 '백성들의 도적'이라고 말할 자들이다. 임금이 도를 지향하지 않고 어짊에 뜻을 두지 않는데도 그를 위해 힘써 전쟁하기를 추구하니, 이는 걸을 돕는 것이다.

지금과 같은 길을 따라 가고 지금의 습속을 바꾸지 않는다면, 비록 천하를 준다고 해도 하루도 자리를 차지할 수 없을 것이다."

고자 하 10

白圭曰, "吾欲二十而取一, 何如?"

孟子曰, "子之道, 貉道也. 萬室之國, 一人陶, 則可乎?"

曰, "不可. 器不足用也."

曰, "夫貉, 五穀不生, 惟黍生之, 無城郭宮室宗廟祭祀之禮, 無諸侯幣帛饔飧, 無百官有司, 故二十取一而足也. 今居中國, 去人倫, 無君子, 如之何其可也? 陶以寡, 且不可以爲國, 況無君子乎? 欲輕之於堯舜之道者, 大貉小貉也, 欲重之於堯舜之道者, 大桀小桀也."

•

백규[22]가 말했다. "나는 스물 중에 하나를 거두려고 하는데 어떻습니까?"

맹자가 말했다. "그대의 방도는 오랑캐들[貉]의 방도입니다. 일만 호의 나라에서 한 사람만 그릇을 만들면 되겠습니까?"

(백규가) 말했다. "안 됩니다. 그릇이 쓰기에 부족할 것입니다."

(맹자가) 말했다. "오랑캐들은 오곡을 생산하지 못하고 오직 기장

22 주나라 사람으로 재물을 잘 모았다고 한다.

만을 생산하니, 성곽, 궁실, 종묘, 제사의 예가 없으며, 제후와 폐백을 교환하고 음식을 대접할 일이 없으며, 여러 관원과 유사도 없습니다. 그래서 스물 중에 하나를 거둬도 충분한 것입니다. 지금 중국에 살면서 인륜을 버리고 군자를 없앤다면, 어찌 그것이 옳겠습니까? 그릇을 만드는 사람이 적어도 나라를 이룰 수 없는데, 하물며 군자가 없으면 어떻겠습니까? 요임금과 순임금이 세금을 거뒀던 방도보다 가볍게 하려는 자는 큰 오랑캐이거나 작은 오랑캐일 것이고, 요임금과 순임금이 세금을 거뒀던 방도보다 무겁게 하려는 자는 큰 걸桀이거나 작은 걸일 것입니다."

고자 하 11

白圭曰, "丹之治水也愈於禹."

孟子曰, "子過矣. 禹之治水, 水之道也. 是故禹以四海爲壑. 今吾子以鄰國爲壑. 水逆行謂之洚水, 洚水者, 洪水也, 仁人之所惡也. 吾子過矣."

•

백규가 말했다. "제가 물을 다스리는 것이 우임금보다 낫습니다."

맹자가 말했다. "그대는 잘못 알고 있습니다. 우임금이 물을 다스렸던 것은 물의 올바른 길입니다.[23] 그래서 우임금은 사해를 골짜기로 삼았는데, 지금 그대는 이웃나라를 골짜기로 삼습니다. 물이 거꾸로 흘러가게 하는 것을 '홍수洚水'라고 하는데, '홍수'는 물이 범람하는 것이니, 어진 사람들이 싫어하는 것입니다. 그대는 잘못 알고 있습니다."

23 물의 자연스러운 흐름을 다스렸다는 의미다.

고자 하 12

孟子曰, "君子不亮, 惡乎執?"

•

맹자가 말했다. "군자가 진실하지 못하다면 무엇을 고집할 수가 있겠는가?"

고자 하 13

魯欲使樂正子爲政. 孟子曰, "吾聞之, 喜而不寐."

公孫丑曰, "樂正子强乎?"

曰, "否."

"有知慮乎?"

曰, "否."

"多聞識乎?"

曰, "否."

"然則奚爲喜而不寐?"

曰, "其爲人也好善."

"好善足乎?"

曰, "好善優於天下, 而況魯國乎? 夫苟好善, 則四海之內皆將輕千里而來告之以善. 夫苟不好善, 則人將曰, '訑訑, 予旣已知之矣.' 訑訑之聲音顔色距人於千里之外. 士止於千里之外, 則讒諂面諛之人至矣. 與讒諂面諛之人居, 國欲治, 可得乎?"

•

노나라가 악정자에게 정치를 맡기려고 했다. 맹자가 말했다. "내가 그것을 듣고 기뻐서 잠을 못 잤다."

공손추가 말했다. "악정자는 강합니까?"

(맹자가) 말했다. "아니다."

(공손추가 말했다.) "지혜와 사려가 있습니까?"

(맹자가) 말했다. "아니다."

(공손추가 말했다.) "들은 것이나 아는 것이 많습니까?"

(맹자가) 말했다. "아니다."

(공손추가 말했다.) "그렇다면 어찌 하여 기뻐서 잠을 못 이루셨습니까?"

(맹자가) 말했다. "그 사람됨이 선함을 좋아한다."

(공손추가 말했다.) "선함을 좋아하면 충분합니까?"

(맹자가) 말했다. "선함을 좋아한다면 천하를 다스리기에도 넉넉한데, 하물며 노나라에서는 어떻겠는가? 진실로 선함을 좋아하면 사해의 안에서 (사람들이) 모두 천리 길을 가벼이 여기고 와서 그에게 선한 일에 대해 알려줄 것이다. 진실로 선함을 좋아하지 않으면 사람들이 '으쓱거리는 것을 내가 이미 알고 있다'라고 할 것이니, 으쓱거리는 목소리와 낯빛이 천리 밖에서 사람들을 막을 것이다. 선비들이 천리 밖에서 멈추면 아첨하고 아양 떠는 사람들이 올 것이다. 아첨하고 아양 떠는 사람들과 함께 산다면, 나라를 다스리려고 해도 할 수 있겠는가?"

고자 하 14

陳子曰, "古之君子何如則仕?"

孟子曰, "所就三, 所去三. 迎之致敬以有禮, 言將行其言也, 則就之. 禮貌未衰, 言弗行也, 則去之. 其次, 雖未行其言也, 迎之致敬以有禮, 則就之. 禮貌衰, 則去之. 其下, 朝不食, 夕不食, 饑餓不能出門戶, 君聞之, 曰, '吾大者不能行其道, 又不能從其言也, 使饑餓於我土地, 吾恥之.' 周之, 亦可受也, 免死而已矣."

•

진자가 말했다. "옛날 군자들은 어떠하면 벼슬을 했습니까?"

맹자가 말했다. "나아가는 경우가 세 가지였고, 떠나가는 경우가 세 가지였다. (군주가 군자를) 맞이하면서 공경을 다하여 예의가 있으며, 말을 했는데 그 말을 행하려고 하면 나아간다. 예의 갖추는 모습은 약해지지 않았어도 말을 행하지 않으면 떠난다.

그 다음으로 비록 그 말을 행하지 않았어도 맞이하면서 공경을 다하여 예의가 있으면 나아간다. 예의 갖추는 모습이 약해지면 떠난다.

그 아래로는 아침도 먹지 못하고 저녁도 먹지 못하여 굶주려 문밖도 나가지 못하는데, 임금이 그것을 듣고 '내가 크게는 그 도를 행하지 못하고, 또한 그 말을 따르지 못하여 내 땅에서 굶주리게 하니, 나는 그것이 부끄럽다'라고 하면서 구제해주려고 하면 또한 벼슬을 받을 수 있겠지만, 죽음이나 면하는 것[24]일 뿐이다."

24 죽음을 면할 수준에서 그쳐야 한다는 의미.

고자 하 15

孟子曰, "舜發於畎畝之中, 傅說擧於版築之間, 膠鬲擧於魚鹽之中, 管夷吾擧於士, 孫叔敖擧於海, 百里奚擧於市. 故天將降大任於是人也, 必先苦其心志, 勞其筋骨, 餓其體膚, 空乏其身, 行拂亂其所爲, 所以動心忍性, 曾益其所不能. 人恒過, 然後能改, 困於心, 衡於慮, 而後作, 徵於色, 發於聲, 而後喩. 入則無法家拂士, 出則無敵國外患者, 國恒亡. 然後知生於憂患而死於安樂也."

•

맹자가 말했다. "순임금은 밭이랑에서 일하다가 왕위에 올랐고, 부열[25]은 성벽을 쌓다가 등용되었고, 교격[26]은 생선과 소금을 팔다가 등용되었으며, 관이오[27]는 선비로 있다가 등용되었고, 손숙오[28]는 바닷가에 살다가 등용되었으며, 백리해는 시장에서 살다가 천거되었다.

25 은나라의 재상.

26 은나라의 신하.

27 관중으로 알려진 제나라 환공의 재상.

28 초나라 장왕의 신하.

그래서 하늘이 이 사람들에게 큰 임무를 내리려고 할 때는 반드시 먼저 그 마음과 의지를 괴롭게 하고, 그 근육과 뼈를 힘들게 하며, 그 육체와 피부를 굶주리게 하고, 그 몸뚱이를 궁핍하게 하며, 행하려고 할 때도 그 하려는 것을 어지럽혔으니, 마음을 동요시키면서도 성질을 참게 하여 그가 차마 할 수 없는 것을 늘려주려는 것이었다.

사람은 늘 잘못하고 나서야 고칠 수 있으니, 마음에서 곤란하고 생각에서 가로막히고 나서야 일어나며, 얼굴빛에서 나타나고 목소리에서 드러나고 나서야 깨닫는다.

나라 안으로 들어가서는 법도 있는 집안과 보필하는 선비가 없으며, 나라 밖으로 나와서는 원수진 나라나 외부의 걱정거리가 없는 나라는 늘 멸망했다. 그러고 나서야 걱정과 근심 속에서 살다가 편안함과 즐거움 속에서 죽는다는 것을 알게 된다."

고자 하 16

孟子曰, "教亦多術矣, 予不屑之教誨也者, 是亦教誨之而已矣."

•

맹자가 말했다. "가르침에도 많은 방법이 있으니, 내가 그를 가르치기를 거절하는 것도 또한 그를 가르쳐주려는 것일 뿐이다."

13

진심 상
盡心上

진심 상 1

孟子曰, "盡其心者, 知其性也. 知其性, 則知天矣. 存其心, 養其性, 所以事天也. 殀壽不貳, 修身以俟之, 所以立命也."

•

맹자가 말했다. "(자신의) 마음을 다하는 사람은 (자신의) 본성을 알게 된다. (자신의) 본성을 알게 되면 하늘을 알게 된다. (자신의) 마음을 보존하고 (자신의) 본성을 기르는 것이 하늘을 섬기는 것이다. 일찍 죽고 오래 사는 것을 둘로 여기지 않고 자신을 닦으며 기다리는 것이 (하늘의) 명을 세우는 것이다."

진심 상 2

孟子曰, "莫非命也, 順受其正. 是故知命者, 不立乎巖墻之下. 盡其道而死者, 正命也. 桎梏死者, 非正命也."

•

맹자가 말했다. "하늘의 명이 아닌 것이 없으니, 그 올바름을 순순히 받아들여야 한다. 이래서 하늘의 명을 아는 사람은 위험한 담장 아래에 서 있지 않는다. 그 도를 다하고 죽는 사람은 하늘의 명을 올바르게 한 것이다. 형벌을 받고 죽는 사람은 하늘의 명을 올바르게 한 것이 아니다."

진심 상 3

孟子曰, "求則得之, 舍則失之, 是求有益於得也, 求在我者也. 求之有道, 得之有命, 是求無益於得也, 求在外者也."

•

맹자가 말했다. "구하면 얻게 되고 버려두면 잃게 되니, 구해서 얻었는데 유익한 것은 나에게서 구한 것이기 때문이다. 구함에는 도가 있고 얻음에는 명이 있으니, 구해서 얻었는데 무익한 것은 밖에서 구한 것이기 때문이다."

진심 상 4

孟子曰, "萬物皆備於我矣. 反身而誠, 樂莫大焉. 强恕而行, 求仁莫近焉."

•

맹자가 말했다. "만물이 모두 나에게 갖추어져 있다. 자신을 돌이켜 보며 성실히 하면, 즐거움이 이보다 더 클 수 없다. 힘써 자기를 미루어 행동하면, 어짊을 추구하는 데는 이보다 가까울 것이 없다."

진심 상 5

孟子曰, "行之而不著焉, 習矣而不察焉, 終身由之而不知其道者, 衆也."

•

맹자가 말했다. "실행하면서도 분명히 알아보지 않고, 익히면서도 잘 살펴보지 않아서 죽을 때까지 그것에 따르면서도 그 도를 알지 못하는 사람이 많다."

진심 상 6

孟子曰, "人不可以無恥, 無恥之恥, 無恥矣."

•

맹자가 말했다. "사람은 부끄러움이 없어서는 안 되니, 부끄러움이 없음을 부끄러워한다면 부끄러움이 없을 것이다."

진심 상 7

孟子曰, "恥之於人大矣. 爲機變之巧者, 無所用恥焉. 不恥不若人, 何若人有?"

•

맹자가 말했다. "부끄러움은 사람에게 중대하다. 임기응변의 기교를 부리는 자는 부끄러워하는 것이 없다. 남보다 못한 것을 부끄러워하지 않는다면, 남과 같을 만한 것이 뭐가 있겠는가?"

진심 상 8

孟子曰, "古之賢王好善而忘勢, 古之賢士何獨不然? 樂其道而忘人之勢, 故王公不致敬盡禮, 則不得亟見之. 見且猶不得亟, 而況得而臣之乎?"

•

맹자가 말했다. "옛날의 현명한 임금들은 선함을 좋아하고 권세 부리기를 잊었으니, 옛날의 현명한 선비들이라고 어찌 그렇지 않았겠는가? 그 도를 즐기고 남에게 권세 부리기를 잊었기 때문에 왕공이라고 해도 공경을 다하고 예의를 다하지 않으면 그를 자주 만날 수 없었다. 만나는 것도 오히려 자주 할 수 없었는데, 하물며 그를 신하로 삼는 것은 어떠했겠는가?"

진심 상 9

孟子謂宋句踐曰, "子好遊乎? 吾語子遊. 人知之, 亦囂囂, 人不知, 亦囂囂."

曰, "何如斯可以囂囂矣?"

曰, "尊德樂義, 則可以囂囂矣. 故士窮不失義, 達不離道. 窮不失義, 故士得己焉, 達不離道, 故民不失望焉. 古之人, 得志, 澤加於民, 不得志, 修身見於世. 窮則獨善其身, 達則兼善天下."

•

맹자가 송구천[1]에게 말했다. "그대는 유세하기를 좋아하는가? 내가 그대에게 유세에 대해 말해주겠다. 남이 알아주더라도 또한 차분해야 하고, 남이 알아주지 않더라도 또한 차분해야 한다."

(송구천이) 말했다. "어떻게 해야 차분하다고 할 수 있습니까?"

(맹자가) 말했다. "덕을 높이고 의를 즐기면 차분하다고 할 수 있다. 그래서 선비는 곤궁해도 의로움을 잃지 않고, 출세해도 도를 떠나지 않는다. 곤궁해도 의로움을 잃지 않기 때문에 선비는 자기를 간직할 수 있고, 출세해도 도를 떠나지 않기 때문에 백성들이

1 누구인지 정보가 없다.

희망을 잃지 않는다. 옛날 사람은 뜻을 얻으면 혜택을 백성들에게 더해주고, 뜻을 잃으면 자신을 수양하여 세상에 드러냈다. 곤궁하면 홀로 그 몸을 선하게 하고, 출세하면 천하를 함께 선하게 했다."

진심 상 10

孟子曰, "待文王而後興者, 凡民也. 若夫豪傑之士, 雖無文王猶興."

•

맹자가 말했다. "문왕 같은 임금이 나오기를 기다리고 나서야 떨쳐 일어나는 자는 일반 백성들이다. 호걸스러운 선비들은 비록 문왕 같은 임금이 없다고 하더라도 떨쳐 일어난다."

진심 상 11

孟子曰, "附之以韓魏之家, 如其自視欿然, 則過人遠矣."

•

맹자가 말했다. "한씨나 위씨 집안 같은 세력을 붙여주는데도 그 스스로 대단치 않게 여긴다면 사람들을 멀리 넘어서는 것이다."

진심 상 12

孟子曰, "以佚道使民, 雖勞不怨. 以生道殺民, 雖死不怨殺者."

•

맹자가 말했다. "편안한 방도로 백성들을 부리면, 비록 힘들어도 원망하지 않는다. 살려주는 방도로 백성들을 죽이면, 비록 죽더라도 죽이는 자를 원망하지 않는다."

진심 상 13

孟子曰, "霸者之民驩虞如也, 王者之民皞皞如也. 殺之而不怨, 利之而不庸, 民日遷善而不知爲之者. 夫君子所過者化, 所存者神, 上下與天地同流, 豈曰小補之哉?"

•

맹자가 말했다. "패도로 다스리는 자의 백성들은 즐거워하고, 왕도로 다스리는 자의 백성들은 흐뭇해한다. 죽인다고 해서 원망하지 않고, 이롭게 해준다고 해서 아부하지도 않으니, 백성들이 날마다 선함으로 옮겨가면서도 그렇게 되는지 알지 못한다. 군자가 지나가는 곳은 교화되고, 보존하는 곳은 신묘해져서 위아래로 천지와 함께 흐르니, 어찌 작은 보탬이 된다고 말하겠는가?"

진심 상 14

孟子曰, "仁言不如仁聲之入人深也. 善政不如善敎之得民也. 善政, 民畏之, 善敎, 民愛之. 善政得民財, 善敎得民心."

•

맹자가 말했다. "어진 말은 어진 음악이 사람들에게 깊이 들어가는 것만 못하다. 선한 정치는 선한 교화가 백성들을 얻는 것만 못하다. 선한 정치는 백성들이 두려워하고, 선한 교화는 백성들이 사랑한다. 선한 정치는 백성들의 재물을 얻고, 선한 교화는 백성들의 마음을 얻는다."

진심 상 15

孟子曰, "人之所不學而能者, 其良能也, 所不慮而知者, 其良知也. 孩提之童無不知愛其親者, 及其長也, 無不知敬其兄也. 親親, 仁也, 敬長, 義也, 無他, 達之天下也."

•

맹자가 말했다. "사람이 배우지 않고도 할 수 있게 하는 것은 '양능'이고, 생각하지 않고도 알게 하는 것은 '양지'다. 아직 어려서 손을 잡고 가는 아이는 그 어버이를 사랑할 줄 모르는 이가 없고, 자라나면서는 그 형을 공경할 줄 모르는 이가 없다. 어버이를 친근히 하는 것이 어짊이고 어른을 공경하는 것이 의로움인데, 달리 말할 것이 없고 이것들을 천하에 두루 미치게 해야 한다."

진심 상 16

孟子曰, "舜之居深山之中, 與木石居, 與鹿豕遊, 其所以異於深山之野人者幾希, 及其聞一善言, 見一善行, 若決江河, 沛然莫之能禦也."

•

맹자가 말했다. "순임금이 깊은 산속에 거처할 때, 나무나 돌과 함께 거처하고 사슴이나 멧돼지와 함께 놀았기 때문에 깊은 산속의 야인과 다를 것이 거의 없었는데, 하나의 선한 말을 듣고 하나의 선한 행동을 하는 데는 터진 강물처럼 세차게 흘러넘쳐 막을 수가 없었다."

진심 상 17

孟子曰, "無爲其所不爲, 無欲其所不欲, 如此而已矣."

•

맹자가 말했다. "하지 않아야 하는 것을 하지 말고, 바라지 않아야 하는 것을 바라지 말아야 하니, 이와 같이 해야 될 뿐이다."

진심 상 18

孟子曰, "人之有德慧術知者, 恒存乎疢疾. 獨孤臣孽子, 其操心也危, 其慮患也深, 故達."

•

맹자가 말했다. "사람 가운데 덕성과 지혜, 기술과 식견을 가진 자는 늘 고통이나 질병 속에 있다. 유독 외로운 신하나 서얼들은 위기인 것처럼 마음을 다잡고 걱정거리에 대해 깊이 생각하기 때문에, 두루 통달하게 된다."

진심 상 19

孟子曰, "有事君人者, 事是君則爲容悅者也. 有安社稷臣者, 以安社稷爲悅者也. 有天民者, 達可行於天下而後行之者也. 有大人者, 正己而物正者也."

•

맹자가 말했다. "임금을 섬기기만 하는 사람이 있으니, (그는) 임금을 섬겨서 임금이 잘 받아주면 기뻐하는 사람이다. 사직을 안정시키는 신하가 있으니, (그는) 사직이 안정되기만 하면 기뻐하는 사람이다. 하늘이 내린 백성인 사람이 있으니, (그는) 천하에 두루 실행될 수 있게 하고 나서야 실행하는 사람이다. 큰 인물인 사람이 있으니, (그는) 자기를 올바르게 하여 다른 것을 바로잡는 사람이다."

진심 상 20

孟子曰, "君子有三樂, 而王天下不與存焉. 父母俱存, 兄弟無故, 一樂也. 仰不愧於天, 俯不怍於人, 二樂也. 得天下英才而敎育之, 三樂也. 君子有三樂, 而王天下不與存焉."

•

맹자가 말했다. "군자에게 세 가지 즐거움이 있는데, 천하의 왕이 되는 것은 여기에 들어 있지 않다. 부모가 모두 생존해 계시며, 형제들이 별일 없는 것이 첫 번째 즐거움이다. 우러러 하늘에 부끄러움이 없고, 굽어보아 사람들에게 부끄럽지 않은 것이 두 번째 즐거움이다. 천하의 뛰어난 인재를 얻어 그를 가르치는 것이 세 번째 즐거움이다. 군자에게 세 가지 즐거움이 있는데, 천하의 왕이 되는 것은 여기에 들어 있지 않다."

진심 상 21

孟子曰, "廣土衆民, 君子欲之, 所樂不存焉. 中天下而立, 定四海之民, 君子樂之, 所性不存焉. 君子所性, 雖大行不加焉, 雖窮居不損焉, 分定故也. 君子所性, 仁義禮智, 根於心, 其生色也睟然, 見於面, 盎於背, 施於四體, 四體不言而喩."

•

맹자가 말했다. "영토를 넓히고 백성들을 늘리는 것은 군자가 하려고 하지만 즐거워하는 것에는 들어 있지 않다. 천하의 중심에 서서 온 세상의 백성들을 안정시키는 것은 군자가 즐거워하기는 하지만 본성으로 여기는 것에는 들어 있지 않다. 군자가 본성으로 여기는 것은 비록 그의 뜻이 크게 실행되더라도 더해지지 않으며, 비록 곤궁하게 지내도 줄어들지 않으니, 분수가 정해져 있기 때문이다. 군자가 본성으로 여기는 것은 어짊, 의로움, 예의, 지혜로움으로 마음속에 뿌리내려 있는데, 밝게 빛이 나서 얼굴에 드러나고 등에 가득하며 온몸에 퍼지니, 온몸이 말하지 않아도 알아서 한다."

진심 상 22

孟子曰, "伯夷辟紂, 居北海之濱, 聞文王作, 興曰, '盍歸乎來, 吾聞西伯善養老者.' 太公辟紂, 居東海之濱, 聞文王作, 興曰, '盍歸乎來, 吾聞西伯善養老者.' 天下有善養老, 則仁人以爲己歸矣. 五畝之宅, 樹墻下以桑, 匹婦蠶之, 則老者足以衣帛矣. 五母雞, 二母彘, 無失其時, 老者足以無失肉矣. 百畝之田, 匹夫耕之, 八口之家可以無饑矣. 所謂西伯善養老者, 制其田里, 敎之樹畜, 導其妻子使養其老. 五十非帛不煖, 七十非肉不飽, 不煖不飽, 謂之凍餒. 文王之民無凍餒之老者, 此之謂也."

•

맹자가 말했다. "백이가 주紂를 피해 북쪽 바닷가에 거처했는데, 문왕이 일어났다는 것을 듣고 흥이 나서 '내 어찌 돌아가지 않겠는가? 나는 서백이 늙은이를 잘 봉양한다고 들었다'라고 했으며, 태공망이 주왕을 피해 동쪽 바닷가에 거처했는데, 문왕이 일어났다는 것을 듣고 흥이 나서 '내 어찌 돌아가지 않겠는가? 나는 서백이 늙은이를 잘 봉양한다고 들었다'라고 했으니, 천하에 늙은이를 잘 봉양하는 자가 있으면, 어진 사람들이 자기가 돌아갈 곳으로 삼을 것이다.

다섯 이랑정도 되는 집터의 담장 아래 뽕나무를 심어 보통의 부녀자가 누에를 치면 늙은이들이 비단옷을 입기에 넉넉하며, 다섯 마리의 암탉과 두 마리의 암돼지를 때를 놓치지 않게 잘 기르면 늙은이가 고기를 거르지 않게 하기에 넉넉하며, 백 이랑의 토지를 보통의 사내가 경작한다면 여덟 식구의 집안이 굶주림이 없을 것이다.

'서백이 늙은이를 잘 봉양했다'라고 말한 것은 그 마을의 토지를 잘 관리하여 나무 심고 가축 기르는 것을 가르치고, 그 처자를 잘 이끌어 그 늙은이를 봉양하게 한 것이다. 쉰에는 비단옷이 아니면 따뜻하지 않고, 일흔에는 고기가 아니면 배부르지 않으니, 따뜻하지 않고 배부르지 않는 것을 '헐벗고 굶주린다[凍餒]'라고 한다. 문왕의 백성들 가운데 헐벗고 굶주린 늙은이가 없다는 것은 이것을 말한다."

진심 상 23

孟子曰, "易其田疇, 薄其稅斂, 民可使富也. 食之以時, 用之以禮, 財不可勝用也. 民非水火不生活, 昏暮叩人之門戶求水火, 無弗與者, 至足矣. 聖人治天下, 使有菽粟如水火. 菽粟如水火, 而民焉有不仁者乎?"

•

맹자가 말했다. "그 밭두렁을 고쳐주고, 그 세금 거두기를 가볍게 하면 백성들을 부유하게 할 수 있다. 시기에 맞게 먹고 예의에 맞게 쓰면 재물을 다 쓸 수 없을 것이다. 백성들은 물과 불이 없으면 생활할 수 없는데, 어두운 저녁에 남의 집 문을 두드려 물과 불을 구해도 주지 않음이 없는 것은 아주 넉넉하기 때문이다. 성인은 천하를 다스리면서 콩과 조를 물과 불처럼 갖게 한다. 콩과 조가 물과 불처럼 넉넉한데도 백성들 가운데 어찌 어질지 않은 자가 있겠는가?"

진심 상 24

孟子曰, "孔子登東山而小魯, 登太山而小天下. 故觀於海者, 難爲水, 遊於聖人之門者, 難爲言. 觀水有術, 必觀其瀾. 日月有明, 容光必照焉. 流水之爲物也, 不盈科不行, 君子之志於道也, 不成章不達."

•

맹자가 말했다. "공자께서 동산에 올라 노나라를 작다고 여기시고, 태산에 올라서 천하를 작다고 여기셨다. 그래서 바다를 본 자는 물을 어렵게 여기고, 성인의 문하에서 배웠던 자는 말하는 것을 어렵게 여긴다. 물을 보는 데에는 방도가 있으니, 반드시 그 물결을 보아야 한다. 해와 달에는 밝음이 있으니, 빛을 받아들이는 곳은 반드시 비춘다. 흐르는 것이 물의 성질이지만, 웅덩이를 채우지 않고서는 더 흘러가지 않는다. 군자는 도에 뜻을 두지만, 빛나는 성과를 이루지 않고서는 도달하지 못한다."

진심 상 25

孟子曰, "雞鳴而起, 孳孳爲善者, 舜之徒也. 雞鳴而起, 孳孳爲利者, 蹠之徒也. 欲知舜與蹠之分, 無他, 利與善之間也."

•

맹자가 말했다. "닭이 울면 일어나 부지런히 선을 행하는 자는 순임금의 무리다. 닭이 울면 일어나 부지런히 이익을 취하는 자는 도척의 무리다. 순임금과 도척의 어떻게 나뉘는지 알고 싶을 것인데, 다른 것이 없고 이익과 선함의 차이인 것이다."

진심 상 26

孟子曰, "楊子取爲我, 拔一毛而利天下, 不爲也. 墨子兼愛, 摩頂放踵, 利天下, 爲之. 子莫執中. 執中爲近之. 執中無權, 猶執一也. 所惡執一者, 爲其賊道也, 擧一而廢百也."

•

맹자가 말했다. "양자는 '자신만을 위하는[爲我]' 입장을 취해 털 하나를 뽑아 천하를 이롭게 할 수 있다고 해도 그렇게 하지 않았다. 묵자는 '다 같이 사랑하는[兼愛] 입장을 취해 정수리부터 갈아서 발꿈치까지 이르더라도 천하를 이롭게 할 수 있다면 그렇게 했다. 자막[2]은 중간 입장을 취했다. 중간 입장을 취한 것이 도에 가깝지만, 중간 입장만을 취하고 저울질이 없는 것은 한쪽 입장을 취하는 것이나 매한가지다. 한쪽 입장만 취하는 것을 싫어하는 것은 그것이 도를 해치기 때문인데, 하나만 거론하면서 온갖 것을 버리기 때문이다."[3]

2 노나라의 현인.

3 양자와 묵자는 〈등문공 하 9〉에 등장한 '양주'와 '묵적'이다.

진심 상 27

孟子曰, "饑者甘食, 渴者甘飮, 是未得飮食之正也, 饑渴害之也. 豈惟口腹有饑渴之害? 人心亦皆有害. 人能無以饑渴之害爲心害, 則不及人不爲憂矣."

•

맹자가 말했다. "굶주린 자는 먹는 것마다 달고, 목마른 자는 마시는 것마다 달 것인데, 이는 마시고 먹는 것이 올바르지 못한 것이니, 굶주림과 목마름이 그에게 해를 입혔기 때문이다. 어찌 입과 배에만 굶주림과 목마름의 해가 있겠는가? 사람의 마음에도 모두 해가 있다. 사람이 굶주림과 목마름의 해를 마음의 해가 되지 않게 할 수 있다면, 남만 못하다 하더라도 걱정하지 않을 것이다."

진심 상 28

孟子曰, "柳下惠不以三公易其介."

•

맹자가 말했다. "유하혜는 삼공[4]이라는 벼슬 때문에 그 절개를 바꾸지 않았다."

4 천자의 신하 가운데 가장 높은 벼슬로 태사, 태부, 태보로 구성된다.

진심 상 29

孟子曰, "有爲者辟若掘井, 掘井九軔而不及泉, 猶爲棄井也."

•

맹자가 말했다. "의미 있는 일을 마무리하는 것은 비유하자면 우물을 파는 것과 같으니, 우물을 아홉 길이나 팠어도 아직 샘에 미치지 못했다면 우물을 포기한 것이나 마찬가지다."

진심 상 30

孟子曰, "堯舜性之也, 湯武身之也, 五霸假之也. 久假而不歸, 惡知其非有也."

•

맹자가 말했다. "요임금과 순임금은 타고난 본성대로 했고, 탕왕과 무왕은 자신의 노력으로 했고, 오패는 남의 것을 빌려서 했다. 오랫동안 빌리고도 돌려주지 않았으니, 어찌 그것이 자신이 가진 것이 아님을 알았겠는가?"

진심 상 31

公孫丑曰, "伊尹曰, '予不狎于不順', 放太甲于桐, 民大悅. 太甲賢, 又反之, 民大悅. 賢者之爲人臣也, 其君不賢, 則固可放與?"
孟子曰, "有伊尹之志, 則可, 無伊尹之志, 則簒也."

•

공손추가 말했다. "이윤이 '나는 그가 도리를 따르지 않는 것을 두고 볼 수 없다'라고 하면서 태갑을 동桐 땅으로 추방하자[5] 백성들이 크게 기뻐했습니다. 태갑이 현명해져서 다시 돌아오게 하자 백성들이 크게 기뻐했습니다. 현명한 자가 신하가 되었는데 그 임금이 현명하지 못하다면, (임금을) 진실로 추방해도 됩니까?"

맹자가 말했다. "이윤과 같은 뜻이 있으면 되지만, 이윤과 같은 뜻이 없으면 찬탈이다."

5 이윤이 태갑을 추방한 이야기는 〈만장 상 6〉에서 확인할 수 있다.

진심 상 32

公孫丑曰, "《詩》曰, '不素餐兮', 君子之不耕而食, 何也?"
孟子曰, "君子居是國也, 其君用之, 則安富尊榮, 其子弟從之, 則孝弟忠信. '不素餐兮', 孰大於是?"

•

공손추가 말했다. "《시경》에서, '하는 일 없이 밥을 먹지 않는다'라고 했는데, 군자가 밭을 갈지 않고 밥을 먹는 것은 어째서입니까?"

맹자가 말했다. "군자가 어떤 나라에 거처함에 그 임금이 등용하면 편안하고 부유하고 존귀하고 영화로우며, 자제들이 그를 따르게 되면 효도하고 공손하고 충성하고 신의를 갖게 된다. '하는 일 없이 밥을 먹지 않는다'라고 했는데, 이보다 더 큰 일이 무엇인가?"

진심 상 33

王子墊問曰, "士何事?"

孟子曰, "尙志."

曰, "何謂尙志?"

曰, "仁義而已矣. 殺一無罪非仁也, 非其有而取之非義也. 居惡在? 仁是也, 路惡在? 義是也. 居仁由義, 大人之事備矣."

•

왕자 점[6]이 물었다. "선비는 무슨 일을 해야 합니까?"

맹자가 말했다. "뜻을 고상하게 해야 합니다[尙志]."

(왕자 점이) 말했다. "뜻을 고상하게 하는 것은 무엇입니까?"

(맹자가) 말했다. "어짊과 의로움[仁義]일 뿐입니다. 한 사람이라도 죄 없는 사람을 죽이는 것은 어짊이 아니고, 그의 가진 것이 아닌데 갖는 것은 의로움이 아닙니다. 살 곳은 어디에 있겠습니까? 어짊입니다. 갈 길은 어디에 있겠습니까? 의로움입니다. 어짊에 살고 의로움을 따라가는 것이 큰 인물이 갖춰야 할 일입니다."

6 제나라의 왕자.

진심 상 34

孟子曰, "仲子, 不義與之齊國而弗受, 人皆信之, 是舍簞食豆羹之義也. 人莫大焉亡親戚君臣上下. 以其小者信其大者, 奚可哉?"

•

맹자가 말했다. "진중자는 의롭지 않으면 제나라를 준다고 해도 받지 않을 것이라고 사람들이 모두 믿었는데, 이는 밥 한 그릇과 국 한 그릇을 버리는 것과 같은 (사소한) 의로움이다. 사람에게는 친척, 군신, 상하의 관계를 잃는 것보다 더 큰 것이 없다. 작은 것을 가지고 큰 것까지도 믿어버린다면, 어찌 옳다고 하겠는가?"[7]

7 앞의 〈등문공 상 10〉에서 나왔듯이, 진중자가 물질적인 측면에서 청렴했다고 해도 이는 사소한 것이고, 오히려 형을 멀리하고 어머니의 뜻을 거역했던 것이 무엇보다 중대한 인간관계를 잃은 것이라고 비판하고 있는 것이다.

진심 상 35

桃應問曰, "舜爲天子, 皐陶爲士, 瞽瞍殺人, 則如之何?"

孟子曰, "執之而已矣."

"然則舜不禁與?"

曰, "夫舜惡得而禁之? 夫有所受之也."

"然則舜如之何?"

曰, "舜視棄天下猶棄敝蹝也. 竊負而逃, 遵海濱而處, 終身訢然, 樂而忘天下."

•

도응[8]이 물었다. "순임금은 천자가 되고 고요[9]가 법을 관장하는 사사가 되었는데, 고수가 사람을 죽였다면 어떻게 했겠습니까?"

맹자가 말했다. "고요가 그를 잡았을 것이다."

(도응이 물었다.) "그렇다면 순임금이 막지 않았겠습니까?"

(맹자가) 말했다. "순임금이 어찌 막을 수 있었겠는가? (법에 관해서는) 전해지는 것이 있기 때문이다."

8 맹자의 제자.

9 순임금의 신하로 법을 제정하고 옥(獄)을 만들었다고 한다.

(도응이 물었다.) "그렇다면 순임금은 어떻게 했겠습니까?"

(맹자가) 말했다. "순임금은 천하 버리기를 헌신짝 버리는 것처럼 여겼다. 몰래 아버지를 업고 도망쳐 바닷가에 살면서 죽을 때까지 기뻐하고 즐기다가 천하를 잊었을 것이다."

진심 상 36

孟子自范之齊, 望見齊王之子, 喟然嘆曰, "居移氣, 養移體, 大哉居乎! 夫非盡人之子與?"
孟子曰, "王子宮室車馬衣服多與人同, 而王子若彼者, 其居使之然也, 況居天下之廣居者乎? 魯君之宋, 呼於垤澤之門. 守者曰, '此非吾君也, 何其聲之似我君也?' 此無他, 居相似也."

•

맹자가 범范 땅에서 제나라로 가 제나라 왕의 아들을 바라보고 한숨을 내쉬고 탄식하며 말했다. "거처가 기상을 바꾸고 영양은 육체를 바꾸는데, 거처함이 중대하구나! 모두가 사람의 자식이 아니던가?"

맹자가 말했다. "왕의 아들의 궁실, 거마, 의복이 대부분 다른 사람과 같은데, 왕의 아들이 저와 같은 것은 그 거처가 그렇게 만든 것이다. 하물며 천하의 넓은 거처에 거처하는 사람은 어떻겠는가? 노나라 임금이 송나라에 가서 성문 앞에서 소리를 질렀다. 문을 지키는 자가 '이는 우리 임금이 아닌데, 어찌 그 소리가 우리 임금과 닮았는가?'라고 했으니, 이는 다른 것이 없고 거처가 서로 비슷했기 때문이다."

진심 상 37

孟子曰, "食而弗愛, 豕交之也, 愛而不敬, 獸畜之也. 恭敬者, 幣之未將者也. 恭敬而無實, 君子不可虛拘."

•

맹자가 말했다. "먹이기만 하고 사랑하지 않으면 돼지처럼 다루는 것이고, 사랑하기만 하고 공경하지 않으면 짐승처럼 기르는 것이다. 공경이라는 것은 예물을 바치기 전에 갖추어야 하는 것이다. 공경은 하지만 진실함이 없다면, 군자는 (그것에) 헛되이 얽매여서는 안 된다."

진심 상 38

孟子曰, "形色, 天性也, 惟聖人然後可以踐形."

•

맹자가 말했다. "몸이나 낯빛은 하늘이 내려주는 것인데, 오직 성인이 된 후에야 몸도 제대로 쓸 수 있다."

진심 상 39

齊宣王欲短喪. 公孫丑曰, "爲朞之喪, 猶愈於已乎?"

孟子曰, "是猶或紾其兄之臂, 子謂之姑徐徐云爾, 亦敎之孝弟而已矣."

王子有其母死者, 其傅爲之請數月之喪. 公孫丑曰, "若此者何如也?"

曰, "是欲終之而不可得也. 雖加一日愈於已, 謂夫莫之禁而弗爲者也."

•

제나라 선왕이 상례 기간을 단축하려고 했다. 공손추가 말했다. "일년상[朞之喪]이라도 하는 것이 그만두는 것보다는 낫겠지요?"

맹자가 말했다. "이것은 누군가 형의 팔을 비트는데, 그대가 좀 천천히 하라고 말하는 것과 같으니, 그에게 효제를 가르쳐야 할 뿐이다."

왕자 가운데 어머니가 죽은 자가 있었는데, 그의 사부가 몇 달의 상이라도 치르게 해주기를 청했다. 공손추가 말했다. "이와 같은 것은 어떻습니까?"

(맹자가) 말했다. "이는 (왕자가) 상기를 마치려고 해도 할 수 없었던

것이다. 비록 하루를 더하더라도 그만두는 것보다는 나으니, 앞의 것을 금하지 않는데도 하지 않으려는 것[10]을 말했던 것이다."

10 제나라 선왕의 경우 삼년상을 금하지 않았는데 하지 않으려 한 것을 말한다.

진심 상 40

孟子曰, "君子之所以教者五. 有如時雨化之者. 有成德者, 有達財者. 有答問者. 有私淑艾者. 此五者, 君子之所以教也."

•

맹자가 말했다. "군자가 가르치는 것은 다섯 가지다. 때에 맞는 비처럼 변화가 있게 하는 것, 덕을 이룰 수 있게 하는 것, 재물에 통달할 수 있게 하는 것, 묻고 답할 수 있게 하는 것, 혼자서도 알아서 잘할 수 있게 하는 것이다. 이 다섯 가지가 군자가 가르치는 것이다."

진심 상 41

公孫丑曰, "道則高矣, 美矣, 宜若登天然, 似不可及也. 何不使彼爲可幾及而日孳孳也?"
孟子曰, "大匠不爲拙工改廢繩墨, 羿不爲拙射變其彀率. 君子引而不發, 躍如也. 中道而立, 能者從之."

•

공손추가 말했다. "도는 높고 아름답기는 하지만, 하늘에 오르는 것처럼 미치지 못할 듯합니다. 어찌 저들에게 거의 미칠 수 있으니 날마다 부지런히 노력하라고 시키지 않으십니까?"

맹자가 말했다. "위대한 장인은 서툰 장인을 위해 먹줄과 먹통을 고치거나 버리지 않고 예羿는 서툰 사수를 위해 활 쏘는 법을 바꾸지 않는다. 군자는 활을 당기기만 하고 발사하지 않아도 화살이 날아간 듯하다. 올바른 도에 서 있기만 해도, 능력 있는 자들은 그를 따른다."

진심 상 42

孟子曰, "天下有道, 以道殉身, 天下無道, 以身殉道. 未聞以道殉乎人者也."

•

맹자가 말했다. "천하에 도가 있으면 도에게 자신을 바치고, 천하에 도가 없으면 자신에게 도를 바친다. 도에 따라 남에게 자신을 바친다는 것은 아직 듣지 못했다."

진심 상 43

公都子曰, “滕更之在門也, 若在所禮, 而不答, 何也?”
孟子曰, “挾貴而問, 挾賢而問, 挾長而問, 挾有勳勞而問, 挾故而問, 皆所不答也. 滕更有二焉.”

•

공도자가 말했다. “등경[11]이 문하에 있을 때 예우해줘야 할 것이 있는 듯 했는데, 대답조차 하지 않으신 것은 어째서입니까?”

맹자가 말했다. “귀함을 따져가며 묻거나 현명함을 따져가며 묻거나 연장자임을 따져가며 묻거나 공로를 따져가며 묻거나 연고를 따져가며 묻는 것은 모두 답할 것이 아니다. 등경은 두 가지나 있었다.”

11 등나라 임금의 아우.

진심 상 44

孟子曰, "於不可已而已者, 無所不已. 於所厚者薄, 無所不薄也. 其進銳者, 其退速."

•

맹자가 말했다. "그만두어서는 안 되는데도 그만두는 자는 그만두지 못할 것이 없고, 후하게 해야 할 것에 박하게 하면 박하게 하지 않는 것이 없을 것이다. 날래게 나아가는 자는 물러나는 것도 빠르다."

진심 상 45

孟子曰, "君子之於物也, 愛之而弗仁, 於民也, 仁之而弗親. 親親而仁民, 仁民而愛物."

•

맹자가 말했다. "군자는 만물을 대하면서 사랑하기는 하지만 어질게 대하지는 않고, 백성들을 대하면서 어질기는 하지만 친하게 대하지 않는다. 어버이를 친하게 대해야 백성들을 어질게 대하고, 백성들을 어질게 대해야 만물을 사랑한다."

진심 상 46

孟子曰, "知者無不知也, 當務之爲急, 仁者無不愛也, 急親賢之爲務. 堯舜之知而不偏物, 急先務也, 堯舜之仁不偏愛人, 急親賢也. 不能三年之喪, 而緦小功之察, 放飯流歠, 而問無齒決, 是之謂不知務."

•

맹자가 말했다. "아는 사람은 알지 못하는 것이 없지만, 힘써야 할 것을 서둘러 하고, 어진 사람은 사랑하지 않는 것이 없지만, 현명한 사람과 서둘러 친해지려고 힘쓴다. 요임금과 순임금이 알면서도 만물을 두루 살피지 않은 것은 먼저 해야 할 일을 서둘렀기 때문이고, 요임금과 순임금이 어질면서도 사람을 두루 사랑하지 않은 것은 현명한 사람과 서둘러 친해지려고 했기 때문이다. 삼년상도 제대로 치르지 못했으면서 석 달 상인지 다섯 달 상인지를 살피거나, 밥을 입에 털어넣고 국물을 들고 마시면서 고기를 이빨로 뜯어먹지 말라고 따지는데, 이러한 것을 정작 힘써야 할 일은 알지 못한다고 말하는 것이다."

14

진심 하
盡心下

진심 하 1

孟子曰, "不仁哉梁惠王也! 仁者以其所愛及其所不愛, 不仁者以其所不愛及其所愛."
公孫丑問曰, "何謂也?"
"梁惠王以土地之故, 糜爛其民而戰之, 大敗. 將復之, 恐不能勝, 故驅其所愛子弟以殉之, 是之謂以其所不愛及其所愛也."

•

맹자가 말했다. "어질지 못하구나, 양혜왕이여! 어진 사람은 사랑하는 것으로 사랑하지 않는 것에 미치고, 어질지 못한 사람은 그 사랑하지 않는 것으로 그 사랑하는 것에 미친다."

공손추가 물었다. "무슨 말입니까?"

(맹자가 말했다.) "양혜왕은 영토 확장이라는 이유로 그 백성들을 문드러지도록 싸우게 했다가 크게 패했다. 장차 그것을 반복하면서도 이기지 못할까 두려워 그 사랑하는 자제들까지 몰고 나가 죽게 했으니, 이런 것이 그 사랑하지 않는 것으로 그 사랑하는 것에 미친다고 말하는 것이다."

진심 하 2

孟子曰, "《春秋》無義戰. 彼善於此, 則有之矣. 征者, 上伐下也, 敵國不相征也."

•

맹자가 말했다. "《춘추》에는 의로운 전쟁이 없다. 저쪽이 이쪽보다는 선하다는 것은 있다. 정벌은 윗사람이 아랫사람을 치는 것이니, 적국끼리는 서로 정벌하는 것이 아니다."

진심 하 3

孟子曰, "盡信《書》, 則不如無《書》. 吾於〈武成〉, 取二三策而已矣. 仁人無敵於天下, 以至仁伐至不仁, 而何其血之流杵也?"

•

맹자가 말했다. "《서경》을 모두 믿는다면, 《서경》이 없는 것만 못하다. 나는 〈무성〉편에서 두세 부분만 취할 뿐이다. 어진 사람은 천하에 적이 될 사람이 없으니, 지극히 어진 사람이 지극히 어질지 않은 사람을 정벌했는데, 어찌 피로 절굿공이를 떠다니게 했겠는가?"[1]

1 《서경》〈무성武成〉편에서 주나라 무왕이 은나라의 폭군 주(紂)를 쳤던 내용이 나오는데, 맹자는 그 가운데 특히 사람이 너무 많이 죽어서 그들이 흘린 피로 절굿공이가 떠다닐 정도였다는 기록에 대해 너무 잔인하여 무왕같이 백성을 구하기 위해 일어났던 임금이 저지른 일이 아닐 것이라고 하는 것이다.

진심 하 4

孟子曰, "有人曰, '我善爲陳, 我善爲戰.' 大罪也. 國君好仁, 天下無敵焉. 南面而征, 北狄怨, 東面而征, 西夷怨, 曰, '奚爲後我?' 武王之伐殷也, 革車三百兩, 虎賁三千人. 王曰, '無畏! 寧爾也, 非敵百姓也.' 若崩厥角稽首. 征之爲言正也, 各欲正己也, 焉用戰?"

•

맹자가 말했다. "어떤 사람이 '나는 진법을 잘 쓰고, 나는 전투도 잘한다'라고 했는데, 큰 죄다. 나라의 임금이 어짊을 좋아하면 천하에 적이 될 자가 없다. 남쪽으로 정벌하러 가면 북쪽의 오랑캐가 원망하고, 동쪽으로 정벌하러 가면 서쪽의 오랑캐가 원망하면서 '어째서 우리를 나중에 하는가?'라고 말한다.

무왕이 은나라를 정벌할 때 전차가 삼백 대였고, 병사들이 삼천 명이었다. 왕이 '두려워하지 말라. 너희를 편안히 하려는 것이고, 백성들을 적으로 대하려는 것이 아니다'라고 하자, 짐승이 뿔을 땅에 대듯이 백성들이 머리를 조아렸다. 정벌이라는 말은 바로잡는다는 뜻인데, 각기 자기를 바로잡아주기를 바라니, 어째서 전쟁을 하겠는가?"

진심 하 5

孟子曰, "梓匠輪輿能與人規矩, 不能使人巧."

•

맹자가 말했다. "가구 만드는 장인과 수레 만드는 목수가 남에게 그림쇠와 곱자를 줄 수는 있어도 남에게 기교를 가르쳐줄 수는 없다."

진심 하 6

孟子曰, “舜之飯糗茹草也, 若將終身焉, 及其爲天子也, 被袗衣, 鼓琴, 二女果, 若固有之.”

•

맹자가 말했다. “순임금이 마른 밥과 들풀을 먹을 때는 죽을 때까지 그럴 것 같았는데, 그가 천자가 되어 수놓은 옷을 입고 비파를 타면서 두 여인이 모시자 본래부터 그것을 가졌던 것 같았다.”

진심 하 7

孟子曰, "吾今而後知殺人親之重也, 殺人之父, 人亦殺其父, 殺人之兄, 人亦殺其兄. 然則非自殺之也, 一間耳."

•

맹자가 말했다. "나는 이제야 남의 어버이를 죽이는 것이 중대한 일임을 알았다. 남의 아버지를 죽이면 남도 또한 내 아버지를 죽이고, 남의 형을 죽이면 남도 또한 나의 형을 죽인다. 그렇다면 스스로 아버지와 형을 죽이지는 않았다고 해도 틈 하나 차이일 뿐이다."

진심 하 8

孟子曰, "古之爲關也, 將以禦暴. 今之爲關也, 將以爲暴."

•

맹자가 말했다. "옛날에 관문을 만든 것은 포악한 자들을 막기 위해서였다. 지금 관문을 만든 것은 포악한 자가 되려는 것이다."

진심 하 9

孟子曰, “身不行道, 不行於妻子, 使人不以道, 不能行於妻子.”

•

맹자가 말했다. “자신이 도를 실행하지 않으면 처자도 도를 실행하지 않고, 남들을 도에 따라 부리지 않으면 처자에게도 도를 실행할 수 없다.”

진심 하 10

孟子曰, "周于利者凶年不能殺, 周于德者邪世不能亂."

•

맹자가 말했다. "이익을 두루 갖춘 사람은 흉년도 그를 죽일 수 없고, 덕을 두루 갖춘 사람은 사악한 세상도 그를 어지럽힐 수 없다."

진심 하 11

孟子曰, "好名之人能讓千乘之國, 苟非其人, 簞食豆羹見於色."

•

맹자가 말했다. "명예를 좋아하는 사람은 수레가 천 대나 되는 큰 나라도 양보할 수 있지만, 만약 그러한 사람이 아니라면 밥그릇이나 국 사발을 양보해도 얼굴에 서운한 빛이 드러난다."

진심 하 12

孟子曰, "不信仁賢, 則國空虛. 無禮義, 則上下亂. 無政事, 則財用不足."

•

맹자가 말했다. "어질고 현명한 사람을 믿지 않으면 나라가 텅 비게 된다. 예의와 의로움이 없으면 위아래가 어지러워진다. (올바른) 정치가 없으면 재물을 쓰기에 넉넉하지 못하게 된다."

진심 하 13

孟子曰, "不仁而得國者, 有之矣, 不仁而得天下, 未之有也."

•

맹자가 말했다. "어질지 않은데 나라를 얻은 사람은 있었어도, 어질지 않은데 천하를 얻은 사람은 있지 않았다."

진심 하 14

孟子曰, “民爲貴, 社稷次之, 君爲輕. 是故得乎丘民而爲天子, 得乎天子爲諸侯, 得乎諸侯爲大夫. 諸侯危社稷, 則變置. 犧牲旣成, 粢盛旣絜, 祭祀以時, 然而旱乾水溢, 則變置社稷.”

•

맹자가 말했다. “백성들이 귀하고, 사직이 그 다음이고, 임금은 가볍다. 이래서 일반 백성들을 얻으면 천자가 되고, 천자를 얻으면 제후가 되고, 제후를 얻으면 대부가 된다. 제후가 사직을 위태롭게 하면 바꾸어놓는다. 제사에 쓸 소를 마련하고 곡식과 제수를 차려놓고 때에 맞춰 제사를 지냈는데도 가뭄이 들고 홍수가 나면 사직을 바꾸어놓는다.”

진심 하 15

孟子曰, "聖人, 百世之師也, 伯夷柳下惠是也. 故聞伯夷之風者, 頑夫廉, 懦夫有立志, 聞柳下惠之風者, 薄夫敦, 鄙夫寬. 奮乎百世之上, 百世之下, 聞者莫不與起也. 非聖人而能若是乎? 而況於親炙之者乎?"

•

맹자가 말했다. "성인은 백 세대에 걸친 스승이니, 백이와 유하혜가 이들이다. 그래서 백이의 풍모에 대해 들으면 탐욕스러운 사내가 청렴해지고, 나약한 사내가 뜻이 서게 되고, 유하혜의 풍모에 대해 들으면 경박한 사내가 돈후해지고, 속이 좁은 사내가 너그러워진다. 백 세대 앞서 분발하셨으니, 백 세대 뒤에서 그 풍모를 들은 사람들이 흥기하지 않을 수 없다. 성인이 아니고서 이와 같을 수 있겠는가? 하물며 직접 배웠던 사람들은 어떠했겠는가?"

진심 하 16

孟子曰, "仁也者, 人也. 合而言之, 道也."

•

맹자가 말했다. "어질다는 것은 사람답다는 것이다. 그것을 합해서 말한다면 도다."

진심 하 17

孟子曰, "孔子之去魯, 曰遲遲吾行也, 去父母國之道也. 去齊, 接淅而行, 去他國之道也."

•

맹자가 말했다. "공자께서 노나라를 떠날 때 '더디고 더딘 내 걸음아'라고 하셨으니, 이는 부모의 나라를 떠나는 도리다. 제나라를 떠날 때는 쌀을 불리다가 가버리셨는데, 이는 다른 나라를 떠나는 도리다."[2]

2 〈만장 하 1〉에도 비슷한 내용이 등장했다.

진심 하 18

孟子曰, "君子之戹於陳蔡之間, 無上下之交也."

•

맹자가 말했다. "군자께서 진陳나라와 채蔡나라 사이에서 어려움을 당하셨는데, 그곳의 위아래 사람들과 교류가 없었기 때문이다."[3]

3 공자가 진나라와 채나라 사이에서 당한 봉변을 이야기한다.

진심 하 19

貉稽曰, "稽大不理於口."

孟子曰, "無傷也. 士憎兹多口.《詩》云, '憂心悄悄, 慍于羣小.' 孔子也. '肆不殄厥慍, 亦不隕厥問.' 文王也."

•

학계[4]가 말했다. "저는 남들 입에 아주 좋지 않게 오르고 있습니다."

맹자가 말했다. "상처받을 것이 없다. 선비는 이렇게 많은 사람들이 미워한다.《시경》에서, '자꾸 마음에서 걱정되니, 여러 소인들이 미워하네'라고 했는데, 이는 공자다. '노여움을 없애지는 못했으나, 또한 그들을 돌보는 데 소홀하지는 않았네'라고 했는데, 이는 문왕이다."

4 맥계라고도 읽는다. 어떤 인물인지 따로 알려진 바가 없다.

진심 하 21

孟子謂高子曰, "山徑之蹊, 間介然用之而成路, 爲間不用, 則茅塞之矣. 今茅塞子之心矣."

•

맹자가 고자에게 말했다. "산비탈의 길을 틈틈이 쓰면 길이 되지만, 틈틈이 쓰지 않으면 풀이 길을 막는다. 지금은 잡풀이 그대의 마음을 막고 있다."

진심 하 22

高子曰, "禹之聲尙文王之聲."

孟子曰, "何以言之."

曰, "以追蠡."

曰, "是奚足哉? 城門之軌, 兩馬之力與."

•

고자가 말했다. "우임금의 음악소리가 문왕의 음악소리보다 낫습니다.

맹자가 말했다. "무엇 때문에 그렇게 말하는가?"

(고자가) 말했다. "종鐘을 매단 끈[追]이 좀이 슨 듯 닳았기 때문입니다."

(맹자가) 말했다. "어찌 이 이유로 만족스럽겠는가? 성문의 수레바퀴 자국이 생긴 것이 말 두 마리의 힘 때문이겠는가?"

진심 하 23

齊饑. 陳臻曰, "國人皆以夫子將復爲發棠, 殆不可復."
孟子曰, "是爲馮婦也. 晉人有馮婦者, 善搏虎, 卒爲善士. 則之野, 有衆逐虎. 虎負嵎, 莫之敢攖. 望見馮婦, 趨而迎之. 馮婦攘臂下車. 衆皆悅之, 其爲士者笑之."

•

제나라에 기근이 들었다. 진진이 말했다. "나라 사람들이 모두 선생님께서 장차 다시 창고를 열게 해주실 것이라고 하는데, 다시 해서는 안 될 것입니다."

맹자가 말했다. "그것은 풍부가 되려는 것이다. 진晉나라 사람 중에 풍부라는 자가 호랑이를 잘 잡았는데, 나중에는 좋은 선비가 되었다. (그 후) 풍부가 들에 나갔는데, 여러 사람들이 호랑이를 쫓고 있었다. 호랑이가 산모퉁이를 등지고 있자, 사람들이 감히 달려들지 못했다. 그때 멀리서 풍부가 오는 것을 보고 달려와서 맞이했다. 풍부가 팔을 걷어붙이고 수레에서 내렸다. 여러 사람들은 모두 기뻐했지만, 선비들은 그를 비웃었다."

진심 하 24

孟子曰, "口之於味也, 目之於色也, 耳之於聲也, 鼻之於臭也, 四肢之於安佚也, 性也, 有命焉, 君子不謂性也. 仁之於父子也, 義之於君臣也, 禮之於賓主也, 智之於賢者也, 聖人之於天道也, 命也, 有性焉, 君子不謂命也."

•

맹자가 말했다. "입이 맛을 보려는 것, 눈이 색을 보려는 것, 귀가 소리를 들으려는 것, 코가 냄새를 맡으려는 것, 사지가 편안하려는 것은 타고난 본성이기는 하지만, 하늘의 명[命]이라는 측면이 있기에 군자는 (그것들을) 본성이라고 하지 않는다. 부자 사이에서 어짊, 군신 사이에서 의로움, 손님과 주인 사이에서 예의, 현명한 사람들에서 지혜로움, 하늘의 도에서 성인은 하늘의 명이기는 하지만, 타고난 본성의 측면이 있기에 군자는 (그것들을) 하늘의 명이라고 하지 않는다."

진심 하 25

浩生不害問曰, "樂正子何人也?"

孟子曰, "善人也, 信人也."

"何謂善? 何謂信?"

曰, "可欲之謂善. 有諸己之謂信. 充實之謂美. 充實而有光輝之謂大. 大而化之之謂聖. 聖而不可知之之謂神. 樂正子, 二之中, 四之下也."

•

호생불해[5]가 물었다. "악정자는 어떤 사람입니까?"

맹자가 말했다. "선한 사람이고, 믿음직한 사람이다."

(호생불해가 말했다.) "무엇을 선하다고 하고, 무엇을 믿음직하다고 합니까?"

(맹자가) 말했다. "바랄만 한 것을 선하다고 한다. 자기에게 가진 것이 있음을 믿음직스럽다고 한다. 충실한 것을 아름답다고 한다. 충실하고도 빛남이 있음을 위대하다고 한다. 위대하면서도 변화를 이루는 것을 성스럽다고 한다. 성스러우면서도 알 수 없는 것을

5 제나라 사람으로 호생이 성이고 불해가 이름이다.

신묘하다고 한다. 악정자는 앞의 두 가지는 중간 정도이고, 뒤의 네 가지는 하급이다."

진심 하 26

孟子曰, "逃墨必歸於楊, 逃楊必歸於儒. 歸, 斯受之而已矣. 今之與楊墨辯者, 如追放豚, 旣入其苙, 又從而招之."

•

맹자가 말했다. "묵적에서 도망치면 반드시 양주에게 돌아가고, 양주에서 도망치면 유가로 돌아온다. 돌아오면 받아들일 뿐이다. 지금 양주나 묵적과 논변하는 것은 놓친 돼지를 쫓아가 우리 안에 들여놓고도 (그 돼지를) 묶어놓으려는 것과 같다."

진심 하 27

孟子曰, "有布縷之征, 粟米之征, 力役之征. 君子用其一, 緩其二. 用其二而民有殍, 用其三而父子離."

•

맹자가 말했다. "베와 실을 거두는 것, 곡식을 거두는 것, 노역을 부리는 것이 있다. 군자는 그중에 하나를 쓰고 나머지 둘은 늦춘다. 그중에 둘을 쓰게 되면 백성들이 굶어 죽고, 셋을 다 쓰면 부자 사이도 갈라놓는다."

진심 하 28

孟子曰, "諸侯之寶三, 土地, 人民, 政事. 寶珠玉者, 殃必及身."

•

맹자가 말했다. "제후의 보배는 세 가지인데, 토지와 백성과 정사다. 주옥을 보배로 여기는 자는 재앙이 반드시 그 자신에게 미칠 것이다."

진심 하 29

盆成括仕於齊, 孟子曰, "死矣盆成括!"

盆成括見殺, 門人問曰, "夫子何以知其將見殺?"

曰, "其爲人也小有才, 未聞君子之大道也, 則足以殺其軀而已矣."

•

분성괄[6]이 제나라에서 벼슬을 하게 되자, 맹자가 말했다. "죽겠구나, 분성괄이여!"

분성괄이 죽게 되자, 제자들이 물었다. "선생님께서는 어찌 그가 죽게 될지 아셨습니까?"

(맹자가) 말했다. "그의 사람됨이 작은 재주는 있지만 군자의 큰 도에 대해서는 듣지 못했으니, 그 자신이 죽임을 당할 만했던 것이다."

6 한때 맹자의 제자였던 사람.

진심 하 30

孟子之滕, 館於上宮. 有業屨於牖上, 館人求之弗得.

或問之曰, "若是乎? 從者之廋也."

曰, "子以是爲竊屨來與?"

曰, "殆非也."

"夫予之設科也, 往者不追, 來者不拒. 苟以是心至, 斯受之而已矣."

•

맹자가 등나라에 가서 상궁에 묵었다. 창틀 위에 만들던 신발이 놓여 있었는데, 상궁의 관원이 찾았지만 찾지 못했다.

누군가가 그것에 대해 물었다. "이럴 수 있습니까? 선생님을 따라온 자들이 숨겼을 것입니다."

(맹자가) 말했다. "그대는 이것을 가지고 신발이나 훔치러 왔다고 생각하십니까?"

(그 사람이) 말했다. "아마 아닐 것입니다."

(맹자가 말했다.) "내가 가르침을 베풀면서 가는 자를 쫓아가지 않고, 오는 자를 막지 않았습니다. 진실로 옳은 마음을 가지고 오면

받아들였을 뿐입니다."[7]

7 주희는 마지막 문장의 '夫子'를 '夫子'로 보면서 상궁의 관원이 이어서 하는 말로 보았다. 그럴 경우에 마지막 문장은 '선생님께서 가르침을 베푸시면서 가는 자를 쫓아가지 않고, 오는 자를 막지 않았습니다. 진실로 옳은 마음을 가지고 오면 받아들였을 뿐이기 때문입니다'로 해석할 수 있다. 즉, 맹자가 무분별하게 학생을 받아들여 이러한 일이 벌어졌을 것이라는 원망 섞인 표현으로 풀이할 수 있다.

진심 하 31

孟子曰, "人皆有所不忍, 達之於其所忍, 仁也, 人皆有所不爲, 達之於其所爲, 義也. 人能充無欲害人之心, 而仁不可勝用也, 人能充無穿踰之心, 而義不可勝用也. 人能充無受爾汝之實, 無所往而不爲義也. 士未可以言而言, 是以言餂之也, 可以言而不言, 是以不言餂之也. 是皆穿踰之類也."

•

맹자가 말했다. "사람은 모두 차마 하지 못하는 것이 있는데, 그것을 차마 하지 않을 수 없는 것에 도달하게 하는 것이 어짊이고, 사람은 모두 하지 않는 것이 있는데, 그것을 해야 할 것에 도달하게 하는 것이 의로움이다. 사람이 남을 해치려고 하지 않는 마음을 채울 수 있다면 어짊을 이루 다 쓸 수 없을 것이고, 사람이 벽을 뚫고 담을 넘지 않으려는 마음을 채울 수 있다면 의로움을 이루 다 쓸 수 없을 것이다. 사람이 '너'라고 막 취급받지 않을 내실을 채울 수 있다면, 가는 곳마다 의로움이 행해지지 않을 수 없다. 선비가 말해서는 안 될 말을 한다면 이는 말로써 낚으려는 것이고, 말해도 되는데 말하지 않는다면 이는 말하지 않음으로 낚으려는 것이다. 이는 모두 벽을 뚫고 담을 넘어가는 것과 같은 부류다."

진심 하 20

孟子曰, "賢者以其昭昭使人昭昭, 今以其昏昏使人昭昭."

•

맹자가 말했다. "현명한 사람은 자신의 밝음으로 사람들을 밝게 해주었는데, 지금 사람들은 자신의 어두움으로 사람들을 밝게 해주려고 한다."

진심 하 32

孟子曰, "言近而指遠者, 善言也, 守約而施博者, 善道也. 君子之言也, 不下帶而道存焉. 君子之守修其身而天下平. 人病舍其田而芸人之田, 所求於人者重, 而所以自任者輕."

•

맹자가 말했다. "알기 쉽게 말하면서도 원대한 것을 지향해야 좋은 말이고, 자신은 검약함을 지키면서도 남에게는 널리 베푸는 것이 좋은 도다. 군자의 말은 허리띠 아래로 내려가지 않으면서도[8] 도를 간직하고 있다. 군자가 그 자신을 지키고 수양해야 천하가 평안해진다. 사람의 병폐는 자기 밭은 버려두고 남의 밭을 매는 것이니, 남에게 요구하는 것은 무겁게 하면서 스스로 책임지는 것은 가벼이 하기 때문이다."

8 '不下帶'에 대한 해석에 대해, 주희는 허리띠는 항상 바라보는 곳이라는 의미에서, 조기는 좋은 말은 가슴 속에 있어서 몸과는 관계없기 때문이라는 의미에서 일상의 가까운 곳을 벗어나지 않는다는 의미로 풀이하고 있다.

진심 하 33

孟子曰, "堯舜, 性者也, 湯武, 反之也. 動容周旋中禮者, 盛德之至也. 哭死而哀, 非爲生者也. 經德不回, 非以干祿也. 言語必信, 非以正行也. 君子行法, 以俟命而已矣."

•

맹자가 말했다. "요임금과 순임금은 본성대로 했고, 탕왕과 무왕은 본성으로 되돌아갔던 것이다. 행동이나 용모가 두루 예의에 맞았던 것은 성대한 덕이 지극했기 때문이다. 죽은 사람에게 곡하면서 슬퍼하는 것은 산 사람을 위해서가 아니다.[9] 덕을 지키면서 돌아보지 않는 것은 녹봉을 구하려는 것이 아니다. 말할 때 반드시 믿음직스럽게 하는 것은 행동을 바로잡으려는 것이 아니다. 군자는 법도에 따라 행동하면서 하늘의 명을 기다릴 뿐이다."

9 곡을 하는 것은 산 사람에게 보이기 위한 것이 아니다는 의미로도 해석할 수 있다.

진심 하 34

孟子曰, "說大人, 則藐之, 勿視其巍巍然. 堂高數仞, 榱題數尺, 我得志, 弗爲也. 食前方丈, 侍妾數百人, 我得志, 弗爲也. 般樂飮酒, 驅騁田獵, 後車千乘, 我得志, 弗爲也. 在彼者, 皆我所不爲也, 在我者, 皆古之制也, 吾何畏彼哉?"

•

맹자가 말했다. "권세가 큰 사람에게 유세할 때는 (그를) 내려다봐야지 그를 우러러보지 말라. 집[堂]의 높이가 몇 길이나 되고, 서까래가 몇 척이나 되겠지만, 나는 뜻을 이루어도 그렇게 하지 않을 것이다. 밥상이 한 길이고 시중드는 첩이 수백 명이겠지만, 나는 뜻을 이루어도 그렇게 하지 않을 것이다. 음악을 들으면서 술을 마시고, 말을 몰면서 사냥을 하고, 뒤따르는 수레가 천 승이나 되겠지만, 나는 뜻을 이루어도 그렇게 하지 않겠다. 저 사람에게 있는 것은 모두 내가 하지 않을 것이고, 나에게 있는 것은 모두 옛날의 제도[10]이니, 내가 어찌 저 사람을 두려워하겠는가?"

10 예부터 전해진 제도.

진심 하 35

孟子曰, "養心莫善於寡欲. 其爲人也寡欲, 雖有不存焉者, 寡矣, 其爲人也多欲, 雖有存焉者, 寡矣."

•

맹자가 말했다. "마음을 수양하는 데에는 욕심을 적게 갖는 것보다 좋은 것이 없다. 그 사람됨이 욕심을 적게 가진다면 비록 마음을 제대로 간직하지 못하는 경우가 있더라도 (그런 경우는) 적을 것이고, 그 사람됨이 욕심을 많이 가진다면 비록 마음을 제대로 간직하는 경우가 있더라도 (그런 경우는) 적을 것이다."

진심 하 36

曾晳嗜羊棗, 而曾子不忍食羊棗.

公孫丑問曰, "膾炙與羊棗孰美?"

孟子曰, "膾炙哉!"

公孫丑曰, "然則曾子何爲食膾炙而不食羊棗?"

曰, "膾炙所同也, 羊棗所獨也. 諱名不諱姓, 姓所同也, 名所獨也."

•

증석[11]이 양조[12]를 좋아했는데, 아들인 증자는 차마 양조를 먹지 못했다.

공손추가 물었다. "구운 고기와 양조 중에 뭐가 더 좋으십니까?"

맹자가 말했다. "구운 고기지!"

공손추가 말했다. "그러면 증자는 어찌하여 구운 고기는 먹지만 양조는 먹지 않았습니까?"

(맹자가) 말했다. "구운 고기는 모두가 좋아하는 것이지만, 양조는

11 공자의 제자로 본명은 증점(曾點)이다.

12 대추의 일종으로 작고 검은 열매를 맺는다고 전해진다.

증석 혼자만 좋아한 것이다. 이름은 같은 글자 쓰기를 피하지만 성씨는 피하지 않는데, 성씨는 함께 쓰는 것이지만, 이름은 혼자 쓰는 것이기 때문이다."

진심 하 37

萬章問曰, "孔子在陳曰, "盍歸乎來! 吾黨之士狂簡, 進取, 不忘其初. 孔子在陳, 何思魯之狂士?"

孟子曰, "孔子'不得中道而與之, 必也狂獧乎! 狂者進取, 獧者有所不爲也.' 孔子豈不欲中道哉? 不可必得, 故思其次也."

"敢問何如斯可謂狂矣?"

曰, "如琴張曾皙牧皮者, 孔子之所謂狂矣."

"何以謂之狂也?"

曰, "其志嘐嘐然, 曰'古之人, 古之人.' 夷考其行, 而不掩焉者也. 狂者又不可得, 欲得不屑不絜之士而與之, 是獧也, 是又其次也."

•

만장이 물었다. "공자께서 진陳나라에 계실 때 '어찌 돌아가지 않겠는가! 내 고장의 선비들은 과격하고 단순하지만[狂簡] 진취적이어서 그 초심을 잊지 않는다'라고 하셨습니다. 공자께서는 진나라에 계시면서 왜 노나라의 과격한 선비[狂士]들을 생각하셨는지요?"

맹자가 말했다. "공자께서 '중용의 도에 맞는 사람과 함께 할 수 없다면, 반드시 과격하거나 고집 센 사람과 함께 할 것이다! 과격한 사람은 진취적이고, 고집 센 사람은 하지 않는 것이 있다'라고 하셨다. 공자께서 어찌 중용의 도에 맞기를 바라지 않았겠는가? (중용의 도에 맞는 인물을) 반드시 얻는다고는 할 수 없기에 그 다음을 생각하신 것이다."

(만장이 물었다.) "감히 묻겠는데, 어떤 것을 '과격하다[狂]'고 말할 수 있겠습니까?"

(맹자가) 말했다. "금장, 증석, 목피 같은 사람들이 공자께서 '과격하다'고 말씀하신 사람들이다."[13]

(만장이 물었다.) "무엇 때문에 '과격하다'고 합니까?"

(맹자가) 말했다. "그 뜻이 높고 커서 '옛날 사람들은, 옛날 사람들은'이라고 말은 하지만, 평소에 그 행동을 살펴보면 말을 가리지 못하는 사람이다. 과격한 사람이나마 또한 얻을 수 없으면, 깨끗하지 않은 것을 달갑게 여기지 않는 선비와 함께하고자 했는데, 이것이 '고집이 세다'라는 것이니, 이 또한 그 다음이다."

13 금장은 공자의 제자로 자는 자장(子張)이다. 목피는 어떤 사람인지 분명하지 않다.

진심 하 38

"孔子曰, '過我門而不入我室, 我不憾焉者, 其惟鄕原乎! 鄕原, 德之賊也.'"

曰, "何如斯可謂之鄕原矣?"

曰, "何以是嘐嘐也? 言不顧行, 行不顧言, 則曰古之人, 古之人. 行何爲踽踽凉凉? 生斯世也, 爲斯世也, 善斯可矣. 閹然媚於世也者, 是鄕原也."

萬章曰, "一鄕皆稱原人焉, 無所往而不爲原人, 孔子以爲德之賊, 何哉?"

曰, "非之無擧也, 刺之無刺也, 同乎流俗, 合乎汙世, 居之似忠信, 行之似廉絜, 衆皆悅之, 自以爲是, 而不可與入堯舜之道, 故曰'德之賊'也. 孔子曰, 惡似而非者, 惡莠, 恐其亂苗也, 惡佞, 恐其亂義也, 惡利口, 恐其亂信也, 惡鄭聲, 恐其亂樂也, 惡紫, 恐其亂朱也, 惡鄕原, 恐其亂德也. 君子反經而已矣. 經正, 則庶民興, 庶民興, 斯無邪慝矣."

•

(맹자가 말했다.) "공자께서 '내 문 앞을 지나면서 내 집에 들어오지 않아도 내가 아쉬울 것이 없는 사람은 오직 마을의 원로인 척하는

사람들[鄕原]이다. 향원들은 덕을 해치는 자들이다'라고 하셨다."

(만장이) 말했다. "어떠한 것을 향원이라고 말할 수 있습니까?"

(맹자가) 말했다. "무엇 때문에 그리도 크게 떠들까? 말하면서 행동을 돌아보지 않고, 행동하면서 말을 돌아보지 않으면서도 '옛날 사람들은, 옛날 사람들은'이라고 한다. 행동은 어찌 하여 그리도 외롭고 쌀쌀맞을까? 이런 세상에 태어났으니 이런 세상을 위해 잘하면 된다고 하면서 은근슬쩍 세상에 아첨하는 자가 향원이다."

만장이 말했다. "한 고을에서 모두 자기를 향원이라고 칭한다면 가는 곳마다 향원이 되지 않을 수 없을 것인데, 공자께서 '덕을 해치는 자들이다'라고 여긴 것은 어째서입니까?"

(맹자가) 말했다. "비난하려 해도 거론할 것이 없고 꾸짖으려 해도 꾸짖을 것이 없으나, 떠도는 습속에 동화되고 더러운 세상에 영합한다. 거처함에 충실하고 신의 있는 듯하고 행동함에 청렴하고 결백한 듯해서 사람들이 모두 그를 좋아하고 스스로도 옳다고 여기지만, 요순의 도에는 함께 들어갈 수 없기 때문에 '덕을 해치는 자들이다'라고 하신 것이다.

공자께서 '같으면서 아닌 것을 미워하니, 강아지풀을 미워함은 벼 싹을 어지럽힐 것 같기 때문이고, 아첨을 미워함은 의로움을 어지럽힐 것 같기 때문이고, 날카로운 입을 미워함은 믿음을 어지럽힐 것 같기 때문이고, 정나라의 음악을 미워함은 그 즐거움을 어지럽힐 것 같기 때문이고, 자주색을 미워함은 붉은 색을 어지럽힐 것 같기 때문이고, 향원을 미워함은 덕을 어지럽힐 것 같기 때문이다'라고 하셨다.

군자는 원칙으로 돌아갈 뿐이다. 원칙을 바로하면 여러 백성들이 흥기하고 여러 백성들이 흥기하면 사특함이 없어진다."

진심 하 39

孟子曰, "由堯舜至於湯, 五百有餘歲, 若禹皐陶, 則見而知之, 若湯, 則聞而知之. 由湯至於文王, 五百有餘歲, 若伊尹萊朱, 則見而知之, 若文王, 則聞而知之. 由文王至於孔子, 五百有餘歲, 若太公望散宜生, 則見而知之, 若孔子, 則聞而知之. 由孔子而來至於今, 百有餘歲, 去聖人之世若此其未遠也, 近聖人之居若此其甚也, 然而無有乎爾, 則亦無有乎爾."

•

맹자가 말했다. "요순에서 탕왕까지가 오백여 년이었데, 요순에 대해 우임금과 고요 같은 사람들은 직접 보고 알았고 탕왕 같은 사람은 전해 듣고 알았다. 탕왕에서 문왕까지가 오백여 년이었는데, 탕왕에 대해 이윤과 내주[14] 같은 사람들은 직접 보고 알았고 문왕 같은 사람은 전해 듣고 알았다. 문왕에서 공자까지가 오백여 년이었는데, 문왕에 대해 태공망과 산의생[15] 같은 사람은 직접 보고 알았고 공자 같은 사람은 전해 듣고 알았다. 공자에서 지금까지

14 탕왕의 현명했던 신하.

15 문왕의 현명했던 신하.

가 백여 년인데, 성인의 세대와 거리가 이와 같이 멀지도 않고, 성인이 사시던 곳과도 이와 같이 아주 가까운데도 공자에 대해 아는 사람이 없으니, 앞으로도 아는 사람이 없겠구나."

완역에서 — 완독까지 003

맹자

초판 1쇄 인쇄 2019년 3월 5일 초판 1쇄 발행 2019년 3월 13일

지은이 맹자 옮긴이 박승원
펴낸이 연준혁

출판 1본부 이사 배민수
출판 4분사 분사장 김남철
디자인 이세호·김태수

펴낸곳 (주)위즈덤하우스 미디어그룹 출판등록 2000년 5월 23일 제13-1071호
주소 경기도 고양시 일산동구 정발산로 43-20 센트럴프라자 6층
전화 031)936-4000 팩스 031)903-3893 홈페이지 www.wisdomhouse.co.kr

값 16,000원
ISBN 979-11-89938-19-2 04150
ISBN 979-11-6220-145-9 (set)

* 이 도서의 국립중앙도서관 출판예정도서목록(CIP)은 서지정보유통지원시스템 홈페이지(http://seoji.nl.go.kr)와 국가자료종합목록시스템(http://www.nl.go.kr/kolisnet)에서 이용하실 수 있습니다. (CIP제어번호 : CIP2019007493)